高职高专公共基础课"十四五"规划教材
"互联网+"新形态一体化系列精品教材

经济数学学习指导

JINGJI SHUXUE XUEXI ZHIDAO

主 编 ◎ 杨 光 何 潇
副主编 ◎ 李科峰 王妙婷

华中科技大学出版社
http://www.hustp.com
中国·武汉

内 容 简 介

本书共分 10 章,内容包括:函数、极限与连续,导数与微分,导数的应用,不定积分,定积分,微分方程,多元函数微分学,行列式,矩阵与线性方程组,概率论基础等. 本书可作为高职高专院校经管类专业学生的基础课教材,对数学要求不高的理工类专业学生也可以使用本书.

图书在版编目(CIP)数据

经济数学学习指导/杨光,何潇主编. —武汉:华中科技大学出版社,2021.7
ISBN 978-7-5680-7393-6

Ⅰ.①经… Ⅱ.①杨… ②何… Ⅲ.①经济数学-教学参考资料 Ⅳ.①F224.0

中国版本图书馆 CIP 数据核字(2021)第 144600 号

经济数学学习指导 杨 光 何 潇 主编
Jingji Shuxue Xuexi Zhidao

策划编辑:张 毅	
责任编辑:张 毅	
封面设计:抱 子	
责任监印:朱 玢	
出版发行:华中科技大学出版社(中国·武汉)	电话:(027)81321913
武汉市东湖新技术开发区华工科技园	邮编:430223
录 排:武汉市洪山区佳年华文印部	
印 刷:武汉市籍缘印刷厂	
开 本:787mm×1092mm 1/16	
印 张:11.75	
字 数:227 千字	
版 次:2021 年 7 月第 1 版第 1 次印刷	
定 价:45.00 元	

本书若有印装质量问题,请向出版社营销中心调换
全国免费服务热线:400-6679-118 竭诚为您服务
版权所有 侵权必究

前 言

"经济数学"是重要的基础课程,它不仅为后续的专业课程提供了必要的工具,同时也是专业技术人才素质教育的重要组成部分.结合高职高专教育的特点和要求,本书在内容取舍上不追求理论上的完整性和系统性,在取各家之长与精选的基础上,达到"必需、够用"的要求.编写时编者有意识地引导学生了解数学与社会的关系,注意从学生身边的各种社会、生活及科学的问题出发,展开数学理论和应用的学习.

本书是《经济数学》的配套学习指导,按照教材的章节顺序编写,每一章由"知识要点提示""典型例题分析"和"同步训练题"三个部分组成.全书语言流畅,内容深入浅出,通俗易懂,可读性强,书中列举的应用问题与社会经济紧密结合,能够激发学生的学习兴趣,提高学生应用数学的能力.

本书由陕西财经职业技术学院杨光、何潇担任主编,陕西财经职业技术学院李科峰、王妙婷担任副主编.其中,王妙婷编写第 1 章、第 2 章,杨光编写第 3 章、第 4 章,李科峰编写第 5 章、第 6 章、第 10 章,何潇编写第 7 章至第 9 章.

在编写过程中,编者所在学校的领导与教务处给予了大力支持与帮助,同时华中科技大学出版社的编辑也做了卓有成效的组织工作,在此一并表示衷心的感谢.

由于编者水平有限,难免有错误和不妥之处,敬请广大读者批评指正.

编　者

2021 年 7 月

目录

第1章 函数、极限与连续 ... 1
- 知识要点提示 ... 1
- 典型例题分析 ... 6
- 同步训练题 ... 11
- 参考答案 ... 13

第2章 导数与微分 ... 14
- 知识要点提示 ... 14
- 典型例题分析 ... 22
- 同步训练题 ... 32
- 参考答案 ... 34

第3章 导数的应用 ... 35
- 知识要点提示 ... 35
- 典型例题分析 ... 38
- 同步训练题 ... 49
- 参考答案 ... 51

第4章 不定积分 ... 52
- 知识要点提示 ... 52
- 典型例题分析 ... 55
- 同步训练题 ... 66
- 参考答案 ... 69

第5章 定积分 ... 70
知识要点提示 ... 70
典型例题分析 ... 74
同步训练题 ... 84
参考答案 ... 86

第6章 微分方程 ... 87
知识要点提示 ... 87
典型例题分析 ... 93
同步训练题 ... 103
参考答案 ... 105

第7章 多元函数微分学 ... 106
知识要点提示 ... 106
典型例题分析 ... 111
同步训练题 ... 118
参考答案 ... 121

第8章 行列式 ... 122
知识要点提示 ... 122
典型例题分析 ... 124
同步训练题 ... 131
参考答案 ... 133

第9章 矩阵与线性方程组 ... 134
知识要点提示 ... 134
典型例题分析 ... 138
同步训练题(一) ... 147
参考答案(一) ... 149
同步训练题(二) ... 150
参考答案(二) ... 151

第10章 概率论基础 ······ 153

    知识要点提示 ······ 153

    典型例题分析 ······ 155

    同步训练题 ······ 160

    参考答案 ······ 163

附录 A 基本初等函数图形及其性质 ······ 164

附录 B 初等数学中的常用公式 ······ 167

附录 C 积分表 ······ 170

参考文献 ······ 180

第1章 函数、极限与连续

知识要点提示

一、函数

1. 函数概念的五个要素

自变量 x,定义域 D,因变量 y,因变量 y 关于自变量 x 的依存关系 f 和值域 R 是函数概念的五个要素.

在这五个要素中,确定一个函数的关键要素是依存关系 f 和定义域 D. 如果两个函数的依存关系 f 和定义域 D 都相同,则称这两个函数是相同的,而自变量和因变量用什么记号来表示,则是无关紧要的.

2. 函数定义域的求法

一般来说,在给定一个函数后,其定义域是同时给定的. 在实际问题中,函数的定义域则要由问题的实际意义来决定.

3. 函数的基本特性

函数的基本特性有单调性、有界性、奇偶性和周期性,通常可以用这些特性来揭示函数的性态.

4. 反函数

对于函数 $y=f(x)$,其反函数的存在,取决于其值域 R 中的任一值 y,都可以通过关系式 $y=f(x)$ 在其定义域 D 中确定唯一的一个 x 与之对应.

反函数记作 $x=f^{-1}(y)$,写成
$$y=f^{-1}(x)$$

5. 复合函数

两个函数的复合,实际上就是中间变量介入自变量的变化过程.

设有两个函数
$$y=f(u), \quad u=\varphi(x).$$

如果变量 x 的值通过变量 u 可以确定变量 y 的值,则称 y 是 x 的复合函数,记为
$$y=f[\varphi(x)].$$

其中,变量 u 称为中间变量.

6. 基本初等函数

基本初等函数是指常量函数、幂函数、指数函数、对数函数、三角函数和反三角函数. 由基本初等函数经过有限次四则运算和有限次复合步骤所构成,并可用一个式子表示的函数,称为初等函数.

7. 经济分析中常见函数

经济分析中常见的函数有需求函数、供给函数、成本函数、收入函数和利润函数等.

二、极限

1. 数列的极限

如果数列 $\{x_n\}$ 的项数 n 无限增大(记为 $n\to\infty$),通项 x_n 无限地趋近于一个确定的常数 A,那么常数 A 就称为当 $n\to\infty$ 时数列 $\{x_n\}$ 的极限,记为
$$\lim_{n\to\infty}x_n=A.$$

如果数列没有极限,就说数列是发散的.

2. 函数的极限

如果当 $x\to x_0$(x 可以不等于 x_0)时,函数 $f(x)$ 无限地趋近于一个确定的常数 A,则常数 A 称为当 $x\to x_0$ 时函数 $f(x)$ 的极限,记为
$$\lim_{x\to x_0}f(x)=A.$$

极限 $\lim_{x\to x_0}f(x)$ 存在的充要条件为 $f(x)$ 在点 x_0 处的左、右极限存在且相等,即
$$\lim_{x\to x_0}f(x)=A \Leftrightarrow \lim_{x\to x_0^-}f(x)=\lim_{x\to x_0^+}f(x)=A.$$

3. 极限的性质

(1) **唯一性** 若 $\lim\limits_{x\to x_0} f(x)$ 存在，则极限值唯一.

(2) **局部有界性** 若 $\lim\limits_{x\to x_0} f(x)$ 存在，则存在点 x_0 的某一去心邻域，在该去心邻域内函数 $f(x)$ 有界.

(3) **局部保号性** 若 $\lim\limits_{x\to x_0} f(x) = A$ 且 $A>0$（或 $A<0$），则存在点 x_0 的某个去心邻域，在该去心邻域内函数 $f(x)>0$（或 $f(x)<0$）.

若在点 x_0 的某去心邻域内，$f(x) \geq 0$（或 $f(x) \leq 0$），且 $\lim\limits_{x\to x_0} f(x) = A$，则 $A \geq 0$（或 $A \leq 0$）.

4. 极限的运算法则

设 $\lim\limits_{x\to x_0} f(x) = A$，$\lim\limits_{x\to x_0} g(x) = B$，则有：

$$\lim_{x\to x_0}[f(x) \pm g(x)] = \lim_{x\to x_0} f(x) \pm \lim_{x\to x_0} g(x) = A \pm B;$$

$$\lim_{x\to x_0}[f(x) \cdot g(x)] = \lim_{x\to x_0} f(x) \cdot \lim_{x\to x_0} g(x) = A \cdot B;$$

$$\lim_{x\to x_0}\frac{f(x)}{g(x)} = \frac{\lim\limits_{x\to x_0} f(x)}{\lim\limits_{x\to x_0} g(x)} = \frac{A}{B} \quad (B \neq 0).$$

5. 极限存在的准则

准则 1（夹逼定理） 设函数 $f(x)$、$g(x)$、$h(x)$ 在点 x_0 的某个邻域内（x_0 可以除外）满足条件

$$g(x) \leq f(x) \leq h(x),$$

且极限 $\lim\limits_{x\to x_0} g(x) = \lim\limits_{x\to x_0} h(x) = A$，则

$$\lim_{x\to x_0} f(x) = A.$$

准则 2（单调有界定理） 单调有界数列必有极限.

6. 两个重要极限

(1) $\lim\limits_{x\to 0} \dfrac{\sin x}{x} = 1$；

(2) $\lim\limits_{x\to \infty} \left(1 + \dfrac{1}{x}\right)^x = e$（或 $\lim\limits_{x\to 0}(1+x)^{\frac{1}{x}} = e$）.

7. 无穷小与无穷大

1) 无穷小

若函数 $f(x)$ 在自变量 x 的某个变化过程中以零为极限,则称在该变化过程中 $f(x)$ 为无穷小量,简称无穷小.

2) 无穷小的性质

性质 1 有限个无穷小的代数和仍是无穷小.

性质 2 有限个无穷小的乘积仍是无穷小.

性质 3 有界变量与无穷小的乘积仍是无穷小.

性质 4 常数与无穷小的乘积仍是无穷小.

3) 无穷大

若在自变量 x 的某个变化过程中,函数 $f(x)$ 的绝对值无限增大,则称在自变量 x 的变化过程中,$f(x)$ 为无穷大量,简称无穷大,记为
$$\lim f(x) = \infty.$$

4) 无穷小与无穷大的关系

在自变量的同一变化过程中,无穷大的倒数是无穷小,恒不为零的无穷小的倒数是无穷大.

5) 无穷小的比较

设 α, β 是在同一变化过程中的无穷小,$\lim \dfrac{\beta}{\alpha}$ 是在这个变化过程中的极限.

(1) 若 $\lim \dfrac{\beta}{\alpha} = 0$,则称 β 是比 α 高阶无穷小,记为 $\beta = o(\alpha)$.

(2) 若 $\lim \dfrac{\beta}{\alpha} = \infty$,则称 β 是比 α 低阶无穷小.

(3) 若 $\lim \dfrac{\beta}{\alpha} = c$($c$ 是不等于零的常数),则称 β 是与 α 同阶无穷小.

(4) 若 $\lim \dfrac{\beta}{\alpha} = 1$,则称 β 是与 α 等价无穷小,记为 $\beta \sim \alpha$.

8. 函数的连续性

1) 函数连续的定义

定义 1 设函数 $y = f(x)$ 在点 x_0 的某邻域内有定义,如果当自变量的改变量

无限地趋近于零时,相应函数的改变量也无限地趋近于零,即
$$\lim_{\Delta x \to 0} \Delta y = \lim_{\Delta x \to 0} [f(x_0 + \Delta x) - f(x_0)] = 0,$$
则称函数 $y=f(x)$ 在点 x_0 是连续的,或者称 x_0 是函数 $f(x)$ 的连续点.

定义 2 设函数 $f(x)$ 在点 x_0 的某邻域内有定义,如果 $\lim_{x \to x_0} f(x) = f(x_0)$,则称函数 $f(x)$ 在点 x_0 是连续的.

2) 函数的间断点

设函数 $f(x)$ 在点 x_0 的某去心邻域内有定义,如果函数 $f(x)$ 具有下列三种情况之一:

(1) 在点 $x=x_0$ 没有定义;

(2) 虽然在点 $x=x_0$ 有定义,但 $\lim_{x \to x_0} f(x)$ 不存在;

(3) 虽然在点 $x=x_0$ 有定义,且 $\lim_{x \to x_0} f(x)$ 存在,但 $\lim_{x \to x_0} f(x) \neq f(x_0)$,

则称函数 $f(x)$ 在点 x_0 不连续,而点 x_0 称为函数 $f(x)$ 的不连续点或间断点.

函数的间断点可分为如下两类:

$$\text{间断点} \begin{cases} \text{第一类间断点 } x_0 \begin{cases} \text{可去间断点} \begin{cases} \lim_{x \to x_0} f(x) \text{存在, 但 } f(x_0) \text{ 无定义} \\ \lim_{x \to x_0} f(x) \text{存在, } f(x_0) \text{有定义, 但} \lim_{x \to x_0} f(x) \neq f(x_0) \end{cases} \\ \text{跳跃间断点: } \lim_{x \to x_0^+} f(x) \text{与} \lim_{x \to x_0^-} f(x) \text{均存在, 但} \lim_{x \to x_0^+} f(x) \neq \lim_{x \to x_0^-} f(x) \end{cases} \\ \text{第二类间断点 } x_0, \lim_{x \to x_0^-} f(x) \text{与} \lim_{x \to x_0^+} f(x) \text{中至少有一个不存在} \end{cases}$$

3) 初等函数的连续性

一切初等函数在它们的定义区间上都是连续的.

4) 闭区间上连续函数的性质

有界性定理 在闭区间上连续的函数一定在该区间上有界.

最值定理 如果函数 $f(x)$ 在闭区间 $[a,b]$ 上连续,则它在 $[a,b]$ 上一定能取到最大值和最小值.

介值定理 如果函数 $f(x)$ 在闭区间 $[a,b]$ 上连续,则它在 $[a,b]$ 上一定能取到最大值 M 和最小值 m 之间的任何一个中间值 C,即至少存在一点 $\xi(\xi \in [a,b])$,使 $f(\xi)=C$.

零点定理 如果函数 $f(x)$ 在闭区间 $[a,b]$ 上连续,且 $f(a) \cdot f(b) < 0$,则在 (a,b) 内至少存在一点 $\xi(\xi \in (a,b))$,使 $f(\xi)=0$.

典型例题分析

【例1】 求下列函数的定义域.

(1) $y=\sqrt{\log_{\frac{1}{2}}(x-2)}$; (2) $y=\dfrac{1}{\sin x-\cos x}$;

(3) $y=\sqrt{x^2-x-6}+\arcsin\dfrac{2x-1}{7}$.

【解】 (1) $\log_{\frac{1}{2}}(x-2)\geqslant 0 \Rightarrow 0<x-2\leqslant 1 \Rightarrow 2<x\leqslant 3$,故函数的定义域为 $(2,3]$.

(2) 要使函数有意义,必须使 $\sin x-\cos x\neq 0$,即 $\sin x\neq\cos x$,$\tan x\neq 1$,从而
$$x\neq k\pi+\dfrac{\pi}{4} \quad (k\in\mathbf{Z}).$$

因此,函数的定义域为
$$\left(k\pi+\dfrac{\pi}{4},(k+1)\pi+\dfrac{\pi}{4}\right) \quad (k\in\mathbf{Z}).$$

(3) 要使函数有意义,必须使
$$\begin{cases}x^2-x-6\geqslant 0, \\ \left|\dfrac{2x-1}{7}\right|\leqslant 1\end{cases} \Rightarrow \begin{cases}(x-3)(x+2)\geqslant 0, \\ -7\leqslant 2x-1\leqslant 7\end{cases} \Rightarrow \begin{cases}x\leqslant -2\text{ 或 }x\geqslant 3, \\ -3\leqslant x\leqslant 4\end{cases}$$
$$\Rightarrow -3\leqslant x\leqslant -2 \text{ 或 } 3\leqslant x\leqslant 4,$$

所以函数的定义域为 $[-3,-2]\cup[3,4]$.

【例2】 指出下列函数的复合过程.

(1) $y=3^{x^2+1}$; (2) $y=2\arcsin\sqrt{1-x^2}$.

【解】 (1) 函数 $y=3^{x^2+1}$ 是由函数 $y=3^u$ 和 $u=x^2+1$ 复合而成.

(2) 函数 $y=2\arcsin\sqrt{1-x^2}$ 是由函数 $y=2\arcsin u$,$u=\sqrt{v}$ 及 $v=1-x^2$ 复合而成.

【例3】 求 $\lim\limits_{n\to\infty}\left[\dfrac{1}{1\cdot 3}+\dfrac{1}{3\cdot 5}+\cdots+\dfrac{1}{(2n-1)(2n+1)}\right]$.

【解】 原式 $=\lim\limits_{n\to\infty}\dfrac{1}{2}\left(1-\dfrac{1}{3}+\dfrac{1}{3}-\dfrac{1}{5}+\cdots+\dfrac{1}{2n-1}-\dfrac{1}{2n+1}\right)$

$\qquad\quad =\dfrac{1}{2}\lim\limits_{n\to\infty}\left(1-\dfrac{1}{2n+1}\right)$

$\qquad\quad =\dfrac{1}{2}$.

【注】 这里和式的项数随着 n 在变化,所以要先求和,然后求极限.

【例 4】 求下列极限.

(1) $\lim\limits_{x\to 0} x\cos\dfrac{1}{x}$; (2) $\lim\limits_{x\to\infty}\dfrac{\arctan x}{x}$.

【解】 (1) x 是 $x\to 0$ 时的无穷小,$\cos\dfrac{1}{x}$ 是有界函数,无穷小与有界函数的积为无穷小,所以

$$\lim_{x\to 0} x\cos\dfrac{1}{x}=0.$$

(2) $\dfrac{1}{x}$ 是 $x\to\infty$ 时的无穷小,$\arctan x$ 是有界函数,无穷小与有界函数的积为无穷小,所以

$$\lim_{x\to\infty}\dfrac{\arctan x}{x}=0.$$

【例 5】 求 $\lim\limits_{x\to\infty}\dfrac{(8x^2+1)^3(3x-2)^4}{(6x^2+7)^5}$.

【解】 当 $x\to\infty$ 时,对于两个多项式相除的极限,其极限仅与分子、分母的次数最高项有关,故原式可简化为

$$\text{原式}=\lim_{x\to\infty}\dfrac{(8x^2)^3\cdot(3x)^4}{(6x^2)^5}$$

$$=\lim_{x\to\infty}\dfrac{8^3\cdot x^6\cdot 3^4 x^4}{6^5 x^{10}}=\dfrac{16}{3}.$$

【注】 当 $n\to\infty$ 时,对两个多项式相除的极限,一般有 ($a_0\neq 0, b_0\neq 0$)

$$\lim_{x\to\infty}\dfrac{a_0 x^n+a_1 x^{n-1}+\cdots+a_n}{b_0 x^m+b_1 x^{m-1}+\cdots+b_m}=\begin{cases}\infty, & m<n,\\ \dfrac{a_0}{b_0}, & m=n,\\ 0, & m>n.\end{cases}$$

【例 6】 求下列极限.

(1) $\lim\limits_{x\to 3}\dfrac{x^2-4x+3}{x^2-5x+6}$; (2) $\lim\limits_{h\to 0}\dfrac{(x+h)^2-x^2}{h}$.

【解】 (1) 原式 $=\lim\limits_{x\to 3}\dfrac{(x-3)(x-1)}{(x-3)(x-2)}$

$$=\lim_{x\to 3}\dfrac{x-1}{x-2}=\dfrac{3-1}{3-2}=2.$$

(2) 原式 $=\lim\limits_{h\to 0}\dfrac{2xh+h^2}{h}$

$$=\lim_{h\to 0}(2x+h)=2x.$$

【注】 $\lim\limits_{x\to x_0}f(x)=A$,$\lim\limits_{x\to x_0}g(x)=B$,当 $A=0$,$B=0$ 时,求 $\lim\limits_{x\to x_0}\dfrac{f(x)}{g(x)}$,即可考虑 $f(x)$ 与 $g(x)$ 有无公因式 $x-x_0$,因 $x\to x_0$,所以 $x\neq x_0$,同时约去公因式 $x-x_0$ 即可求解.

【例7】 求下列极限.

(1) $\lim\limits_{x\to 16}\dfrac{\sqrt{x}-4}{\sqrt[4]{x}-2}$;

(2) $\lim\limits_{x\to +\infty}(\sqrt{x^2+1}-\sqrt{x^2-1})$.

【解】 (1) 原式 $=\lim\limits_{x\to 16}\dfrac{(\sqrt{x}-4)(\sqrt[4]{x}+2)}{\sqrt{x}-4}$

$=\lim\limits_{x\to 16}(\sqrt[4]{x}+2)=4.$

(2) 原式 $=\lim\limits_{x\to +\infty}\dfrac{2}{\sqrt{x^2+1}+\sqrt{x^2-1}}=0.$

【注】 以上各题是利用有理化将因式进行变形,化简后求解的.

【例8】 求下列极限.

(1) $\lim\limits_{x\to 0}\dfrac{\sin 4x}{x}$;

(2) $\lim\limits_{x\to 0}\dfrac{1-\cos 2x}{x\sin x}$;

(3) $\lim\limits_{n\to \infty}2^n\sin\dfrac{x}{2^n}$.

【解】 (1) 原式 $=4\lim\limits_{x\to 0}\dfrac{\sin 4x}{4x}=4\times 1=4.$

(2) 原式 $=\lim\limits_{x\to 0}\dfrac{2\sin^2 x}{x\sin x}=2\lim\limits_{x\to 0}\dfrac{\sin x}{x}=2.$

(3) 原式 $=\lim\limits_{n\to \infty}\dfrac{x\sin\dfrac{x}{2^n}}{\dfrac{x}{2^n}}=x\lim\limits_{n\to \infty}\dfrac{\sin\dfrac{x}{2^n}}{\dfrac{x}{2^n}}=x.$

【注】 以上各题是利用重要极限 $\lim\limits_{x\to 0}\dfrac{\sin x}{x}=1$ 求解的.

【例9】 求下列极限.

(1) $\lim\limits_{x\to 0}(1-x)^{\frac{2}{x}}$;

(2) $\lim\limits_{x\to 0}(1+2x)^{\frac{1}{x}}$;

(3) $\lim\limits_{x\to \infty}\left(\dfrac{2x+3}{2x+1}\right)^{x+1}$.

【解】 (1) 原式 $=\lim\limits_{x\to 0}[1+(-x)]^{-\frac{1}{x}\cdot(-2)}$

$=\{\lim\limits_{x\to 0}[1+(-x)]^{-\frac{1}{x}}\}^{-2}$

$=e^{-2}=\dfrac{1}{e^2}.$

(2) 原式 $= \lim\limits_{x \to 0}(1+2x)^{\frac{1}{2x} \cdot 2}$

$= [\lim\limits_{x \to 0}(1+2x)^{\frac{1}{2x}}]^2 = e^2.$

(3) 原式 $= \lim\limits_{x \to \infty}\left(1+\dfrac{2}{2x+1}\right)^{x+1}$

$= \lim\limits_{x \to \infty}\left(1+\dfrac{1}{x+\dfrac{1}{2}}\right)^{x+\frac{1}{2}+\frac{1}{2}}$

$= \lim\limits_{x \to \infty}\left[\left(1+\dfrac{1}{x+\dfrac{1}{2}}\right)^{x+\frac{1}{2}} \cdot \left(1+\dfrac{1}{x+\dfrac{1}{2}}\right)^{\frac{1}{2}}\right]$

$= \lim\limits_{x \to \infty}\left(1+\dfrac{1}{x+\dfrac{1}{2}}\right)^{x+\frac{1}{2}} \cdot \lim\limits_{x \to \infty}\left(1+\dfrac{1}{x+\dfrac{1}{2}}\right)^{\frac{1}{2}}$

$= e \cdot 1 = e.$

【注】 以上是利用重要极限 $\lim\limits_{x \to 0}(1+x)^{\frac{1}{x}} = e$ $\left(\text{或} \lim\limits_{x \to \infty}\left(1+\dfrac{1}{x}\right)^x = e\right)$ 来求解的.

【例 10】 求下列极限.

(1) $\lim\limits_{x \to 3}\dfrac{x^2+1}{(x-3)^2}$;

(2) $\lim\limits_{x \to \infty}\dfrac{x^2}{3x+1}$;

(3) $\lim\limits_{x \to \infty}(4x^2+x-3).$

【解】 (1) 因 $\lim\limits_{x \to 3}\dfrac{(x-3)^2}{x^2+1} = 0$,所以

$$\lim\limits_{x \to 3}\dfrac{x^2+1}{(x-3)^2} = \infty.$$

(2) 因 $\lim\limits_{x \to \infty}\dfrac{3x+1}{x^2} = \lim\limits_{x \to \infty}\left(\dfrac{3}{x}+\dfrac{1}{x^2}\right) = 0$,所以

$$\lim\limits_{x \to \infty}\dfrac{x^2}{3x+1} = \infty.$$

(3) 因 $\lim\limits_{x \to \infty}\dfrac{1}{4x^2+x-3} = \lim\limits_{x \to \infty}\dfrac{\dfrac{1}{x^2}}{4+\dfrac{1}{x}-\dfrac{1}{x^2}} = 0$,所以

$$\lim\limits_{x \to \infty}(4x^2+x-3) = \infty.$$

【注】 以上是利用无穷小与无穷大的关系求解的.

【例 11】 若 $\lim\limits_{x \to -1} \dfrac{ax^2 - x - 3}{x+1} = b$，求 a, b.

【解】 因 $\lim\limits_{x \to -1}(x+1) = 0$，而 $\lim\limits_{x \to -1} \dfrac{ax^2 - x - 3}{x+1}$ 存在，所以
$$\lim_{x \to -1}(ax^2 - x - 3) = 0,$$
即
$$a + 1 - 3 = 0, \quad a = 2,$$
所以
$$\begin{aligned}b &= \lim_{x \to -1} \dfrac{2x^2 - x - 3}{x+1} \\ &= \lim_{x \to -1} \dfrac{(x+1)(2x-3)}{x+1} \\ &= \lim_{x \to -1}(2x-3) = -5.\end{aligned}$$

【例 12】 当 $x \to 0$ 时，$x^2 - 3x$ 与 $x^3 - x^2$ 相比，哪一个是高阶无穷小？

【解】
$$\lim_{x \to 0} \dfrac{x^3 - x^2}{x^2 - 3x} = \lim_{x \to 0} \dfrac{x^2 - x}{x - 3} = 0,$$
所以当 $x \to 0$ 时，$x^3 - x^2$ 是比 $x^2 - 3x$ 高阶的无穷小，即
$$x^3 - x^2 = o(x^2 - 3x).$$

【例 13】 讨论函数 $f(x) = \begin{cases} 2-x, & 0 \leqslant x \leqslant 1, \\ x^2, & 1 < x \leqslant 2 \end{cases}$ 的连续性.

【解】 显然，$f(x)$ 在 $[0,1)$ 和 $(1,2]$ 内连续. 在 $x=1$ 处，有
$$\lim_{x \to 1^-} f(x) = \lim_{x \to 1^-}(2-x) = 1,$$
$$\lim_{x \to 1^+} f(x) = \lim_{x \to 1^+} x^2 = 1,$$
$$f(1) = 1,$$
因而有
$$f(1-0) = f(1+0) = f(1),$$
即 $f(x)$ 在 $x=1$ 处连续，$f(x)$ 在 $[0,2]$ 上连续.

【例 14】 证明三次代数方程 $x^3 - 4x^2 + 1 = 0$ 在区间 $(0,1)$ 内至少有一个根.

【证】 函数 $f(x) = x^3 - 4x^2 + 1$ 在闭区间 $[0,1]$ 上连续，又 $f(0) = 1 > 0$，$f(1) = -2 < 0$. 根据零点定理，在 $(0,1)$ 上至少有一点 ξ，使得
$$f(\xi) = 0,$$
即
$$\xi^3 - 4\xi^2 + 1 = 0 \quad (0 < \xi < 1).$$
上式说明方程 $x^3 - 4x^2 + 1 = 0$ 在区间 $(0,1)$ 内至少有一个实根 ξ.

同步训练题

1. 填空题.

(1) 函数 $y=\sqrt{\ln(\ln x)}$ 的定义域是_____.

(2) 函数 $y=\dfrac{1}{\lg|x-3|}+\arcsin\dfrac{2x+1}{11}$ 的定义域是_____.

(3) 函数 $y=\sqrt[3]{\sin x^2}$ 的复合过程是_____.

(4) 函数 $y=\arctan(x^2-1)$ 的复合过程是_____.

(5) 当数列的项数无限增加时,$1,\dfrac{1}{\sqrt{2}},\dfrac{1}{\sqrt{3}},\dfrac{1}{\sqrt{4}},\cdots$ 趋向于_____.

(6) $f(x)=\dfrac{1}{(x-1)^2}$,当 $x\to$_____时,$f(x)$ 是无穷小量;当 $x\to$_____时,$f(x)$ 是无穷大量.

(7) $\lim\limits_{x\to 1}\dfrac{\sin(x^2-1)}{x-1}=$_____.

(8) $y=\dfrac{x^2-1}{x^2-3x+2}$ 的连续区间为_____.

(9) 若 $f(x)=\begin{cases}3\mathrm{e}^x, & x<0,\\ 5x+a, & x\geqslant 0\end{cases}$ 在 $x=0$ 处连续,则 $a=$_____.

2. 判断题.

(1) 若 $\lim\limits_{x\to x_0}f(x)$ 存在,则 $\lim\limits_{x\to x_0}f(x)=f(x_0)$. (   )

(2) 若 $f(x_0+0)$ 与 $f(x_0-0)$ 都存在,则 $\lim\limits_{x\to x_0}f(x)$ 存在. (   )

(3) $\lim\limits_{x\to+\infty}\left(\dfrac{1}{3}\right)^x=0$. (   )

(4) $\lim\limits_{x\to-\infty}\left(\dfrac{1}{3}\right)^x=+\infty$. (   )

(5) $\lim\limits_{x\to 0^-}\left(\dfrac{1}{3}\right)^x=-1$. (   )

(6) $\lim\limits_{x\to 0}\dfrac{|x|}{x}$ 不存在. (   )

(7) 两个无穷小之商仍为无穷小. (   )

(8) 两个无穷大之差必是无穷小. (   )

(9) 两个无穷大之商必是 1. (   )

(10) 无穷大与有界变量之和为无穷大.　　　　　　　　(　　)

(11) 分段函数必有间断点.　　　　　　　　　　　　　(　　)

(12) 函数的定义区间必为连续区间.　　　　　　　　　(　　)

(13) 在$[a,b]$上不连续的函数,一定没有最大(小)值.　(　　)

(14) 若$f(x)$在(a,b)内连续,且$f(a) \cdot f(b)<0$,则在(a,b)内方程$f(x)=0$一定有实数根.　　　　　　　　　　　　　　　　　　　(　　)

3. 选择题.

(1) 当$x \to 0$时,与无穷小量$x\sin 6x$同阶的无穷小量是(　　).

A. x　　　　　　　　　　　　B. $3x^2$

C. x^3　　　　　　　　　　　D. x^4

(2) $\lim\limits_{n \to \infty}\left(1-\dfrac{1}{2n+1}\right)^n = ($　　$)$.

A. 1　　　　　　　　　　　　B. e

C. $e^{-\frac{1}{2}}$　　　　　　　　　　D. e^{-2}

(3) 函数$y=\dfrac{1}{\ln(x-1)}$的连续区间为(　　).

A. $[1,2) \cup (2,+\infty)$　　　　B. $(1,2) \cup (2,+\infty)$

C. $(1,+\infty)$　　　　　　　　D. $[1,+\infty)$

(4) 若$\lim\limits_{x \to 2}\dfrac{x^2+ax+b}{x^2-x-2}=2$,则必有(　　).

A. $a=2, b=8$　　　　　　　　B. $a=2, b=5$

C. $a=0, b=-8$　　　　　　　　D. $a=2, b=-8$

4. 计算下列极限.

(1) $\lim\limits_{x \to 2}\sqrt{x^2+x+6}$;

(2) $\lim\limits_{x \to 5}\dfrac{x^2-3x-10}{x^2-25}$;

(3) $\lim\limits_{x \to 1}\dfrac{x^2+x-2}{x^3-x}$;

(4) $\lim\limits_{x \to \infty}\dfrac{x^2-2x+3}{x^3-x}$;

(5) $\lim\limits_{x \to \infty}\dfrac{6x^2+x-1}{3x^2+1}$;

(6) $\lim\limits_{x \to \infty}\dfrac{4x^3-x+1}{x^2+1}$;

(7) $\lim\limits_{x \to 0}\dfrac{\tan 3x}{\sin 5x}$;

(8) $\lim\limits_{x \to \infty}x\sin\dfrac{2}{x}$;

(9) $\lim\limits_{x \to 0}\dfrac{\tan x - \sin x}{\sin^3 x}$;

(10) $\lim\limits_{x \to \infty}\left(1-\dfrac{3}{x}\right)^{2x}$;

(11) $\lim\limits_{x \to \infty}\left(\dfrac{x+2}{x+1}\right)^x$.

5. 已知 $f(x)=\begin{cases} 1-x^2, & -1\leqslant x<0, \\ 1-x, & 0\leqslant x<1, \\ x+1, & 1\leqslant x<2, \end{cases}$ 讨论 $f(x)$ 在 $x=0, x=1$ 处的连续性.

6. 证明方程 $e^x\cos x=0$ 在区间 $(0,\pi)$ 内至少有一个实根.

参考答案

1. (1) $[e,+\infty)$.   (2) $[-6,2)\cup(2,3)\cup(3,4)\cup(4,5]$.
(3) $y=u^{\frac{1}{3}}, u=\sin v, v=x^2$.   (4) $y=\arctan u, u=x^2-1$.
(5) 0.   (6) ∞, 1.   (7) 2.   (8) $(-\infty,1)\cup(1,2)\cup(2,+\infty)$.   (9) 3.

2. (1) ×.   (2) ×.   (3) √.   (4) √.   (5) ×.   (6) √.   (7) ×.   (8) ×.
(9) ×.   (10) √.   (11) ×.   (12) ×.   (13) ×.   (14) ×.

3. (1) B.   (2) C.   (3) D.   (4) D.

4. (1) $2\sqrt{3}$.   (2) $\frac{7}{10}$.   (3) $\frac{3}{2}$.   (4) 0.   (5) 2.   (6) ∞.   (7) $\frac{3}{5}$.   (8) 2.
(9) $\frac{1}{2}$.   (10) e^{-6}.   (11) e.

5. $x=0$ 处连续; $x=1$ 处不连续.

6. 略.

第 2 章　导数与微分

知识要点提示

一、导数

1. 导数的定义

1) 函数在某一点的导数的定义

设函数 $y=f(x)$ 在点 x_0 的某邻域内有定义,在点 x_0 处给 x_0 以增量 Δx(且 $x_0+\Delta x$ 仍在该邻域内),函数相应地有增量 $\Delta y=f(x_0+\Delta x)-f(x_0)$,如果极限

$$\lim_{\Delta x \to 0}\frac{\Delta y}{\Delta x}=\lim_{\Delta x \to 0}\frac{f(x_0+\Delta x)-f(x_0)}{\Delta x}$$

存在,则称此极限为函数 $y=f(x)$ 在点 x_0 处的导数,记为

$$f'(x_0), y'\Big|_{x=x_0} \quad \text{或} \quad \frac{\mathrm{d}y}{\mathrm{d}x}\Big|_{x=x_0},$$

即

$$f'(x_0)=\lim_{\Delta x \to 0}\frac{f(x_0+\Delta x)-f(x_0)}{\Delta x},$$

此时也称函数 $f(x)$ 在点 x_0 处可导. 若上面的极限不存在,则称函数 $f(x)$ 在点 x_0 处不可导或导数不存在.

函数 $f(x)$ 在点 x_0 处的导数的一种等价定义是

$$f'(x_0)=\lim_{\Delta x \to 0}\frac{\Delta y}{\Delta x}=\lim_{x \to x_0}\frac{f(x)-f(x_0)}{x-x_0}.$$

2) 函数在某一点的左、右导数的定义

设函数 $y=f(x)$ 在点 x_0 的左侧邻域(包括点 x_0)内(或右侧邻域内,包括点 x_0)有定义,在点 x_0 处给 x_0 以增量 $\Delta x<0$(或 $\Delta x>0$, $x_0+\Delta x$ 仍在该邻域内),函数 $y=f(x)$ 相应地有增量 $\Delta y=f(x_0+\Delta x)-f(x_0)$,如果极限

或
$$\lim_{\Delta x \to 0^-} \frac{\Delta y}{\Delta x} = \lim_{\Delta x \to 0^-} \frac{f(x_0 + \Delta x) - f(x_0)}{\Delta x}$$
$$\lim_{\Delta x \to 0^+} \frac{\Delta y}{\Delta x} = \lim_{\Delta x \to 0^+} \frac{f(x_0 + \Delta x) - f(x_0)}{\Delta x}$$

存在,则称此极限为函数 $y = f(x)$ 在点 x_0 处的左导数(或右导数),记为 $f'_-(x_0)$ (或 $f'_+(x_0)$),即

$$f'_-(x_0) = \lim_{\Delta x \to 0^-} \frac{f(x_0 + \Delta x) - f(x_0)}{\Delta x}$$

或
$$f'_+(x_0) = \lim_{\Delta x \to 0^+} \frac{f(x_0 + \Delta x) - f(x_0)}{\Delta x}.$$

2. 函数在某一点处可导的充分必要条件

函数 $y = f(x)$ 在点 x_0 处可导的充分必要条件是:$f(x)$ 在点 x_0 处的左、右导数存在且相等,即

$$f'(x_0) \Leftrightarrow f'_-(x_0) = f'_+(x_0).$$

3. 导函数的定义

设函数 $f(x)$ 在开区间 (a,b) 内有定义,如果对于开区间 (a,b) 内的每一点 x,极限

$$\lim_{\Delta x \to 0} \frac{f(x + \Delta x) - f(x)}{\Delta x} = f'(x)$$

存在,则称 $f'(x)$ 为函数 $f(x)$ 在 (a,b) 内的导函数,简称导数. 这时也称函数 $f(x)$ 在 (a,b) 内可导.

设函数 $f(x)$ 在闭区间 $[a,b]$ 上有定义,如果 $f(x)$ 在开区间 (a,b) 内可导,且在区间端点 a 处的右导数和端点 b 处的左导数都存在,则称函数 $f(x)$ 在闭区间 $[a,b]$ 上可导,$f'(x)$ 为区间 $[a,b]$ 上的导函数,简称为导数.

习惯上把 $f(x)$ 在区间 I 上的导函数 $f'(x)$ 称为函数 $f(x)$ 在区间 I 上每一点均可导.

4. 函数可导与连续性的关系

函数可导必连续,但其逆命题不成立.

如果函数 $y = f(x)$ 在点 x_0 处可导,则 $f(x)$ 在点 x_0 处必连续,但反之不成立. 连续性是函数可导的必要非充分条件.

二、导数的几何意义

如果函数 $y = f(x)$ 在点 x_0 处的导数 $f'(x_0)$ 存在,则在几何上,$f'(x_0)$ 表示曲

线 $y=f(x)$ 在点 $(x_0,f(x_0))$ 处的切线的斜率.

特殊地,若函数 $y=f(x)$ 在点 x_0 处的导数为无穷大,则在几何上表示曲线 $y=f(x)$ 在点 $(x_0,f(x_0))$ 处的切线垂直于 x 轴.

由导数的几何意义可知,曲线 $y=f(x)$ 在点 $(x_0,f(x_0))$ 处的切线方程为
$$y-f(x_0)=f'(x_0)(x-x_0);$$

法线方程为
$$y-f(x_0)=\frac{-1}{f'(x_0)}(x-x_0) \quad (f'(x_0)\neq 0).$$

三、求导公式和求导法则

求导数是高等数学中运算的核心,必须理解并熟练掌握求导法则.求导可以概括为以下三个方面:

(1) 用定义求某点(例如分段点)处的导数;

(2) 用和、差、积、商、反函数、复合函数、基本初等函数、高阶导数公式求导;

(3) 显函数(包括幂指函数)、隐函数、参数方程表示的函数的导数的求法.

1. 基本初等函数的导数公式

(1) $C'=0$ (C 为常数).   (2) $(x^n)'=nx^{n-1}$ ($n\in \mathbf{R}$).

(3) $(a^x)'=a^x \cdot \ln a$ ($a>0$,且 $a\neq 1$).   (4) $(e^x)'=e^x$.

(5) $(\log_a x)'=\frac{1}{x\ln a}$ ($a>0$,且 $a\neq 1$).   (6) $(\ln x)'=\frac{1}{x}$.

(7) $(\sin x)'=\cos x$.   (8) $(\cos x)'=-\sin x$.

(9) $(\tan x)'=\frac{1}{\cos^2 x}=\sec^2 x$.   (10) $(\cot x)'=-\frac{1}{\sin^2 x}=-\csc^2 x$.

(11) $(\sec x)'=\sec x \cdot \tan x$.   (12) $(\csc x)'=-\csc x \cdot \cot x$.

(13) $(\arcsin x)'=\frac{1}{\sqrt{1-x^2}}$.   (14) $(\arccos x)'=-\frac{1}{\sqrt{1-x^2}}$.

(15) $(\arctan x)'=\frac{1}{1+x^2}$.   (16) $(\text{arccot}\, x)'=-\frac{1}{1+x^2}$.

2. 求导的基本法则

1) 函数求导的四则运算法则

设 $u=u(x),v=v(x)$ 为 x 的可导函数,C 为常数,则

(1) $(u\pm v)'=u'\pm v'$;

(2) $(u \cdot v)' = u'v + uv'$,$(Cu)' = Cu'$;

(3) $\left(\dfrac{u}{v}\right)' = \dfrac{u'v - uv'}{v^2}$ $(v \neq 0)$.

2) 反函数的求导法则

若 $y = f(x)$ 为 $x = \varphi(y)$ 的反函数,且 $\varphi(y)$ 可导,$\varphi'(y) \neq 0$,则

$$f'(x) = \dfrac{1}{\varphi'(y)}.$$

3) 复合函数的求导法则

设 $y = f(u)$ 可导,$u = \varphi(x)$ 可导,则复合函数 $y = f[\varphi(x)]$ 可导,即

$$\dfrac{\mathrm{d}y}{\mathrm{d}x} = \dfrac{\mathrm{d}y}{\mathrm{d}u} \cdot \dfrac{\mathrm{d}u}{\mathrm{d}x} \quad \text{或} \quad y'_x = f'(u) \cdot \varphi'(x),$$

或

$$\dfrac{\mathrm{d}y}{\mathrm{d}x} = f'[\varphi(x)] \cdot \varphi'(x).$$

读者应熟练掌握复合函数求导数的基本法则.因为后面学习的积分法是微分法的逆运算,正如减法是加法的逆运算、除法是乘法的逆运算一样,不会加法便无法学会减法,不会乘法便无法学会除法.所以若复合函数求导的基本法则不掌握,那么它的逆运算(积分法)将很难学会.为了便于演算,建议把基本初等函数求导公式与复合函数求导公式结合在一起,牢记如下一套求导公式:

(1) $\dfrac{\mathrm{d}}{\mathrm{d}x}(u^n) = nu^{n-1}\dfrac{\mathrm{d}u}{\mathrm{d}x}$, 简记为 $(u^n)' = nu^{n-1} \cdot u'$;

(2) $\dfrac{\mathrm{d}}{\mathrm{d}x}(a^u) = a^u \ln a \dfrac{\mathrm{d}u}{\mathrm{d}x}$, 简记为 $(a^u)' = a^u \ln a \cdot u'$;

(3) $\dfrac{\mathrm{d}}{\mathrm{d}x}(\mathrm{e}^u) = \mathrm{e}^u \dfrac{\mathrm{d}u}{\mathrm{d}x}$, 简记为 $(\mathrm{e}^u)' = \mathrm{e}^u \cdot u'$;

(4) $\dfrac{\mathrm{d}}{\mathrm{d}x}(\sin u) = \cos u \dfrac{\mathrm{d}u}{\mathrm{d}x}$, 简记为 $(\sin u)' = \cos u \cdot u'$;

(5) $\dfrac{\mathrm{d}}{\mathrm{d}x}(\cos u) = -\sin u \dfrac{\mathrm{d}u}{\mathrm{d}x}$, 简记为 $(\cos u)' = -\sin u \cdot u'$;

(6) $\dfrac{\mathrm{d}}{\mathrm{d}x}(\tan u) = \sec^2 u \dfrac{\mathrm{d}u}{\mathrm{d}x}$, 简记为 $(\tan u)' = \sec^2 u \cdot u'$;

(7) $\dfrac{\mathrm{d}}{\mathrm{d}x}(\cot u) = -\csc^2 u \dfrac{\mathrm{d}u}{\mathrm{d}x}$, 简记为 $(\cot u)' = -\csc^2 u \cdot u'$;

(8) $\dfrac{\mathrm{d}}{\mathrm{d}x}(\sec u) = \sec u \cdot \tan u \dfrac{\mathrm{d}u}{\mathrm{d}x}$, 简记为 $(\sec u)' = \sec u \cdot \tan u \cdot u'$;

(9) $\dfrac{\mathrm{d}}{\mathrm{d}x}(\csc u) = -\csc u \cdot \cot u \dfrac{\mathrm{d}u}{\mathrm{d}x}$, 简记为 $(\csc u)' = -\csc u \cdot \cot u \cdot u'$;

(10) $\dfrac{\mathrm{d}}{\mathrm{d}x}(\arcsin u) = \dfrac{1}{\sqrt{1-u^2}}\dfrac{\mathrm{d}u}{\mathrm{d}x}$, 简记为 $(\arcsin u)' = \dfrac{u'}{\sqrt{1-u^2}}$;

(11) $\dfrac{\mathrm{d}}{\mathrm{d}x}(\arccos u) = \dfrac{-1}{\sqrt{1-u^2}}\dfrac{\mathrm{d}u}{\mathrm{d}x}$, 简记为 $(\arccos u)' = \dfrac{-u'}{\sqrt{1-u^2}}$;

(12) $\dfrac{\mathrm{d}}{\mathrm{d}x}(\arctan u) = \dfrac{1}{1+u^2}\dfrac{\mathrm{d}u}{\mathrm{d}x}$, 简记为 $(\arctan u)' = \dfrac{u'}{1+u^2}$;

(13) $\dfrac{\mathrm{d}}{\mathrm{d}x}(\operatorname{arccot} u) = \dfrac{-1}{1+u^2}\dfrac{\mathrm{d}u}{\mathrm{d}x}$, 简记为 $(\operatorname{arccot} u)' = \dfrac{-u'}{1+u^2}$.

利用这套公式求导数比较方便.

4) 隐函数求导法

设函数 $y=f(x)$ 是由一个二元函数方程 $F(x,y)=0$ 所确定的隐函数,求解 $\dfrac{\mathrm{d}y}{\mathrm{d}x}$ 有如下两个方法.

(1) 方程两边同时对 x 求导,将 y 看成中间变量,再解出 y'_x. y'_x 的表达式中可以含有 y.

(2) 将方程左边的函数 $F(x,y)$ 视为 x,y 的二元函数,由二元复合函数的偏导数法则求出

$$\dfrac{\mathrm{d}y}{\mathrm{d}x} = -\dfrac{\dfrac{\partial F}{\partial x}}{\dfrac{\partial F}{\partial y}} = -\dfrac{F'_x}{F'_y}, \quad \dfrac{\partial F}{\partial y} \neq 0.$$

如果需要求出隐函数在某固定点 x_0 处的导数,则必须先从方程式中求出相应的 y_0,然后将 x_0,y_0 代入 y'_x,得出 $y'|_{x=x_0}$.

5) 对数求导法

将函数表达式两边取自然对数,并利用对数性质将表达式化简,然后应用复合函数及隐函数的求导法则将等式两边对自变量求导,最后得出函数的导数.

对数求导法常用于下列两类函数的求导:

(1) 幂函数 $[u(x)]^{v(x)}$;

(2) 由乘、除、乘方、开方混合运算所构成的函数.

6) 由参数方程确定的函数的求导方法

设 $\begin{cases} x=\varphi(t), \\ y=\psi(t), \end{cases}$ $\varphi(t),\psi(t)$ 均可导且 $\varphi'(t)\neq 0$,则

$$\dfrac{\mathrm{d}y}{\mathrm{d}x} = \dfrac{\dfrac{\mathrm{d}y}{\mathrm{d}t}}{\dfrac{\mathrm{d}x}{\mathrm{d}t}} = \dfrac{\psi'(t)}{\varphi'(t)}.$$

7）高阶导数

二阶或二阶以上的导数统称为高阶导数.

$f(x)$ 的 $n-1$ 阶导数的导数称为 $f(x)$ 的 n 阶导数,记为 $y^{(n)}$ 或 $\dfrac{\mathrm{d}^n y}{\mathrm{d}x^n}$.

求函数的高阶导数不需要新的导数公式和求导方法,只需逐阶求导即可. 例如,上面参数方程所确定的函数需要求其二阶导数时,则

$$\frac{\mathrm{d}^2 y}{\mathrm{d}x^2} = \frac{\dfrac{\mathrm{d}}{\mathrm{d}t}\left(\dfrac{\mathrm{d}y}{\mathrm{d}x}\right)}{\dfrac{\mathrm{d}x}{\mathrm{d}t}} = \frac{\left(\dfrac{\psi'(t)}{\varphi'(t)}\right)'}{\varphi'(t)}.$$

$f(x)$ 的 n 阶导数为

$$f^{(n)}(x) = \frac{\mathrm{d}^n y}{\mathrm{d}x^n} = \frac{\mathrm{d}}{\mathrm{d}x}\left(\frac{\mathrm{d}^{n-1} y}{\mathrm{d}x^{n-1}}\right)$$
$$= [f^{(n-1)}(x)]'.$$

8）分段函数的求导

设 $f(x)$ 为一个分段函数,显然导数 $f'(x)$ 自然是一个分段函数,其求导步骤如下.

(1) 对各段的表达式按导数的定义及求导公式、求导法则求出导数.

(2) 判断各分段点处的连续性,在其连续的分段点处是否可导,用可导的充要条件,即 $f'_-(x_0)$ 和 $f'_+(x_0)$ 是否存在且相等来判断:左导数等于右导数,则函数在该点可导,否则不可导.

(3) 写出各分段函数对应的 $f'(x)$,并在定义域中加上相应的可导分段点.

四、函数的微分

1. 微分的定义

设函数 $y=f(x)$ 在点 x_0 的某一邻域内有意义,$x_0+\Delta x$ 在该邻域内,若函数 $y=f(x)$ 在点 x_0 处的增量 $\Delta y=f(x_0+\Delta x)-f(x_0)$ 可表示为
$$\Delta y = A(x_0)\Delta x + o(\Delta x),$$
且 $A(x_0)$ 与 Δx 无关,$o(\Delta x)$ 是比 Δx 高阶的无穷小,则称函数 $y=f(x)$ 在点 x_0 处可微分,并称 $A(x_0) \cdot \Delta x$ 为函数 $f(x)$ 在点 x_0 处的微分,记为 $\mathrm{d}y$ 或 $\mathrm{d}f(x)$,即
$$\mathrm{d}y = A(x_0) \cdot \Delta x.$$

2. 微分的几何意义

在几何上,函数 $y=f(x)$ 在点 x_0 处的微分 $\mathrm{d}y$ 表示曲线 $y=f(x)$ 在点

$(x_0,f(x_0))$处的切线在自变量 x 有增量 Δx 时的纵坐标的增量.

3. 函数可微的充分必要条件

函数 $y=f(x)$ 在点 x_0 处可微分的充分必要条件是:函数 $f(x)$ 在点 x_0 处可导,且有 $A=f'(x_0)$.函数 $y=f(x)$ 在点 x_0 处对应于自变量增量 Δx 的微分记为
$$dy=f'(x_0)\Delta x \quad \text{或} \quad dy=f'(x_0)dx.$$
此处 $dx=\Delta x$,并称为自变量的微分.

由此可知,函数可导与可微是等价的.可导也称为可微,即可微⇔可导.

函数 $y=f(x)$ 在任意一点 x 处的微分为
$$dy=f'(x)dx,$$
也可写为
$$\frac{dy}{dx}=f'(x).$$
此式表明函数 $f(x)$ 的导数就是函数因变量微分与自变量微分之商.因此,导数也称为微商.

4. 微分的性质

(1) 在 $f'(x)\neq 0$ 时,$dy=f'(x)\Delta x$ 是 Δx 的线性函数.

(2) 若 $f'(x)\neq 0$,当 $\Delta x \to 0$ 时,dy 是 Δy 的线性主部,即
$$\Delta y - dy = o(\Delta x),$$
$o(\Delta x)$ 是比 Δx 高阶的无穷小.因此,当 $|\Delta x|$ 很小时,可用 dy 近似代替 Δy,即 $dy \sim \Delta y$.

5. 微分运算

1) 基本初等函数的微分公式

(1) $d(C)=0$ (C 为常数);

(2) $d(x^n)=nx^{n-1}dx$;

(3) $d(a^x)=a^x \ln a \, dx$ ($a>0$,且 $a\neq 1$);

(4) $d(e^x)=e^x dx$;

(5) $d\log_a x = \frac{1}{x\ln a}dx$ ($a>0$,且 $a\neq 1$);

(6) $d(\ln x)=\frac{1}{x}dx$;

(7) $d(\sin x)=\cos x \, dx$;

(8) $d(\cos x) = -\sin x dx$；

(9) $d(\tan x) = \sec^2 x dx$；

(10) $d(\cot x) = -\csc^2 x dx$；

(11) $d(\sec x) = \sec x \cdot \tan x dx$；

(12) $d(\csc x) = -\csc x \cdot \cot x dx$；

(13) $d(\arcsin x) = \dfrac{1}{\sqrt{1-x^2}} dx$；

(14) $d(\arccos x) = \dfrac{-1}{\sqrt{1-x^2}} dx$；

(15) $d(\arctan x) = \dfrac{1}{1+x^2} dx$；

(16) $d(\operatorname{arccot} x) = \dfrac{-1}{1+x^2} dx$.

2）函数的和、差、积、商的微分运算法则

设 $u(x), v(x)$ 为可微函数，则

(1) $d(u \pm v) = du \pm dv$；

(2) $d(u \cdot v) = udv + vdu$；

(3) $d\left(\dfrac{u}{v}\right) = \dfrac{vdu - udv}{v^2}$ $(v \neq 0)$.

3）复合函数的微分法则

设 $y = f(u), u = \varphi(x)$ 确定 y 是 x 的复合函数，且 $f(u), \varphi(x)$ 可微分，则

$$dy = f'(u) \cdot du = f'[\varphi(x)] \cdot \varphi'(x) dx.$$

从上式可知，当 u 是自变量时，$dy = f'(u) du$；当 u 不是自变量而是 x 的可微函数时，仍有 $dy = f'(u) du$. 不论 u 是否为自变量，函数 $y = f(u)$ 总保持同一形式 $dy = f'(u) du$，这一性质称为微分形式不变性（或一阶微分形式不变性）.

6. 近似计算

当 $|\Delta x|$ 很小时，有

$$\Delta y|_{x=x_0} \approx dy|_{x=x_0} = f'(x_0) \cdot \Delta x,$$
$$f(x) \approx f(x_0) + f'(x_0)(x - x_0);$$

当 $x_0 = 0$ 时，有

$$f(x) \approx f(0) + f'(0) \cdot x.$$

典型例题分析

【例1】 用导数定义求下列函数在指定点的导数.

(1) $f(x)=ax^2+b$（a,b 都是常数），$x=x_0$；

(2) $f(x)=\sqrt{x}$，$x=x_0$；

(3) $f(x)=\dfrac{1}{x^2}$，$x=1$；

(4) $f(\theta)=\tan\theta$，$\theta=\dfrac{\pi}{4}$.

【解】 由 $f'(x_0)=\lim\limits_{\Delta x\to 0}\dfrac{f(x_0+\Delta x)-f(x_0)}{\Delta x}$，得

(1) $f'(x_0)=\lim\limits_{\Delta x\to 0}\dfrac{[a(x_0+\Delta x)^2+b]-(ax_0^2+b)}{\Delta x}$

$\qquad\quad\;=\lim\limits_{\Delta x\to 0}\dfrac{2ax_0\Delta x+a\Delta x^2}{\Delta x}$

$\qquad\quad\;=2ax_0$；

(2) $f'(x_0)=\lim\limits_{\Delta x\to 0}\dfrac{\sqrt{x_0+\Delta x}-\sqrt{x_0}}{\Delta x}$

$\qquad\quad\;=\lim\limits_{\Delta x\to 0}\dfrac{\Delta x}{\Delta x(\sqrt{x_0+\Delta x}+\sqrt{x_0})}$

$\qquad\quad\;=\dfrac{1}{2\sqrt{x_0}}$；

(3) $f'(1)=\lim\limits_{\Delta x\to 0}\dfrac{f(1+\Delta x)-f(1)}{\Delta x}$

$\qquad\;\;\,=\lim\limits_{\Delta x\to 0}\dfrac{\dfrac{1}{(1+\Delta x)^2}-1}{\Delta x}$

$\qquad\;\;\,=\lim\limits_{\Delta x\to 0}\dfrac{1-(1+\Delta x)^2}{\Delta x(1+\Delta x)^2}$

$\qquad\;\;\,=\lim\limits_{\Delta x\to 0}\dfrac{-2-\Delta x}{(1+\Delta x)^2}=-2$；

(4) $f'\left(\dfrac{\pi}{4}\right)=\lim\limits_{\Delta x\to 0}\dfrac{f\left(\dfrac{\pi}{4}+\Delta x\right)-f\left(\dfrac{\pi}{4}\right)}{\Delta x}$

$$= \lim_{\Delta x \to 0} \frac{\tan\left(\frac{\pi}{4}+\Delta x\right)-\tan\frac{\pi}{4}}{\Delta x}$$

$$= \lim_{\Delta x \to 0} \frac{\frac{1+\tan\Delta x}{1-\tan\Delta x}-1}{\Delta x}$$

$$= \lim_{\Delta x \to 0} \frac{2\tan\Delta x}{\Delta x(1-\tan\Delta x)} = 2.$$

【例 2】 讨论下列函数在 $x=0$ 处的连续性和可导性.

(1) $y=|\sin x|$； (2) $y=\begin{cases} x^2\sin\dfrac{1}{x}, & x\neq 0, \\ 0, & x=0. \end{cases}$

【解】 用连续性定义来判断函数的连续性,或者根据一元函数可导必连续的性质来判断函数的连续性.

用左、右导数是否存在且相等来判断函数在某点的可导性.

(1) 因为
$$y=y(0+0)=\lim_{x\to 0^+}|\sin x|=\lim_{x\to 0^+}\sin x=0,$$
$$y=y(0-0)=\lim_{x\to 0^-}|\sin x|=\lim_{x\to 0^-}(-\sin x)=0,$$

所以
$$y(0+0)=y(0-0)=y(0)=0.$$

故 $y=|\sin x|$ 在 $x=0$ 处连续.

又因为
$$y'_-(0)=\lim_{x\to 0^-}\frac{|\sin x|-|\sin 0|}{x-0}$$
$$=\lim_{x\to 0^-}\frac{-\sin x}{x}=-1,$$
$$y'_+(0)=\lim_{x\to 0^+}\frac{|\sin x|-|\sin 0|}{x-0}$$
$$=\lim_{x\to 0^+}\frac{\sin x}{x}=1,$$

所以 $y=|\sin x|$ 在 $x=0$ 处不可导.

(2) 因为
$$\lim_{x\to 0}\frac{y(x)-y(0)}{x-0}=\lim_{x\to 0}\frac{x^2\sin\dfrac{1}{x}-0}{x-0}$$
$$=\lim_{x\to 0}\left(x\cdot\sin\frac{1}{x}\right)=0,$$

所以 $y=\begin{cases} x^2\sin\dfrac{1}{x}, & x\neq 0 \\ 0, & x=0 \end{cases}$ 在 $x=0$ 处连接且可导.

【例3】 已知 $f(x)=\begin{cases} x^2, & x\geq 0 \\ -x, & x<0 \end{cases}$，求 $f'_+(0)$ 及 $f'_-(0)$. 又 $f'(0)$ 是否存在？

【解】 对于分段点处的导数，只能用导数定义求出左、右导数，再判断 $f'(0)$ 的存在性. 分段函数在分段点如果左导数等于右导数，则函数在该点可导；否则不可导.

$$f'_-(0)=\lim_{x\to 0^-}\frac{f(x)-f(0)}{x-0}=\lim_{x\to 0^-}\frac{-x-0}{x}=-1,$$

$$f'_+(0)=\lim_{x\to 0^+}\frac{f(x)-f(0)}{x-0}=\lim_{x\to 0^+}\frac{x^2-0}{x}=0.$$

因为 $f'_-(0)\neq f'_+(0)$，所以 $f(x)$ 在 $x=0$ 处不可导.

【例4】 设函数

$$f(x)=\begin{cases} x^2+2x+3, & x\leq 0, \\ ax+b, & x>0, \end{cases}$$

试确定 a,b 的值，使函数在 $(-\infty,+\infty)$ 内连续且可导.

【解】 因为当 $x>0$ 或 $x<0$ 时，$f(x)$ 均为多项式，所以 $f(x)$ 在 $(-\infty,0)$，$(0,+\infty)$ 内是连续且可导的. 现在需要使 $f(x)$ 在 $x=0$ 处连续，才能使函数在 $(-\infty,+\infty)$ 内连续.

$$f(0)=\lim_{x\to 0^-}f(x)=\lim_{x\to 0^+}f(x),$$

而

$$\lim_{x\to 0^+}f(x)=\lim_{x\to 0^+}(ax+b)=b=f(0),$$

$$\lim_{x\to 0^-}f(x)=\lim_{x\to 0^-}(x^2+2x+3)=3=f(0),$$

由此可得在 $x=0$ 处连续时 $b=3$.

要使 $f(x)$ 在 $x=0$ 处可导，必须满足

$$f'_+(0)=f'_-(0).$$

因为

$$f'_-(0)=\lim_{x\to 0^-}\frac{(x^2+2x+3)-3}{x-0}=2,$$

$$f'_+(0)=\lim_{x\to 0^+}\frac{(ax+b)-b}{x-0}=\lim_{x\to 0^+}\frac{ax}{x}=a,$$

由此可得在 $x=0$ 处可导时应有 $a=2$.

综上所述，当 $a=2,b=3$ 时，$f(x)$ 在 $(-\infty,+\infty)$ 内连续且可导.

【例 5】 在抛物线 $y=x^2$ 上取横坐标为 $x_1=1$ 及 $x_2=3$ 的两点,过这两点作割线,求抛物线上平行于这条割线的切线的切点坐标.

【解】 曲线在点 x_0 处的切线斜率为 $k=y'|_{x=x_0}$.

设抛物线 $y=x^2$ 上割线两点分别为 A,B,其坐标分别为 $A(1,1),B(3,9)$,则该割线的斜率为

$$k_{割}=k_{AB}=\frac{9-1}{3-1}=4.$$

而 $y=x^2$ 曲线的切线斜率为

$$k_{切}=y'=2x,$$

依题意切线与割线平行,应有 $k_{切}=k_{割}$,即 $2x=4$,则 $x=2$.

所以 $y=x^2$ 在切点 $(2,4)$ 处的切线平行于该割线.

【例 6】 求与直线 $x+9y-1=0$ 垂直的、曲线 $y=x^3-3x^2+5$ 的切线方程.

【解】 两直线垂直时,两直线的斜率 k_1,k_2 满足

$$k_1 \cdot k_2=-1.$$

设切点坐标为 (x,y),曲线在点 (x,y) 的切线斜率为 k_1,而直线 $x+9y-1=0$ 的斜率为 k_2.依题意,有

$$k_1=y'=(x^3-3x^2+5)'=3x^2-6x,$$

而 $k_2=-\frac{1}{9}$,由 $k_1 \cdot k_2=-1$,得

$$3x^2-6x=9,$$

解上式得

$$x_1=-1,\quad x_2=3.$$

相应的切点分别为 $(-1,1)$ 与 $(3,5)$.这两种情况下曲线的切线斜率均为 $k_1=9$.故相应的切线方程分别为

$$y-1=9[x-(-1)],$$

即

$$9x-y+10=0;$$
$$y-5=9(x-3),$$

即

$$9x-y-22=0.$$

【例 7】 一小球沿斜面向上运动,已知在任一时刻 t 秒时与起始位置的位移为 $s(t)=3t-t^2$(单位:m).求其运动开始时的初速度及何时开始向下运动.

【解】 速度是位移对时间的一阶导数,即 $v=s'(t)$.

任一时刻的速度

$$v(t)=s'(t)=3-2t \quad (单位:m/s),$$

初速度是计时开始时($t=0$)的速度,故

$$v(0)=(3-2\times 0)\ \text{m/s}=3\ \text{m/s}.$$

开始向下运动时,应是小球瞬时速度为 0 时. 设这时小球开始向下运动的时间为 t_0,由 $v(t_0)=0$,即 $3-2t_0=0$,得

$$t_0=\frac{3}{2}\ \text{s}.$$

所以小球开始沿斜面向下运动的时间为 $\dfrac{3}{2}$ s.

【例 8】 一个木梯长 10 m,上端靠墙、下端置地,如图 2-1 所示. 当木梯下端位于离墙 6 m 处以速度 2 m/s 远离墙壁时,求此刻上端沿墙面下滑的速度.

【解】 如图 2-1 所示,梯长 AB 在左旋坐标系中,点 A,B 的坐标分别为 $A(x_A,0),B(0,y_B)$. 当木梯下滑时,x_A,y_B 都是时间 t 的函数.

由题意,木梯 AB 在沿墙面下滑过程中的任意时刻都满足

$$x_A^2(t)+y_B^2(t)=10^2,$$

即

$$y_B(t)=\sqrt{100-x_A^2(t)}.$$

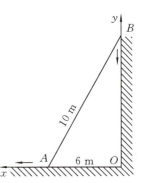

图 2-1

等式两边同时对时间 t 求导数,有

$$y_B'(t)=\frac{-x_A(t)\cdot x_A'(t)}{\sqrt{100-x_A^2(t)}},$$

将其代入初始条件:$x_A=6$ m 时 $x_A'=2$ m/s. 于是

$$y_B'\bigg|_{\substack{x_A=6\\x_A'=2}}=\frac{-6\times 2}{\sqrt{100-6^2}}\ \text{m/s}=-1.5\ \text{m/s},$$

故木梯上端沿墙面下滑的速度为 1.5 m/s,负号表示与 y 轴正方向相反.

【例 9】 求下列函数的导数.

(1) $y=\arcsin\dfrac{2t}{1+t^2}$; (2) $y=\ln(\csc x-\cot x)$;

(3) $y=\dfrac{\sqrt{1+x}-\sqrt{1-x}}{\sqrt{1+x}+\sqrt{1-x}}$; (4) $y=\sin^2\left(\dfrac{1-\ln x}{x}\right)$.

【解】 上面各函数都是复合函数. 复合函数求导法是求导数最重要且最基本的法则. 求导时,每一步只适合于引进一个中间变量 u,在求出函数对中间变量 u 的导数后,紧跟着乘以中间变量对自变量的导数 u' 即可.

(1) $y' = \dfrac{1}{\sqrt{1-\left(\dfrac{2t}{1+t^2}\right)^2}} \cdot \dfrac{2\times(1+t^2)-2t\times 2t}{(1+t^2)^2}$

$= \dfrac{1+t^2}{\sqrt{(1-t^2)^2}} \cdot \dfrac{2(1-t^2)}{(1+t^2)^2}$

$= \dfrac{2(1-t^2)}{|1-t^2|(1+t^2)} = \begin{cases} \dfrac{2}{1+t^2}, & |t|<1, \\ \dfrac{-2}{1+t^2}, & |t|>1. \end{cases}$

【注】 当 $|t|=1$ 时,从求导结果来看虽然有定义,但这时对应的中间变量 $u = \dfrac{2t}{1+t^2}\bigg|_{t=\pm 1} = \pm 1$,函数 $y=\arcsin u$ 在 $u=\pm 1$ 处是不可导的,因此,当 $|t|=1$ 时,所给函数不可导.

(2) $y' = \dfrac{1}{\csc x - \cot x}(\csc x - \cot x)'$

$= \dfrac{1}{\csc x - \cot x}(-\csc x \cdot \cot x + \csc^2 x)$

$= \csc x.$

(3) 先将函数变形,去掉分母中的根号后,再求导数.

$y = \dfrac{1-\sqrt{1-x^2}}{x}$

$y' = \dfrac{1}{x^2}\left(x \cdot \dfrac{x}{\sqrt{1-x^2}} - 1 + \sqrt{1-x^2}\right)$

$= \dfrac{1}{\sqrt{1-x^2}} - \dfrac{1-\sqrt{1-x^2}}{x^2}$

$= \dfrac{1}{\sqrt{1-x^2}} - \dfrac{1}{1+\sqrt{1-x^2}}$

$= \dfrac{1}{\sqrt{1-x^2}+1-x^2}.$

(4) $y' = 2\sin\left(\dfrac{1-\ln x}{x}\right)\cos\left(\dfrac{1-\ln x}{x}\right) \cdot \left(\dfrac{1-\ln x}{x}\right)'$

$= 2\sin\left(\dfrac{1-\ln x}{x}\right)\cos\left(\dfrac{1-\ln x}{x}\right) \cdot \left(\dfrac{-\dfrac{1}{x}\cdot x - 1 + \ln x}{x^2}\right)$

$= \dfrac{\ln x - 2}{x^2}\sin 2\left(\dfrac{1-\ln x}{x}\right).$

【例 10】 利用对数求导法计算下列各题.

(1) $y=\sqrt[5]{\dfrac{x-5}{\sqrt[5]{x^2+2}}}$; (2) $y=\mathrm{e}^x\cdot\sin x\cdot\sqrt[3]{\dfrac{x(x^2-1)}{(x^2-4)^2}}$;

(3) $y=\left(\dfrac{x}{1+x}\right)^x$.

【解】 对数求导法是将显函数 $y=f(x)$ 两边取对数使其化为隐函数，然后求导.

(1) 两边取对数，得

$$\ln y=\dfrac{1}{5}\ln(x-5)-\dfrac{1}{25}\ln(x^2+2),$$

等式两边求导，得

$$\dfrac{y'}{y}=\dfrac{1}{5(x-5)}-\dfrac{2x}{25(x^2+2)},$$

$$y'=y\left[\dfrac{1}{5(x-5)}-\dfrac{2x}{25(x^2+2)}\right]$$

$$=\dfrac{1}{5}\sqrt[5]{\dfrac{x-5}{\sqrt[5]{x^2+2}}}\left[\dfrac{1}{x-5}-\dfrac{2x}{5(x^2+2)}\right].$$

【注】 在对数求导法中可以不必取绝对值，直接求导即可（通常为保证真数为正，应取绝对值，再取对数）.

(2) $\ln y=\ln\mathrm{e}^x+\ln\sin x+\dfrac{1}{3}[\ln x+\ln(x^2-1)-2\ln(x^2-4)]$,

$$\dfrac{y'}{y}=1+\cot x+\dfrac{1}{3}\left(\dfrac{1}{x}+\dfrac{2x}{x^2-1}-\dfrac{4x}{x^2-4}\right),$$

$$y'=\mathrm{e}^x\cdot\sin x\cdot\sqrt[3]{\dfrac{x(x^2-1)}{(x^2-4)^2}}\left[1+\cot x+\dfrac{1}{3}\left(\dfrac{1}{x}+\dfrac{2x}{x^2-1}-\dfrac{4x}{x^2-4}\right)\right].$$

(3) $\ln y=x[\ln x-\ln(1+x)]$,

$$\dfrac{y'}{y}=\ln\dfrac{x}{1+x}+x\cdot\left(\dfrac{1}{x}-\dfrac{1}{1+x}\right)$$

$$=\ln\dfrac{x}{1+x}+\dfrac{1}{1+x},$$

$$y'=\left(\dfrac{x}{1+x}\right)^x\cdot\left(\ln\dfrac{x}{1+x}+\dfrac{1}{1+x}\right).$$

【例11】 利用反函数的求导法则计算下列各题.

(1) 设 $y=\mathrm{e}^{-x}\ln x$，求其反函数 $x=x(y)$ 的导数；

(2) 设 $x=\arcsin\sqrt{\dfrac{1-y}{1+y}}$，求其反函数 $y=y(x)$ 的导数.

【解】 反函数的导数等于原函数导数的倒数.

（1）因为
$$\frac{\mathrm{d}y}{\mathrm{d}x} = -\mathrm{e}^{-x} \cdot \ln x + \frac{\mathrm{e}^{-x}}{x}$$
$$= \mathrm{e}^{-x}\left(\frac{1}{x} - \ln x\right),$$

所以
$$\frac{\mathrm{d}x}{\mathrm{d}y} = \frac{1}{y'} = \frac{1}{\mathrm{e}^{-x}\left(\dfrac{1}{x} - \ln x\right)}$$
$$= \frac{x \cdot \mathrm{e}^{x}}{1 - x\ln x}.$$

（2）因为
$$\frac{\mathrm{d}x}{\mathrm{d}y} = \left(\arcsin\sqrt{\frac{1-y}{1+y}}\right)'$$
$$= \frac{1}{\sqrt{1-\left(\sqrt{\dfrac{1-y}{1+y}}\right)^{2}}} \cdot \left(\sqrt{\frac{1-y}{1+y}}\right)'$$
$$= \frac{1}{\sqrt{1-\dfrac{1-y}{1+y}}} \cdot \frac{\sqrt{1+y} \cdot \dfrac{-1}{2\sqrt{1-y}} - \sqrt{1-y} \cdot \dfrac{1}{2\sqrt{1+y}}}{1+y}$$
$$= \frac{\sqrt{1+y}}{\sqrt{2y}} \cdot \frac{-2}{2(1+y)\sqrt{1-y^2}}$$
$$= \frac{-1}{(1+y)\sqrt{2y(1-y)}},$$

所以
$$\frac{\mathrm{d}y}{\mathrm{d}x} = -(1+y)\sqrt{2y(1-y)}.$$

【例 12】 求下列参数方程所确定的函数的导数 $\dfrac{\mathrm{d}y}{\mathrm{d}x}$，并计算指定点的导数值.

（1） $\begin{cases} x = \mathrm{e}^{t}\sin t, \\ y = \mathrm{e}^{t}\cos t, \end{cases}$ 在 $t = \dfrac{\pi}{3}$ 处； （2） $\begin{cases} x = \dfrac{t}{1+t^{2}}, \\ y = \dfrac{t^{2}}{1+t^{2}}, \end{cases}$ 在 $t = 2$ 处.

【解】 参数方程的求导，依据公式 $\dfrac{\mathrm{d}y}{\mathrm{d}x} = \dfrac{\mathrm{d}y/\mathrm{d}t}{\mathrm{d}x/\mathrm{d}t}$（$t$ 为参数）.

(1) $\dfrac{\mathrm{d}y}{\mathrm{d}x} = \dfrac{\mathrm{e}^t(\cos t - \sin t)}{\mathrm{e}^t(\sin t + \cos t)} = \dfrac{\cos t - \sin t}{\cos t + \sin t}$,

$$\left.\dfrac{\mathrm{d}y}{\mathrm{d}x}\right|_{t=\frac{\pi}{3}} = \dfrac{\dfrac{1}{2} - \dfrac{\sqrt{3}}{2}}{\dfrac{1}{2} + \dfrac{\sqrt{3}}{2}} = \sqrt{3} - 2.$$

(2) $\dfrac{\mathrm{d}y}{\mathrm{d}x} = \dfrac{[2t(1+t^2) - t^2 \cdot 2t] \cdot \dfrac{1}{(1+t^2)^2}}{(1+t^2 - t \cdot 2t) \cdot \dfrac{1}{(1+t^2)^2}} = \dfrac{2t}{1-t^2}$,

$$\left.\dfrac{\mathrm{d}y}{\mathrm{d}x}\right|_{t=2} = -\dfrac{4}{3}.$$

【例 13】 求下列参数方程的二阶导数 $\dfrac{\mathrm{d}^2 y}{\mathrm{d}x^2}$.

(1) $\begin{cases} x = t\mathrm{e}^{-t}, \\ y = \mathrm{e}^t; \end{cases}$ (2) $\begin{cases} x = a\cos^3\theta, \\ y = a\sin^3\theta. \end{cases}$

【解】 注意:在求完一阶导数 $\dfrac{\mathrm{d}y}{\mathrm{d}x}$ 后,直接采用 $\dfrac{\mathrm{d}^2 y}{\mathrm{d}x^2} = \dfrac{\mathrm{d}}{\mathrm{d}t}\left(\dfrac{\mathrm{d}y}{\mathrm{d}x}\right)$ 的做法是错误的,正确做法应为 $\dfrac{\mathrm{d}^2 y}{\mathrm{d}x^2} = \dfrac{\dfrac{\mathrm{d}}{\mathrm{d}t}\left(\dfrac{\mathrm{d}y}{\mathrm{d}x}\right)}{\dfrac{\mathrm{d}x}{\mathrm{d}t}}$.

(1) 一阶导数

$$\dfrac{\mathrm{d}y}{\mathrm{d}x} = \dfrac{\mathrm{e}^t}{\mathrm{e}^{-t} - t\mathrm{e}^{-t}} = \dfrac{\mathrm{e}^{2t}}{1-t};$$

二阶导数

$$\dfrac{\mathrm{d}^2 y}{\mathrm{d}x^2} = \dfrac{\mathrm{d}}{\mathrm{d}x}\left(\dfrac{\mathrm{d}y}{\mathrm{d}x}\right) = \dfrac{\dfrac{\mathrm{d}}{\mathrm{d}t}\left(\dfrac{\mathrm{d}y}{\mathrm{d}x}\right)}{\dfrac{\mathrm{d}x}{\mathrm{d}t}}$$

$$= \dfrac{2\mathrm{e}^{2t}(1-t) + \mathrm{e}^{2t}}{(1-t)^2} \cdot \dfrac{1}{\mathrm{e}^{-t} - t\mathrm{e}^{-t}}$$

$$= \dfrac{\mathrm{e}^{3t}(3-2t)}{(1-t)^3}.$$

(2) $\dfrac{\mathrm{d}y}{\mathrm{d}x} = \dfrac{3a\sin^2\theta \cdot \cos\theta}{3a\cos^2\theta(-\sin\theta)} = -\tan\theta;$

$$\dfrac{\mathrm{d}^2 y}{\mathrm{d}x^2} = \dfrac{-\sec^2\theta}{3a\cos^2\theta(-\sin\theta)} = \dfrac{1}{3a\cos^4\theta \cdot \sin\theta}.$$

【例 14】 求下列函数的微分.

(1) $y=4x^3+\ln(1-x^2)$； (2) $y=(\arccos x)^2-1$；

(3) $y=\dfrac{\ln x}{\sqrt{x}}$； (4) $y=(1+x^2)^x$.

【解】 根据微分公式 $\mathrm{d}y=y'\mathrm{d}x$ 计算.

(1) $\mathrm{d}y=[4x^3+\ln(1-x^2)]'\mathrm{d}x$

$\qquad = \left(12x^2-\dfrac{2x}{1-x^2}\right)\mathrm{d}x.$

(2) $\mathrm{d}y=[(\arccos x)^2-1]'\mathrm{d}x$

$\qquad = \dfrac{-2\arccos x}{\sqrt{1-x^2}}\mathrm{d}x.$

(3) $\mathrm{d}y=\left(\dfrac{\ln x}{\sqrt{x}}\right)'\mathrm{d}x$

$\qquad = \left(\dfrac{1}{x\sqrt{x}}-\dfrac{1}{2}\dfrac{\ln x}{x^{\frac{3}{2}}}\right)\mathrm{d}x$

$\qquad = \dfrac{1}{x^{\frac{3}{2}}}\left(1-\dfrac{1}{2}\ln x\right)\mathrm{d}x.$

(4) $\mathrm{d}y=[(1+x^2)^x]'\mathrm{d}x.$

先用取对数的方法求出原函数的导数, 再表示成 $\mathrm{d}y$.

因为 $y=(1+x^2)^x$, 取对数得 $\ln y=x\ln(1+x^2)$, 求导数, 得

$$\dfrac{y'}{y}=\ln(1+x^2)+\dfrac{2x^2}{1+x^2},$$

所以

$$y'=(1+x^2)^x\left[\ln(1+x^2)+\dfrac{2x^2}{1+x^2}\right],$$

故

$$\mathrm{d}y=y'\mathrm{d}x=(1+x^2)^x\left[\ln(1+x^2)+\dfrac{2x^2}{1+x^2}\right]\mathrm{d}x.$$

【例 15】 求下列各式的近似值.

(1) $\sqrt{1.02}$； (2) $\arctan 0.991$；

(3) $\cos 29°$； (4) $\tan 45'$.

【解】 应用 $f(x+\Delta x)\approx f(x)+f'(x)\Delta x$ 计算近似值.

(1) 当 $|x|$ 很小时, 可得近似公式

$$(1+x)^{\frac{1}{n}}\approx 1+\dfrac{1}{n}x,$$

所以
$$\sqrt{1.02}=(1+0.02)^{\frac{1}{2}}$$
$$\approx 1+\frac{1}{2}\times 0.02=1.01.$$

(2) 设 $y=\arctan x$，则
$$dy=y'dx=\frac{1}{1+x^2}dx.$$
由于 $f(x+\Delta x)\approx f(x)+f'(x)dx$，取 $x=1,\Delta x=dx=-0.009$，所以
$$\arctan 0.991=\arctan(1-0.009)$$
$$\approx \arctan 1-\frac{0.009}{1+1}$$
$$=\frac{\pi}{4}-\frac{0.009}{2}$$
$$=0.7809.$$

(3) $\cos 29°=\cos(30°-1°)$
$$=\cos\left(\frac{\pi}{6}-\frac{\pi}{180}\right)$$
$$\approx \cos\frac{\pi}{6}+\left(-\sin\frac{\pi}{6}\right)\cdot\left(\frac{-\pi}{180}\right)$$
$$=\frac{\sqrt{3}}{2}+\frac{1}{2}\times 0.017453$$
$$\approx 0.87476.$$

(4) 当 $|x|$ 很小时，$\tan x\approx x$.
$$\tan 45'=\tan\left(\frac{45}{60}\times\frac{\pi}{180}\right)$$
$$=\tan\frac{\pi}{240}\approx\frac{\pi}{240}.$$

同步训练题

1. 填空题.

(1) 设函数 $f(x)=\ln 2x+2e^{\frac{1}{2}x}$，则其导数 $f'(2)=$ _____.

(2) 设 $f(x)=\ln\cot x$，则 $f'\left(\frac{\pi}{4}\right)=$ _____.

(3) 曲线 $y=\ln x+e^x$ 在 $x=1$ 处的切线方程为 _____.

(4) 设 $f(x)=\begin{cases} x, & x\geq 0, \\ \tan x, & x<0, \end{cases}$ 则 $f(x)$ 在 $x=0$ 处的导数为_____.

(5) 设 $f(x)=\begin{cases} \dfrac{\sin x^2}{2x}, & x\neq 0, \\ 0, & x=0, \end{cases}$ 则 $f'(0)=$_____.

(6) 设 $y=x^3+\ln(1+x)$，则 $dy=$_____.

(7) 设方程 $x^2+y^2-xy=1$ 确定隐函数 $y=y(x)$，则 $y'=$_____.

(8) 双曲线 $xy=a^2$ 上任一点 $(x_0, a^2/x_0)$ 处的切线方程为_____.

(9) 设 $y=e^{\cos x}$，则 $y''=$_____.

(10) 设 $y=(1-3x)^{100}+3\log_2 x+\sin 2x$，则 $y''=$_____.

2. 选择题.

(1) 设 $y=x\sin x$，则 $f'\left(\dfrac{\pi}{2}\right)=($).

A. -1 　　　　　　　　　　B. 1

C. $\dfrac{\pi}{2}$ 　　　　　　　　　　D. $-\dfrac{\pi}{2}$

(2) 设 $y=f(x)$ 为可导函数，则 $\lim\limits_{x\to 0}\dfrac{f(1)-f(1-x)}{2x}=($).

A. $f'(x)$ 　　　　　　　　　　B. $\dfrac{1}{2}f'(1)$

C. $f(1)$ 　　　　　　　　　　D. $f'(1)$

(3) 设 $f(x)=\ln(x^2+x)$，则 $f'(x)=($).

A. $\dfrac{2}{x+1}$ 　　　　　　　　　　B. $\dfrac{1}{x^2+x}$

C. $\dfrac{2x+1}{x^2+x}$ 　　　　　　　　　　D. $\dfrac{2x}{x^2+x}$

(4) 设 $y=x\ln x$，则 $y^{(3)}=($).

A. $\ln x$ 　　　　　　　　　　B. x

C. $\dfrac{1}{x^2}$ 　　　　　　　　　　D. $-\dfrac{1}{x^2}$

(5) 设 $y=f(-x)$，则 $y'=($).

A. $f'(x)$ 　　　　　　　　　　B. $-f'(x)$

C. $f'(-x)$ 　　　　　　　　　　D. $-f'(-x)$

3. 计算下列各题.

(1) $y=(2x+3)^4$，求 y'； 　　　　(2) $y=3x^2+\cos 2x$，求 y'；

(3) $y=e^{-2x}$，求 y'； 　　　　(4) $y=\ln[\sin(1-x)]$，求 y'；

(5) $y=\dfrac{\ln\sin x}{x-1}$,求 y'.

4. 设 $f(x)=\begin{cases}1-\mathrm{e}^{2x}, & x\leqslant 0,\\ x^2, & x>0,\end{cases}$ 求 $f'(x)$.

5. 设 $x+2y-\cos y=0$,求 $\dfrac{\mathrm{d}y}{\mathrm{d}x},\dfrac{\mathrm{d}^2 y}{\mathrm{d}x^2}$.

6. 求由参数方程 $\begin{cases}x=\dfrac{1+\ln t}{t^2},\\ y=\dfrac{3+2\ln t}{t}\end{cases}$ 确定的函数 $y=y(x)$ 的 $\dfrac{\mathrm{d}y}{\mathrm{d}x},\dfrac{\mathrm{d}^2 y}{\mathrm{d}x^2}$.

7. 设函数 $f(x)=\begin{cases}\sin x+a, & x\leqslant 0,\\ bx+2, & x>0\end{cases}$ 在 $x=0$ 处可导,求常数 a 与 b 的值.

8. 已知 $y=x^3+\ln\sin x$,求 y''.

参考答案

1. (1) $\dfrac{1}{2}$. (2) -2. (3) $y=(1+\mathrm{e})x-1$. (4) $f'(0)=1$. (5) $\dfrac{1}{2}$.

(6) $\left(3x^2+\dfrac{1}{1+x}\right)\mathrm{d}x$. (7) $\dfrac{y-2x}{2y-x}$. (8) $y-\dfrac{a^2}{x_0}=-\dfrac{a^2}{x_0^2}(x-x_0)$.

(9) $(\sin^2 x-\cos x)\mathrm{e}^{\cos x}$. (10) $900(1-3x)^{98}-\dfrac{3}{x^2\ln 2}-4\sin 2x$.

2. (1) B. (2) B. (3) C. (4) D. (5) D.

3. (1) $y'=8(2x+3)^3$. (2) $y'=6x-2\sin 2x$. (3) $y'=-2\mathrm{e}^{-2x}$.

(4) $y'=\dfrac{-\cos(1-x)}{\sin(1-x)}$. (5) $y'=\dfrac{(x-1)\cot x-\ln\sin x}{(x-1)^2}$.

4. $f'(x)=\begin{cases}-2\mathrm{e}^{2x}, & x<0,\\ 2x, & x>0,\\ \text{不存在}, & x=0.\end{cases}$

5. $\dfrac{\mathrm{d}y}{\mathrm{d}x}=\dfrac{-1}{2+\sin y};\dfrac{\mathrm{d}^2 y}{\mathrm{d}x^2}=\dfrac{-\cos y}{(2+\sin y)^2}$.

6. $\dfrac{\mathrm{d}y}{\mathrm{d}x}=t;\dfrac{\mathrm{d}^2 y}{\mathrm{d}x^2}=\dfrac{-t^3}{1+2\ln t}$.

7. $a=2;b=1$.

8. $y''=6x-\csc^2 x$.

第 3 章　导数的应用

知识要点提示

一、微分中值定理

1. 罗尔定理

如果函数 $f(x)$ 满足：
(1) $f(x)$ 在 $[a,b]$ 上连续；
(2) $f(x)$ 在 (a,b) 内可导；
(3) $f(a)=f(b)$.
那么在区间 (a,b) 内至少存在一点 $\xi\in(a,b)$，使 $f'(\xi)=0$.

2. 拉格朗日中值定理

如果函数 $f(x)$ 满足：
(1) $f(x)$ 在 $[a,b]$ 上连续；
(2) $f(x)$ 在 (a,b) 内可导.
那么在区间 (a,b) 内至少存在一点 $\xi\in(a,b)$，使 $f'(\xi)=\dfrac{f(b)-f(a)}{b-a}$.

罗尔定理是拉格朗日中值定理在 $f(a)=f(b)$ 时的特例.

二、洛必达法则

如果函数 $f(x)$ 和 $g(x)$ 满足下列条件：
(1) 在 x_0 的某一邻域内可导，且 $g'(x)\neq 0$；
(2) $\lim\limits_{x\to x_0}f(x)=\lim\limits_{x\to x_0}g(x)=0(\text{或}\infty)$；
(3) $\lim\limits_{x\to x_0}\dfrac{f'(x)}{g'(x)}=A(\text{或}\infty)$，

则有
$$\lim_{x \to x_0} \frac{f(x)}{g(x)} = \lim_{x \to x_0} \frac{f'(x)}{g'(x)} = A(\text{或} \infty).$$

洛必达法则是求 $\frac{0}{0}$ 型、$\frac{\infty}{\infty}$ 型及其他类型未定式极限的一个简单有力的工具,有时要连续使用 n 次洛必达法则.若相应的导数比的极限存在,则有
$$\lim_{x \to x_0} \frac{f(x)}{g(x)} = \lim_{x \to x_0} \frac{f'(x)}{g'(x)} = \cdots = \lim_{x \to x_0} \frac{f^{(n)}(x)}{g^{(n)}(x)},$$
上式对 $x \to \infty$ 也成立.

三、函数的单调性和极值

1. 函数的单调性

设函数 $f(x)$ 在区间 $[a,b]$ 上连续,在 (a,b) 内可导,如果:
(1) 在区间 (a,b) 内,$f'(x) > 0$,那么函数在区间 $[a,b]$ 上单调增加;
(2) 在区间 (a,b) 内,$f'(x) < 0$,那么函数在区间 $[a,b]$ 上单调减少.
其中,$[a,b]$ 称为 $f(x)$ 的单调区间.

求函数的单调区间时,先求出函数的定义域,再找出使函数的一阶导数等于零和不存在的点(分界点),将定义域分成若干个区间,并确定这些区间上一阶导数的符号,从而判断区间的单调性.

2. 函数的极值

设函数 $f(x)$ 在点 x_0 的某个邻域内有定义,对于这个邻域内的任一点 x,如果有 $f(x) < f(x_0)$ 恒成立,则称 $f(x_0)$ 是函数 $f(x)$ 的一个极大值;如果有 $f(x) > f(x_0)$ 恒成立,则称 $f(x_0)$ 是函数 $f(x)$ 的一个极小值.

使函数取得极值的点称为极值点,满足 $f'(x) = 0$ 的点称为 $f(x)$ 的驻点.

1) 极值存在的必要条件

设函数 $f(x)$ 在点 x_0 的导数存在,且在点 x_0 取得极值,则函数在点 x_0 的导数为零,即 $f'(x_0) = 0$.

2) 极值的充分条件(Ⅰ)

设函数 $f(x)$ 在点 x_0 的邻域内可导且 $f'(x_0) = 0$(或 $f'(x_0)$ 不存在),
(1) 当 $x < x_0$ 时,$f'(x) > 0$,当 $x > x_0$ 时,$f'(x) < 0$,那么 $f(x_0)$ 为极大值;
(2) 当 $x < x_0$ 时,$f'(x) < 0$,当 $x > x_0$ 时,$f'(x) > 0$,那么 $f(x_0)$ 为极小值;
(3) 当 $x > x_0$ 和 $x < x_0$ 时,$f'(x)$ 同正或同负或不改变符号,那么 $f(x_0)$ 不是

极值.

3)极值的充分条件(Ⅱ)

设函数 $f(x)$ 在点 x_0 有二阶导数且 $f'(x_0)=0$,$f''(x_0)\neq 0$,则

(1) 当 $f''(x_0)<0$ 时,$f(x_0)$ 为极大值;

(2) 当 $f''(x_0)>0$ 时,$f(x_0)$ 为极小值.

求一元函数的极值时,首先确定函数 $f(x)$ 的定义域;再求出 $f'(x)$,找出所有 $f'(x)=0$ 和不存在的点;然后用极值的充分条件(Ⅰ)或充分条件(Ⅱ)去判别这些点是否为极值点;最后将极值点代入 $f(x)$ 求出极值.

四、函数的最值

(1) 若 $f(x)$ 在区间 $[a,b]$ 上连续,则一定存在最大值 M 和最小值 m,且 M 和 m 可能在 $f'(x)=0$ 和 $f'(x)$ 不存在的点及区间端点处达到,因此只要把这些点找出来代入原函数 $f(x)$ 比较大小,最大的那一个就是最大值,最小的那一个就是最小值.

(2) 若 $f(x)$ 在区间内驻点唯一,且此驻点又是唯一的极值点,则此极值点即为最值点(这里的区间可为开区间、闭区间、有限区间或无限区间).

五、函数的凹向、拐点与函数图像的描绘

1. 曲线的凹向与拐点

设函数 $f(x)$ 在区间 $[a,b]$ 上连续,且对任意的 $x\in(a,b)$,$f'(x)$ 和 $f''(x)$ 都存在,则

(1) 若对任意的 $x\in(a,b)$,恒有 $f''(x)>0$,则 $f(x)$ 在区间 $[a,b]$ 上的图形是上凹的;

(2) 若对任意的 $x\in(a,b)$,恒有 $f''(x)<0$,则 $f(x)$ 在区间 $[a,b]$ 上的图形是下凹的.

曲线中上凹和下凹的分界点称为拐点.

2. 渐近线

1)水平渐近线

若 $\lim\limits_{x\to\infty}f(x)=b$,则 $y=b$ 是 $y=f(x)$ 的水平渐近线.

2)垂直渐近线

若 $\lim\limits_{x\to x_0}f(x)=\infty$,则 $x=x_0$ 是 $y=f(x)$ 的垂直渐近线.

3) 斜渐近线

若 $\lim\limits_{x\to\infty}\dfrac{f(x)}{x}=a$，$\lim\limits_{x\to\infty}[f(x)-ax]=b$，则 $y=ax+b$ 是 $y=f(x)$ 的斜渐近线.

3. 作图

作图的一般步骤如下：

(1) 确定函数的定义域及它与坐标轴的交点，并讨论函数的奇偶性和周期性；

(2) 求出所有使一阶导数和二阶导数为零及不存在的点，并利用它们把定义域分成若干个部分区间；

(3) 确定这些区间上 $f'(x)$ 和 $f''(x)$ 的符号，并列表；

(4) 求渐近线；

(5) 作图.

六、导数在经济中的应用

1. 导数在经济分析中的应用

1) 边际分析

设函数 $y=f(x)$ 在点 x 处可导，则称导数 $f'(x)$ 为 $f(x)$ 的边际函数，$f'(x)$ 在点 x_0 处的值 $f'(x_0)=k$ 为边际函数值，即当 $x=x_0$ 时，自变量 x 改变一个单位，相应地因变量 y 改变 k 个单位.

2) 弹性分析

设函数 $y=f(x)$ 在点 x 处可导，则称极限 $E=\lim\limits_{\Delta x\to 0}\dfrac{\Delta y/y}{\Delta x/x}=\dfrac{x}{y}\cdot f'(x)$ 为函数 $y=f(x)$ 在点 x 处的相对变化率，或者称 y 对 x 的弹性，简称弹性. 函数 $y=f(x)$ 在点 x 处的弹性 E 反映了当自变量 x 变化 1% 时，函数变化的百分数.

2. 导数在经济最优化中的应用

导数在经济最优化中的应用有利润最大问题、成本最低问题、总收入最大问题等.

典型例题分析

【例 1】 函数 $f(x)=x^3-4x^2+3x-3$，在区间 $[0,1]$ 上验证罗尔定理的正

确性.

【证】 函数 $f(x)=x^3-4x^2+3x-3$ 在 $[0,1]$ 上连续,在区间 $(0,1)$ 内可导,且 $f(0)=f(1)=-3$,所以 $f(x)$ 在区间 $[0,1]$ 上满足罗尔定理的三个条件. 于是在 $(0,1)$ 内至少存在一点 ξ,使得 $f'(\xi)=0$,即 $3\xi^2-8\xi+3=0$,解得 $\xi=\dfrac{4\pm\sqrt{7}}{3}$(其中 $\xi=\dfrac{4+\sqrt{7}}{3}$ 舍去),故 $\xi=\dfrac{4-\sqrt{7}}{3}$.

【例 2】 $f(x)=\sqrt{x}$ 在区间 $[1,4]$ 上是否满足拉格朗日中值定理的条件?如果满足,求出定理中的 ξ.

【解】 由于 $f(x)=\sqrt{x}$ 是定义域为 $[0,+\infty)$ 的初等函数,故 $f(x)$ 在 $[0,+\infty)$ 上连续,所以 $f(x)$ 在 $[1,4]$ 上连续,且 $f(x)$ 在 $(1,4)$ 内的导数有意义. 因此,$f(x)$ 满足拉格朗日中值定理的条件,由拉格朗日中值定理可知,存在 $\xi\in(1,4)$,使得
$$f(4)-f(1)=f'(\xi)\cdot(4-1),$$
即
$$2-1=\frac{3}{2\sqrt{\xi}},$$
得 $\xi=\dfrac{9}{4}$. 因为 $\dfrac{9}{4}\in(1,4)$,所以 $\xi=\dfrac{9}{4}$ 为所求.

【例 3】 利用洛必达法则求下列极限.

(1) $\lim\limits_{x\to 0}\dfrac{x-(1+x)\ln(1+x)}{x^2}$; (2) $\lim\limits_{x\to\infty}\dfrac{\ln(3+x)^2}{x}$;

(3) $\lim\limits_{x\to 0}\dfrac{\sin^2 x-x^2}{x^4}$; (4) $\lim\limits_{x\to 0}\left(\dfrac{1}{x^2}-\dfrac{1}{\sin^2 x}\right)$;

(5) $\lim\limits_{x\to +\infty}x(a^{\frac{1}{x}}-b^{\frac{1}{x}})$ $(a,b>0)$; (6) $\lim\limits_{x\to 0^+}(\arcsin x)^{\tan x}$;

(7) $\lim\limits_{x\to\infty}\left(\sin\dfrac{2}{x}+\cos\dfrac{1}{x}\right)^x$.

【解】 (1) $\lim\limits_{x\to 0}\dfrac{x-(1+x)\ln(1+x)}{x^2}$ 是 $\dfrac{0}{0}$ 型未定式. 由洛必达法则得
$$\text{原式}=\lim_{x\to 0}\frac{[x-(1+x)\ln(1+x)]'}{(x^2)'}$$
$$=-\frac{1}{2}\lim_{x\to 0}\frac{\ln(1+x)}{x}.$$

当 $x\to 0$ 时,$\ln(1+x)\sim x$,故
$$\text{原式}=-\frac{1}{2}\lim_{x\to 0}\frac{\ln(1+x)}{x}$$

$$= -\frac{1}{2}.$$

(2) $\lim\limits_{x\to\infty}\dfrac{\ln(3+x)^2}{x}$ 是 $\dfrac{\infty}{\infty}$ 型未定式. 由洛必达法则得

$$\text{原式} = \lim_{x\to\infty}\frac{[\ln(3+x^2)]'}{x'}$$

$$= \lim_{x\to\infty}\frac{2x}{3+x^2} = 0.$$

(3) $\lim\limits_{x\to 0}\dfrac{\sin^2 x - x^2}{x^4}$ 是 $\dfrac{0}{0}$ 型未定式. 由洛必达法则得

$$\text{原式} = \lim_{x\to 0}\frac{(\sin^2 x - x^2)'}{(x^4)'}$$

$$= \lim_{x\to 0}\frac{2\sin x\cos x - 2x}{4x^3}$$

$$= \lim_{x\to 0}\frac{\sin 2x - 2x}{4x^3}.$$

这仍然是一个 $\dfrac{0}{0}$ 型未定式,故再次使用洛必达法则有

$$\text{原式} = \lim_{x\to 0}\frac{(\sin 2x - 2x)'}{(4x^3)'}$$

$$= \lim_{x\to 0}\frac{2\cos 2x - 2}{12x^2}$$

$$= \lim_{x\to 0}\frac{\cos 2x - 1}{6x^2}$$

$$\xrightarrow{\text{第三次使用洛必达法则}} \lim_{x\to 0}\frac{-2\sin 2x}{12x}$$

$$= -\frac{1}{3}.$$

(4) $\lim\limits_{x\to 0}\left(\dfrac{1}{x^2} - \dfrac{1}{\sin^2 x}\right)$ 是一个 $\infty - \infty$ 型未定式,先将其通分化成 $\dfrac{0}{0}$ 型未定式,然后用洛必达法则,得

$$\text{原式} = \lim_{x\to 0}\frac{\sin^2 x - x^2}{x^2\sin^2 x}$$

$$\xrightarrow{\text{利用 } x\to 0 \text{ 时的 } \sin^2 x \sim x^2} \lim_{x\to 0}\frac{\sin^2 x - x^2}{x^4}$$

$$\xrightarrow[\text{洛必达法则}]{\frac{0}{0}\text{型,使用}} \lim_{x\to 0}\frac{\sin 2x - 2x}{4x^3}$$

$$\xlongequal[\text{洛必达法则}]{\frac{0}{0}\text{型,再次使用}} \lim_{x \to 0} \frac{2(\cos 2x - 1)}{12x^2}$$

$$\xlongequal[\text{洛必达法则}]{\frac{0}{0}\text{型,第三次使用}} \lim_{x \to 0} \frac{-2\sin 2x}{12x}$$

$$= -\frac{1}{3}.$$

(5) $\lim\limits_{x \to +\infty} x(a^{\frac{1}{x}} - b^{\frac{1}{x}})\ (a, b > 0)$ 是 $0 \cdot \infty$ 型未定式. 先将其化成 $\frac{0}{0}$ 型未定式, 再使用洛必达法则, 即

$$\text{原式} = \lim_{x \to +\infty} \frac{a^{\frac{1}{x}} - b^{\frac{1}{x}}}{\frac{1}{x}}$$

$$\xlongequal[\text{洛必达法则}]{\frac{0}{0}\text{型,利用}} \lim_{x \to +\infty} \frac{(a^{\frac{1}{x}} \ln a - b^{\frac{1}{x}} \ln b)\left(\frac{1}{x}\right)'}{\left(\frac{1}{x}\right)'}$$

$$= \lim_{x \to +\infty} (a^{\frac{1}{x}} \ln a - b^{\frac{1}{x}} \ln b)$$

$$= \ln \frac{a}{b}.$$

(6) $\lim\limits_{x \to 0^+} (\arcsin x)^{\tan x}$ 是 0^0 型未定式. 因为

$$\lim_{x \to 0} \tan x \ln(\arcsin x) = \lim_{x \to 0} \frac{\ln(\arcsin x)}{\cot x}$$

$$\xlongequal{\frac{\infty}{\infty}\text{型}} \lim_{x \to 0} \frac{\frac{1}{\arcsin x} \cdot \frac{1}{\sqrt{1-x^2}}}{-\csc^2 x}$$

$$= -\lim_{x \to 0} \frac{\sin x}{\arcsin x} \cdot \frac{\sin x}{\sqrt{1-x^2}}$$

$$\xlongequal{x \to 0 \text{ 时}, \sin x \sim \arcsin x \sim x} -\lim_{x \to 0} \frac{x}{\sqrt{1-x^2}}$$

$$= 0,$$

所以

$$\lim_{x \to 0^+} (\arcsin x)^{\tan x} = \lim_{x \to 0^+} e^{\tan x \ln \arcsin x} = e^0 = 1.$$

(7) $\lim\limits_{x \to \infty} \left(\sin \frac{2}{x} + \cos \frac{1}{x}\right)^x$ 是 1^∞ 型未定式. 因为

$$\lim_{x\to\infty}x\ln\left(\sin\frac{2}{x}+\cos\frac{1}{x}\right)=\lim_{x\to\infty}\frac{\ln\left(\sin\frac{2}{x}+\cos\frac{1}{x}\right)}{\frac{1}{x}}$$

$$\xlongequal{\frac{0}{0}\text{型}}\lim_{x\to\infty}\frac{\frac{1}{\sin\frac{2}{x}+\cos\frac{1}{x}}\cdot\left(2\cos\frac{2}{x}-\sin\frac{1}{x}\right)\cdot\left(\frac{1}{x}\right)'}{\left(\frac{1}{x}\right)'}$$

$$=\lim_{x\to\infty}\frac{2\cos\frac{2}{x}-\sin\frac{1}{x}}{\sin\frac{2}{x}+\cos\frac{1}{x}}$$

$$=2,$$

所以

$$\lim_{x\to\infty}\left(\sin\frac{2}{x}+\cos\frac{1}{x}\right)^x=\lim_{x\to\infty}e^{x\ln\left(\sin\frac{2}{x}+\cos\frac{1}{x}\right)}$$

$$=e^2.$$

【例 4】 求下列函数的单调区间.

(1) $f(x)=(x-1)\sqrt[3]{x^2}$； (2) $y=2x^2-\ln x$；

(3) $f(x)=e^x\sin x$.

【解】 求可导函数的单调区间就是求导函数的正负号区间,求单调区间的时候先找分界点.

(1) 此函数的定义域为 $(-\infty,+\infty)$,有

$$f'(x)=x^{\frac{2}{3}}+(x-1)\frac{2}{3}x^{-\frac{1}{3}}=\frac{1}{3}x^{-\frac{1}{3}}(5x-2)\ (x\neq 0),$$

当 $x=\frac{2}{5}$ 时, $f'(x)=0$；当 $x=0$ 时, $f'(x)$ 不存在. $x=0, x=\frac{2}{5}$ 将定义域分成三个区间,如表 3-1 所示.

表 3-1

x	$(-\infty,0)$	$\left(0,\frac{2}{5}\right)$	$\left(\frac{2}{5},+\infty\right)$
$f'(x)$	$+$	$-$	$+$
$f(x)$	↗	↘	↗

可知,此函数的单调增区间为 $(-\infty,0)\cup\left(\frac{2}{5},+\infty\right)$,单调减区间为 $\left(0,\frac{2}{5}\right)$.

(2) 此函数的定义域为 $(0,+\infty)$, 有
$$f'(x)=4x-\frac{1}{x}=\frac{(2x+1)(2x-1)}{x},$$
令 $f'(x)=0$, 解得 $x=\pm\frac{1}{2}$. 当 $x=0$ 时, $f'(x)$ 不存在, 但是 $x=0$ 及 $x=-\frac{1}{2}$ $\notin(0,+\infty)$, 故分界点只有 $x=\frac{1}{2}$. $x=\frac{1}{2}$ 将定义域 $(0,+\infty)$ 分成两个部分区间 $\left(0,\frac{1}{2}\right)\cup\left(\frac{1}{2},+\infty\right)$, 列表 3-2 讨论如下.

表 3-2

x	$\left(0,\frac{1}{2}\right)$	$\left(\frac{1}{2},+\infty\right)$
$f'(x)$	$-$	$+$
$f(x)$	↘	↗

可知, 此函数的单调增区间为 $\left(\frac{1}{2},+\infty\right)$, 单调减区间为 $\left(0,\frac{1}{2}\right)$.

(3) 此函数的定义域为 $(-\infty,+\infty)$, $f'(x)=e^x(\cos x+\sin x)=\sqrt{2}e^x\sin\left(x+\frac{\pi}{4}\right)$, 解方程 $f'(x)=0$, 得 $x+\frac{\pi}{4}=k\pi$ $(k\in\mathbf{Z})$, 即 $x=k\pi-\frac{\pi}{4}$ $(k\in\mathbf{Z})$, $f'(x)$ 的正负号由 $\sin\left(x+\frac{\pi}{4}\right)$ 的正负号决定.

当 $x+\frac{\pi}{4}\in(2m\pi,2(m+1)\pi)$, 即 $x\in\left(2m\pi-\frac{\pi}{4},(2m+1)\pi-\frac{\pi}{4}\right)$ $(m=0,\pm1,\pm2,\cdots)$ 时, $f'(x)>0$;

当 $x+\frac{\pi}{4}\in(2(m-1)\pi,2m\pi)$, 即 $x\in\left(2(m-1)\pi-\frac{\pi}{4},2m\pi-\frac{\pi}{4}\right)$ $(m=0,\pm1,\pm2,\cdots)$ 时, $f'(x)<0$.

点 $x=k\pi-\frac{\pi}{4}$ $(k\in\mathbf{Z})$ 将 R 分成无穷个区间, 并列于表 3-3.

表 3-3

x	$\left((2m-1)\pi-\frac{\pi}{4},2m\pi-\frac{\pi}{4}\right)$	$\left(2m\pi-\frac{\pi}{4},(2m+1)\pi-\frac{\pi}{4}\right)$
$f'(x)$	$-$	$+$
$f(x)$	↘	↗

可知,此函数的单调增区间为 $\left(2m\pi-\dfrac{\pi}{4},(2m+1)\pi-\dfrac{\pi}{4}\right)$,单调减区间为 $\left((2m-1)\pi-\dfrac{\pi}{4},2m\pi-\dfrac{\pi}{4}\right)$.

【例 5】 求下列函数的极值.

(1) $y=x^2 \mathrm{e}^{-x^2}$; (2) $y=\arctan x-\dfrac{1}{2}\ln(1+x^2)$;

(3) $y=x^{\frac{1}{3}}(1-x)^{\frac{2}{3}}$.

【解】 以下几个结论要记住:

① 对可导点求一阶导数,一阶导数为零的点即为驻点;
② 判断驻点两侧一阶导数是否变号(第一充分判别法);
③ 若分界点只有驻点,则可求其二阶导数(第二充分判别法).

(1) $y'=2x\mathrm{e}^{-x^2}-2x^3\mathrm{e}^{-x^2}=2x\mathrm{e}^{-x^2}(1-x^2)$,$y''=2\mathrm{e}^{-x^2}(2x^4-5x^2+1)$,令 $y'=0$,得 $x=0,-1,1$. 因为 $y''(0)=2>0$,所以 $y(0)=0$ 为函数的极小值. 又因为 $y''(-1)=y''(1)=-\dfrac{4}{\mathrm{e}}<0$,所以 $y(-1)=y(1)=\dfrac{1}{\mathrm{e}}$ 为函数的极大值.

(2) $y'=\dfrac{1-x}{1+x^2}$,$y''=\dfrac{x^2-2x-1}{(1+x^2)^2}$,令 $y'=0$,得 $x=1$. 因为 $y''(1)=-\dfrac{1}{2}<0$,所以 $y(1)=\dfrac{\pi}{4}-\dfrac{1}{2}\ln 2$ 为函数的极大值.

(3) $f'(x)=\dfrac{1}{3}x^{-\frac{2}{3}}(1-x)^{\frac{2}{3}}-\dfrac{2}{3}x^{\frac{1}{3}}(1-x)^{-\frac{1}{3}}=\dfrac{1}{3}x^{-\frac{2}{3}}(1-x)^{-\frac{1}{3}}(1-3x)$ $(x\neq 0,1)$,当 $x=0,1$ 时,$f'(x)$ 不存在,解 $f'(x)=0$,得 $x=\dfrac{1}{3}$,故分界点为 $x=0,\dfrac{1}{3},1$. 这些分界点把定义域 R 分成四个区间,如表 3-4 所示.

表 3-4

x	$(-\infty,0)$	0	$\left(0,\dfrac{1}{3}\right)$	$\dfrac{1}{3}$	$\left(\dfrac{1}{3},1\right)$	1	$(1,+\infty)$
$f'(x)$	$+$	不存在	$+$	0	$-$	不存在	$+$
$f(x)$	↗	不是极值点	↗	极大值点	↘	极小值点	↗

将 $x=\dfrac{1}{3}$ 代入得 $y_{极大值}=\dfrac{1}{3}\sqrt[3]{4}$,将 $x=1$ 代入得 $y_{极小值}=0$.

【例 6】 求 $f(x)=x+2\cos x$ 在 $\left[0,\dfrac{\pi}{2}\right]$ 上的最值.

【解】 先求驻点，$f'(x)=1-2\sin x=0$，得 $x=\dfrac{\pi}{6}$，比较函数值 $f(0)=2$，$f\left(\dfrac{\pi}{2}\right)=\dfrac{\pi}{2}$，$f\left(\dfrac{\pi}{6}\right)=\dfrac{\pi}{6}+\sqrt{3}>2>\dfrac{\pi}{2}$. 故 $f\left(\dfrac{\pi}{6}\right)=\dfrac{\pi}{6}+\sqrt{3}$ 为 $f(x)$ 在 $\left[0,\dfrac{\pi}{2}\right]$ 上的最大值，$f\left(\dfrac{\pi}{2}\right)=\dfrac{\pi}{2}$ 为 $f(x)$ 在 $\left[0,\dfrac{\pi}{2}\right]$ 上的最小值.

【例7】 某厂家生产 Q 个单位产品的总成本为 $C=1\,100+\dfrac{1}{1\,200}Q^2$（单位：元），求：

(1) 生产 900 个单位产品的总成本和平均成本；
(2) 生产 900～1 000 个单位产品时总成本的平均变化率；
(3) 生产 900 个单位产品和 1 000 个单位产品时的边际成本.

【解】 (1) 生产 900 个单位产品的总成本为
$$C(900)=\left(1\,100+\dfrac{1}{1\,200}\times 900^2\right)\text{元}=1\,775\text{ 元},$$
平均成本为
$$\overline{C}(900)=\dfrac{1\,775}{900}\text{ 元/单位}\approx 1.97\text{ 元/单位}.$$

(2) 因为
$$\dfrac{C(1\,000)-C(900)}{1\,000-900}=\dfrac{\dfrac{5\,800}{3}-1\,775}{100}\text{ 元/单位}$$
$$\approx 1.58\text{ 元/单位},$$
所以生产 900～1 000 个单位产品时总成本的平均变化率为 1.58.

(3) $Q=900$ 或 1 000 的边际成本分别为
$$C'(900)=\dfrac{3}{2}\text{ 元},\quad C'(1\,000)=\dfrac{5}{3}\text{ 元}.$$

【例8】 设某商品的需求量对价格 P 的函数为 $Q=1\,600\left(\dfrac{1}{4}\right)^P$，求 $P=4$ 时的需求价格弹性，并说明其经济意义.

【解】 因为
$$E_Q=\dfrac{P}{Q}\cdot\dfrac{\mathrm{d}Q}{\mathrm{d}P}=\dfrac{P}{1\,600\cdot\left(\dfrac{1}{4}\right)^P}\cdot 1\,600\cdot\left(\dfrac{1}{4}\right)^P\cdot\ln\left(\dfrac{1}{4}\right)$$
$$=-P\ln 4=-2P\ln 2,$$
所以
$$E_Q(4)=-8\ln 2.$$

它的经济意义是:当 $P=4$ 时,若价格上涨 1%,则需求量下降 $(8\ln2)\%$.

【例 9】 设某厂生产某种产品 Q 个单位时,其销售收入为 $R(Q)=8\sqrt{Q}$,成本函数为 $C(Q)=\dfrac{1}{4}Q^2+1$,求使利润达到最大的产量 Q.

【解】 先建立利润函数
$$L=R-C=8\sqrt{Q}-\frac{1}{4}Q^2-1(Q>0),$$

因为
$$L'=\frac{4}{\sqrt{Q}}-\frac{1}{2}Q=\frac{8-Q^{\frac{3}{2}}}{2\sqrt{Q}},$$

令 $L'=0$,解得 $Q=4$.

又因为 $L''=-2Q^{-\frac{3}{2}}-\dfrac{1}{2}$,将 $Q=4$ 代入得 $L''<0$,可知 $Q=4$ 是唯一的极大值点,也是唯一的驻点,即为最大值点. 综上可知,当产量 $Q=4$ 时利润最大.

【例 10】 求下列函数的凹向区间和拐点.

(1) $y=x+\sin x$; (2) $y=\ln(x^2+1)$.

【解】 (1) 函数的定义域是 $(-\infty,+\infty)$,$f'(x)=1+\cos x$,$f''(x)=-\sin x$,解 $f''(x)=0$ 得 $x=k\pi,k\in\mathbf{Z}$;

当 $x\in(2m\pi,(2m+1)\pi)$ 时,$f''(x)<0$,$m=0,\pm1,\pm2,\cdots$;

当 $x\in((2m-1)\pi,2m\pi)$ 时,$f''(x)>0$,$m=0,\pm1,\pm2,\cdots$.

点 $x=k\pi$ 将定义域分成无穷多个区间,列表 3-5 讨论如下.

表 3-5

x	$((2m-1)\pi,2m\pi)$	$2m\pi$	$(2m\pi,(2m+1)\pi)$	$(2m+1)\pi$
$f''(x)$	$+$	0	$-$	0
$f(x)$	$\cup$	拐点	$\cap$	拐点

(2) $y'=\dfrac{2x}{1+x^2}$,$y''=\dfrac{-2(x^2-1)}{(1+x^2)^2}=\dfrac{2(1-x)(x+1)}{(1+x^2)^2}$,

令 $y''=0$,解得 $x=\pm1$. $x=\pm1$ 将定义域 R 分成三个区间 $(-\infty,-1)$,$(-1,1)$,$(1,+\infty)$,列表 3-6 讨论如下.

表 3-6

x	$(-\infty,-1)$	-1	$(-1,1)$	1	$(1,+\infty)$
y''	$-$	拐点	$+$	拐点	$-$
y	$\cap$	$(-1,\ln2)$	$\cup$	$(1,\ln2)$	$\cap$

【例 11】 求 $y=1-x+\sqrt{\dfrac{x^3}{3+x}}$ 的渐近线.

【解】 y 的间断点只有 $x=-3$,又由 $\lim\limits_{x\to -3-0}y=+\infty$,得铅垂渐近线 $x=-3$.

$$\lim_{x\to+\infty}y=1-\lim_{x\to+\infty}x\left(1-\sqrt{\dfrac{x}{x+3}}\right)$$

$$=1-\lim_{x\to+\infty}\left(x\cdot\dfrac{1-\dfrac{x}{x+3}}{1+\sqrt{\dfrac{x}{x+3}}}\right)$$

$$=1-\lim_{x\to+\infty}\dfrac{3x}{(x+3)\left(1+\sqrt{\dfrac{x}{x+3}}\right)}$$

$$=1-\dfrac{3}{2}=-\dfrac{1}{2},$$

所以 $x\to+\infty$ 时,$y=-\dfrac{1}{2}$ 是水平渐近线. 因 $x\to-\infty$ 时,$y\to+\infty$,故 $x\to-\infty$ 时无水平渐近线.

又因为

$$\lim_{x\to-\infty}\dfrac{y}{x}=\lim_{x\to-\infty}\left(\dfrac{1}{x}-1-\sqrt{\dfrac{x}{x+3}}\right)=-2,$$

且

$$\lim_{x\to-\infty}(y+2x)=\lim_{x\to-\infty}\left(1+x+\sqrt{\dfrac{x^3}{3+x}}\right)$$

$$=1+\lim_{x\to-\infty}x\left(1-\sqrt{\dfrac{x}{3+x}}\right)$$

$$=1+\lim_{x\to-\infty}\dfrac{3x}{(3+x)\left(1+\sqrt{\dfrac{x}{3+x}}\right)}$$

$$=1+\dfrac{3}{2}=\dfrac{5}{2},$$

因此 $x\to-\infty$ 时,有斜渐近线 $y=-2x+\dfrac{5}{2}$.

【例 12】 作出 $f(x)=\dfrac{2x-1}{(x-1)^2}$ 的图形.

【解】 可按以下步骤进行.

(1) $f(x)$ 的定义域是 $(-\infty,1)\cup(1,+\infty)$,且过点 $(0,-1)$ 和点 $\left(\dfrac{1}{2},0\right)$.

(2) 求 $f'(x)$ 和 $f''(x)$.

$$f'(x) = \left[\frac{2(x-1)+1}{(x-1)^2}\right]'$$
$$= \left[\frac{2}{x-1} + \frac{1}{(x-1)^2}\right]'$$
$$= -\frac{2}{(x-1)^2} - \frac{2}{(x-1)^3}$$
$$= \frac{-2x}{(x-1)^3},$$
$$f''(x) = \left[-\frac{2}{(x-1)^2} - \frac{2}{(x-1)^3}\right]'$$
$$= \frac{4}{(x-1)^3} + \frac{6}{(x-1)^4}$$
$$= \frac{2(2x+1)}{(x-1)^4}.$$

由 $f'(x)=0$ 得 $x=0$，由 $f''(x)=0$ 得 $x=-\frac{1}{2}$. $x=0, x=-\frac{1}{2}$ 将定义域分成四个区间.

(3) 将上述计算结果列表 3-7 讨论如下.

表 3-7

x	$(-\infty, -\frac{1}{2})$	$-\frac{1}{2}$	$(-\frac{1}{2}, 0)$	0	(0,1)	1	$(1, +\infty)$
$f'(x)$	$-$	$-$	$-$	0	$+$		$-$
$f''(x)$	$-$	0	$+$	$+$	$+$		$+$
$f(x)$	↘	$-\frac{8}{9}$ 拐点	↘	-1 极小值点	↗		↘

(4) 求渐近线. 间断点只有 $x=1$，又 $\lim\limits_{x\to 1} f(x) = \lim\limits_{x\to 1}\frac{2x-1}{(x-1)^2} = +\infty$，即 $x=1$ 为铅垂渐近线. 因为
$$\lim_{x\to\pm\infty} f(x) = \lim_{x\to\pm\infty}\frac{2x-1}{(x-1)^2} = 0,$$
所以 $x\to\pm\infty$ 时，$y=0$ 为水平渐近线，无斜渐近线.

(5) 作图，如图 3-1 所示.

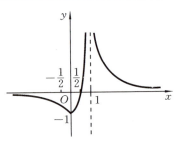

图 3-1

同步训练题

1. 选择题.

(1) 函数 $f(x)=x\sqrt{3-x}$ 在 $[0,3]$ 上满足罗尔定理的 $\xi=$ (   ).

A. 0   B. 3

C. $\dfrac{3}{2}$ D. 2

(2) 设 $f(x)=(x-1)(x-2)(x-3)$,则 $f'(x)=0$ 有(   ).

A. 一个实根   B. 两个实根

C. 三个实根   D. 无实根

(3) 若在区间 (a,b) 内,函数 $f(x)$ 的一阶导数 $f'(x)>0$,二阶导数 $f''(x)<0$,则函数 $f(x)$ 在此区间上(   ).

A. 单调减少,曲线上凹   B. 单调减少,曲线下凹

C. 单调增加,曲线上凹   D. 单调增加,曲线下凹

(4) $f'(x_0)=0$ 是函数 $y=f(x)$ 在 $x=x_0$ 处取得极值的(   ).

A. 必要条件   B. 充要条件

C. 充分条件   D. 无关条件

(5) 条件 $f''(x_0)=0$ 是 $f(x)$ 的图形在点 $x=x_0$ 处有拐点的(   )条件.

A. 必要条件   B. 充分条件

C. 充要条件   D. A,B,C 都不对

(6) 函数 $y=\dfrac{4(x+1)^2}{x^2+2x+4}$ 的水平渐近线为(   ).

A. $y=1$ B. $y=2$

C. $y=4$ D. 不存在

(7) 函数 $f(x)=\ln x$ 在闭区间 $[1,e]$ 上满足拉格朗日定理的 ξ 等于(   ).

A. $1-\dfrac{1}{e}$ B. $1+\dfrac{1}{e}$

C. $\dfrac{1}{\sqrt{3}}$ D. $e-1$

(8) 下列曲线没有铅垂渐近线的是(   ).

A. $y=\dfrac{2x-1}{(x-1)^2}$ B. $y=e^{\frac{1}{x}}$

C. $y=x+\dfrac{\ln x}{x}$ D. $y=\dfrac{1}{1+e^{-x}}$

(9) 函数 $f(x)=e^x-x$ 的单调减少区间为( ).

A. $(-\infty,0)$ B. $(0,+\infty)$

C. $(-\infty,+\infty)$ D. $(-1,1)$

2. 填空题.

(1) 极限 $\lim\limits_{x\to+\infty}\dfrac{\ln\left(1+\dfrac{1}{x}\right)}{\operatorname{arccot}x}=$ _____.

(2) 极限 $\lim\limits_{x\to+\infty}(e^x+x)^{\frac{1}{x}}=$ _____.

(3) 函数 $y=e^{-x^2}$ 的拐点为 _____.

(4) 函数 $y=-\dfrac{\ln x}{x}$ 的极小值是 _____.

(5) 周长为 100 cm 的矩形中,面积的最大值为 _____.

(6) $y=\dfrac{x+3}{x^2-1}$ 的水平渐近线为 _____.

(7) 函数 $y=\ln(x^2+2)$ 在区间 $[-1,2]$ 上的最大值为 _____.

(8) 设 $f'(x)$ 在 $x=0$ 处连续,且 $f(0)=1, f'(0)=5$,则 $\lim\limits_{x\to0}\dfrac{f(x)-1}{x}=$ _____.

(9) 函数 $y=\dfrac{x}{1+x^2}$ 的驻点为 _____.

(10) 函数 $y=x(x+1)^2$ 的单调增加区间为 _____.

(11) 若 $y=ax^2+x$ $(a\neq0)$,则 _____ 时曲线为上凹的.

(12) 函数 $y=e^{-x^2}$ 的上凹区间为 _____.

3. 计算题.

(1) $\lim\limits_{x\to+\infty}\dfrac{xe^{\frac{x}{2}}}{x+e^x}$; (2) $\lim\limits_{x\to1}\dfrac{x^2-1}{\ln x}$.

4. 用洛必达法则求下列极限.

(1) $\lim\limits_{x\to0}\dfrac{3^x+3^{-x}-2}{x^2}$; (2) $\lim\limits_{x\to0^+}(\cot x)^{\frac{1}{\ln x}}$.

5. 验证函数 $y=x^3$ 在区间 $[0,a]$ $(a>0)$ 上是否满足拉格朗日定理的条件,若满足,计算出定理中的 ξ.

6. 求函数 $y=x+|\sin 2x|$ 的单调区间.

7. 设 $y=y(x)$ 是由方程 $2y^3-2y^2+2xy-x^2=1$ 确定的,求 $y=y(x)$ 的驻点,并判定它是否为极值点.

8. 某企业生产一种产品,固定成本为 5 000 元,每生产 100 台产品直接消耗成本要增加 2 500 元.设市场对此产品的年需求量为 500 台,在此范围内产品能全部售出且销售收入 $R(Q)=5Q-\dfrac{1}{2}Q^2$(万元);若超出 500 台,产品就会积压.问产品的年产量为多少时,企业利润最大(Q 的单位是百台)?

9. 设 $a>0$,求 $f(x)=\dfrac{1}{1+|x|}+\dfrac{1}{1+|x-a|}$ 的最大值.

10. 求 $y=\sqrt{4x^2+x}\ln\left(2+\dfrac{1}{x}\right)$ 的渐近线.

11. 描绘函数 $y=-x^3+\dfrac{1}{2}x$ 的图形.

参考答案

1. (1) D. (2) B. (3) D. (4) A. (5) D. (6) C. (7) D. (8) D. (9) A.

2. (1) 1. (2) e. (3) $\left(\pm\dfrac{\sqrt{2}}{2},\mathrm{e}^{-\frac{1}{2}}\right)$. (4) $-\dfrac{1}{\mathrm{e}}$. (5) 625. (6) $y=0$. (7) ln6.

(8) 5. (9) $x=\pm 1$. (10) $(-\infty,-1)\cup\left(-\dfrac{1}{3},+\infty\right)$. (11) $a>0$.

(12) $\left(-\infty,-\dfrac{\sqrt{2}}{2}\right)\cup\left(\dfrac{\sqrt{2}}{2},+\infty\right)$.

3. (1) 0; (2) 2.   **4.** (1) $\ln^2 3$; (2) e^{-1}.

5. $\xi=\dfrac{a}{\sqrt{3}}$.

6. 在 $\left[\dfrac{k\pi}{2}+\dfrac{\pi}{3},\dfrac{k\pi}{2}+\dfrac{\pi}{2}\right]$ 上单调减少;在 $\left[\dfrac{k\pi}{2},\dfrac{k\pi}{2}+\dfrac{\pi}{3}\right](k\in\mathbf{Z})$ 上单调增加.

7. $x=1$ 是隐函数 $y(x)$ 的极小值点.

8. 当 $Q=4.75$ 百台时,利润最大.

9. $y_{\max}=\dfrac{2+a}{1+a}$.

10. 垂直渐近线为 $x=-\dfrac{1}{2}$,无水平渐近线;

斜渐近线为 $y=(2\ln 2)x+\dfrac{1}{4}\ln 2+1$,$y=-(2\ln 2)x-\dfrac{1}{4}\ln 2-1$.

11. 略.

第 4 章 不 定 积 分

知识要点提示

一、不定积分的概念与性质

1. 原函数的概念

如果在区间 I 上,$F'(x) = f(x)$ 或 $dF(x) = f(x)dx$,则称 $F(x)$ 是 $f(x)$ 在区间 I 上的一个原函数.

2. 不定积分的概念

在区间 I 上,若 $F'(x) = f(x)$,则 $F(x) + C$(C 为任意常数)就称为 $f(x)$ 的全体原函数,记为 $\int f(x)dx = F(x) + C$,$\int f(x)dx$ 称为 $f(x)$ 在区间 I 上的不定积分.

【注】 积分运算和微分运算是互逆的,且它们的混合运算有如下结论:

(1) $\left[\int f(x)dx\right]' = f(x)$;

(2) $d\left[\int f(x)dx\right] = f(x)dx$;

(3) $\int F'(x)dx = F(x) + C$;

(4) $\int dF(x) = F(x) + C$.

3. 基本积分公式

由于积分是微分的逆运算,所以由基本导数公式,可以得到相应的积分基本公式如下:

(1) $k(x)' = k$, $\quad\int dx = x + C$;

(2) $\left(\dfrac{1}{\alpha+1} \cdot x^{\alpha+1}\right)' = x^\alpha$, $\quad\int x^\alpha dx = \dfrac{1}{\alpha+1} \cdot x^{\alpha+1} + C(\alpha \neq -1)$;

(3) $\left(\dfrac{1}{\ln a} \cdot a^x\right)' = a^x$, $\quad\int a^x dx = \dfrac{1}{\ln a} \cdot a^x + C$;

(4) $(e^x)' = e^x$, $\quad\int e^x dx = e^x + C$;

(5) $(\ln|x|)' = \dfrac{1}{x}$, $\quad\int \dfrac{1}{x} dx = \ln|x| + C$;

(6) $(-\cos x)' = \sin x$, $\quad\int \sin x dx = -\cos x + C$;

(7) $(\sin x)' = \cos x$, $\quad\int \cos x dx = \sin x + C$;

(8) $(\tan x)' = \sec^2 x$, $\quad\int \sec^2 x dx = \tan x + C$;

(9) $(-\cot x)' = \csc^2 x$, $\quad\int \csc^2 x dx = -\cot x + C$;

(10) $(\sec x)' = \sec x \tan x$, $\quad\int \sec x \tan x dx = \sec x + C$;

(11) $(-\csc x)' = \csc x \cot x$, $\quad\int \csc x \cot x dx = -\csc x + C$;

(12) $(\arcsin x)' = (-\arcsin x)' = \dfrac{1}{\sqrt{1-x^2}}$,

$$\int \dfrac{dx}{\sqrt{1-x^2}} = \arcsin x + C = -\arccos x + C;$$

(13) $(\arctan x)' = (-\text{arccot} x)' = \dfrac{1}{1+x^2}$,

$$\int \dfrac{dx}{1+x^2} = \arctan x + C = -\text{arccot} x + C.$$

4. 不定积分的性质

性质 1 两个函数和的不定积分等于各个函数不定积分的和,即

$$\int [f(x) + g(x)] dx = \int f(x) dx + \int g(x) dx.$$

性质 2 求不定积分时,被积函数中不为零的常数因子可以提到积分符号外面来,即

$$\int kf(x) dx = k\int f(x) dx \quad (k \neq 0).$$

二、换元积分法

1. 第一类换元法（凑微分法）

若 $F'(u) = f(u)$，且 $u = \varphi(x)$ 可导，则
$$\int f[\varphi(x)]\varphi'(x)\mathrm{d}x = F[\varphi(x)] + C.$$

(1) 利用 $\mathrm{d}x = \dfrac{1}{a}\mathrm{d}(ax+b)$ (a,b 为常数，且 $a \neq 0$).

(2) 利用 $x^n\mathrm{d}x = \dfrac{1}{(n+1)a}\mathrm{d}(ax^{n+1}+b)$ ($a \neq 0, n \neq 1$).

(3) 利用三角函数类型.

例如，$\cos x\mathrm{d}x = \mathrm{d}\sin x, \sin x\mathrm{d}x = \mathrm{d}(-\cos x), \sec^2 x\mathrm{d}x = \mathrm{d}\tan x, \dfrac{1}{1+x^2}\mathrm{d}x = \mathrm{d}(\arctan x), \csc^2 x\mathrm{d}x = \mathrm{d}(-\cot x)$ 等.

(4) 其他类型的微分变形.

例如，$\mathrm{e}^x\mathrm{d}x = \mathrm{d}\mathrm{e}^x, \dfrac{1}{x}\mathrm{d}x = \mathrm{d}\ln x$ 等.

2. 第二类换元法

设 $x = \varphi(u)$ 是单调可导函数，并且 $\varphi'(u) \neq 0$，又设 $f[\varphi(u)]\varphi'(u)$ 具有原函数，则有换元公式 $\int f(x)\mathrm{d}x = \int f[\varphi(u)]\varphi'(u)\mathrm{d}u$ ($u = \varphi^{-1}(x)$)，其中，$\varphi^{-1}(x)$ 是 $x = \varphi(u)$ 的反函数.

(1) 当积分中含有根式 $\sqrt{ax+b}$ ($a \neq 0$) 时，直接令 $\sqrt{ax+b} = t$，达到去根号的目的.

(2) 当积分中含有两个根式，且开根号数不等，根号下都是一次式时，如 $\int \dfrac{1}{\sqrt{x}+\sqrt[3]{x}}\mathrm{d}x$，令 $t^6 = x$，其中 6 是两个根号数 2 和 3 的最小公倍数.

(3) 针对 $\sqrt{a^2-x^2}$，$\sqrt{x^2+a^2}$，$\sqrt{x^2-a^2}$ 三种情形，分别取 $x = a\sin t$，$x = a\tan t$ 和 $x = a\sec t$.

【注】 在引入三角函数时，为了保证去根号的时候没有绝对值符号，要规定角度 t 的范围. 一般地，令 $x = a\sin x$ 和 $x = a\tan t$ 时，取 $t \in \left(-\dfrac{\pi}{2}, \dfrac{\pi}{2}\right)$；令 $x = a\sec t$ 时，$t \in \left(0, \dfrac{\pi}{2}\right)$.

三、分部积分法

设函数 $u=u(x)$ 及 $v=v(x)$ 具有连续导数,则两个函数乘积的导数公式为 $(uv)'=u'v+v'u$,移项得 $uv'=(uv)'-u'v$. 对等式两边求不定积分得 $\int uv'\mathrm{d}x = uv - \int u'v\mathrm{d}x$,即 $\int u\mathrm{d}v = uv - \int v\mathrm{d}u$.

四、积分表的使用

把常用的积分公式汇集成表,这种表称为积分表.积分表是按照被积函数的类型来排列的.求积分时,可根据被积函数的类型直接或经过简单的变形后,在表内查得所需的结果.

【注】 对一些简单的积分,应用基本的积分方法来计算比查表更方便.

典型例题分析

【例 1】 下列各式中错误的是( )(其中 $F'(x)=f(x)$).

A. $\left[\int f(x)\mathrm{d}x\right]' = f(x)$

B. $\mathrm{d}\left[\int kf(x)\mathrm{d}x\right] = kf(x)\mathrm{d}x$ (k 为常数)

C. $\int F'(x)\mathrm{d}(ax+b) = aF(x)+C$ (a,b 为常数,$a\neq 0$)

D. $\int \mathrm{d}F(x) = f(x)+C$

【解】 此题是考察一元函数微积分和不定积分的混合运算,要注意计算顺序. 选项 A 中的 $\left[\int f(x)\mathrm{d}x\right]' = [F(x)+C]' = F'(x) = f(x)$,故选项 A 是正确的;选项 B 中的 $\mathrm{d}\left[\int kf(x)\mathrm{d}x\right] = k\mathrm{d}\left[\int f(x)\mathrm{d}x\right] = k\left[\int f(x)\mathrm{d}x\right]'\mathrm{d}x = k[F(x)+C]'\mathrm{d}x = kf(x)\mathrm{d}x$,故选项 B 也是正确的;选项 C 中的 $\int F'(x)\mathrm{d}(ax+b) = \int F'(x)(ax+b)'\mathrm{d}x = a\int F'(x)\mathrm{d}x = a\int f(x)\mathrm{d}x = aF(x)+C$,故选项 C 也是正确的;选项 D 中的 $\int \mathrm{d}F(x) = \int F'(x)\mathrm{d}x = \int f(x)\mathrm{d}x = F(x)+C \neq f(x)+C$,故选项 D 是错误的,此

题应选选项 D.

【例 2】 设 e^{-x} 是 $f(x)$ 的一个原函数，则 $\int f(x)dx = $ _____，$\int f'(x)dx = $ _____，$\int e^{-x} f(x)dx = $ _____．

【解】 根据题意得 $(e^{-x})' = f(x)$，因此 $\int f(x)dx = e^{-x} + C$；$\int f'(x)dx = f(x) + C$；$\int e^{-x} f(x)dx = \int e^{-x} de^{-x} = \dfrac{e^{-2x}}{2} + C$.

【例 3】 曲线 $y = f(x)$ 任一点切线的斜率等于该点横坐标两倍的平方，且过点 $(1,2)$，求该曲线的方程.

【解】 由题意可知，$f'(x) = (2x)^2 = 4x^2$，对该式两边取不定积分得 $\int f'(x)dx = \int 4x^2 dx = \dfrac{4}{3}x^3 + C$，又由曲线过点 $(1,2)$ 知 $\left(\dfrac{4}{3}x^3 + C\right)\Big|_{x=1} = \dfrac{4}{3} + C = 2$，故 $C = \dfrac{2}{3}$，即此曲线方程 $f(x) = \dfrac{4}{3}x^3 + \dfrac{2}{3}$.

【例 4】 求下列不定积分.

(1) $\int (x+2)^3 dx$；

(2) $\int \dfrac{3}{\sqrt[3]{4-3x}} dx$；

(3) $\int 2^{3-2x} dx$；

(4) $\int e^{2x-1} dx$；

(5) $\int \dfrac{1}{1-2x} dx$.

【解】 此题是凑微分方法中的 $dx = \dfrac{1}{a} d(ax+b)$ 类型和不定积分表的综合运算.

(1) $\int (x+2)^3 dx = \int (x+2)^3 d(x+2)$
$= \dfrac{(x+2)^4}{4} + C.$

(2) 因为 $dx = -\dfrac{1}{3} d(4-3x)$，所以

$$\int \dfrac{3}{\sqrt[3]{4-3x}} dx = 3\int (4-3x)^{-\frac{1}{3}} dx$$
$$= 3 \times \left(-\dfrac{1}{3}\right) \int (4-3x)^{-\frac{1}{3}} d(4-3x)$$
$$= -\int (4-3x)^{-\frac{1}{3}} d(4-3x)$$

$$= -\frac{(4-3x)^{-\frac{1}{3}+1}}{-\frac{1}{3}+1} + C$$

$$= -\frac{3}{2}\sqrt[3]{(4-3x)^2} + C.$$

(3) 因为 $dx = -\frac{1}{2}d(3-2x)$, 所以

$$\int 2^{3-2x}dx = -\frac{1}{2}\int 2^{3-2x}d(3-2x)$$

$$= -\frac{1}{2}\frac{2^{3-2x}}{\ln 2} + C$$

$$= -\frac{1}{2\ln 2}2^{3-2x} + C.$$

(4) 因为 $dx = \frac{1}{2}d(2x-1)$, 所以

$$\int e^{2x-1}dx = \frac{1}{2}\int e^{2x-1}d(2x-1)$$

$$= \frac{1}{2}e^{2x-1} + C.$$

(5) 因为 $dx = -\frac{1}{2}d(1-2x)$, 所以

$$\int \frac{1}{1-2x}dx = -\frac{1}{2}\int \frac{1}{1-2x}d(1-2x)$$

$$= -\frac{1}{2}\ln|1-2x| + C.$$

【例 5】 求下列不定积分.

(1) $\int (x+1)e^{x^2+2x}dx$; (2) $\int \frac{\sin x - \cos x}{\sin x + \cos x}dx$.

【解】 (1) 因为 $(x+1)dx = \frac{1}{2}d(x^2+2x)$, 所以

$$\int (x+1)e^{x^2+2x}dx = \frac{1}{2}\int e^{x^2+2x}d(x^2+2x)$$

$$= \frac{1}{2}e^{x^2+2x} + C.$$

(2) 因为 $(\sin x - \cos x)dx = -d(\sin x + \cos x)$, 所以

$$\int \frac{\sin x - \cos x}{\sin x + \cos x}dx = -\int \frac{1}{\sin x + \cos x}d(\sin x + \cos x)$$

$$= -\ln|\sin x + \cos x| + C$$

$$= \ln \frac{1}{|\sin x + \cos x|} + C.$$

【例 6】 求 $\int \frac{Mx+N}{x^2+px+q}dx$,其中 p,q,M,N 为常数,且 $p^2 - 4q < 0$.

【解】 先配方后用凑微分法.

$$\int \frac{Mx+N}{x^2+px+q}dx = \int \frac{M\left(x+\frac{p}{2}\right)+N-\frac{Mp}{2}}{\left(x+\frac{p}{2}\right)^2+q-\frac{p^2}{4}}dx$$

$$\xrightarrow[b^2=N-\frac{p}{2}M(b>0)]{\text{令 } a^2=q-\frac{p^2}{4}\ (a>0)} \frac{M}{2}\int \frac{d\left[\left(x+\frac{p}{2}\right)^2+a^2\right]}{\left(x+\frac{p}{2}\right)^2+a^2} + \frac{b^2}{a}\int \frac{d\left(\frac{x+\frac{p}{2}}{a}\right)}{1+\left(\frac{x+\frac{p}{2}}{a}\right)^2}$$

$$= \frac{M}{2}\ln\left[\left(x+\frac{p}{2}\right)^2+a^2\right] + \frac{b^2}{a}\arctan\frac{x+\frac{p}{2}}{a} + C$$

$$= \frac{M}{2}\ln(x^2+px+q) + \frac{b^2}{a}\arctan\frac{2x+p}{2a} + C$$

$$= \frac{M}{2}\ln(x^2+px+q) + \frac{N-\frac{p}{2}M}{\sqrt{q-\frac{p^2}{4}}}\arctan\frac{2x+p}{2\sqrt{q-\frac{p^2}{4}}} + C.$$

【例 7】 求 $\int \frac{1}{\sin 2x + 2\sin x}dx$.

【解】 利用三角函数恒等式将被积函数恒等变形,然后凑微分,得

$$\int \frac{1}{\sin 2x + 2\sin x}dx = \int \frac{dx}{2\sin x(1+\cos x)}$$

$$= \int \frac{dx}{4\sin\frac{x}{2}\cos\frac{x}{2} \cdot 2\cos^2\frac{x}{2}}$$

$$= \frac{1}{4}\int \frac{1}{\tan\frac{x}{2}\cos^2\frac{x}{2}}d\tan\frac{x}{2}$$

$$= \frac{1}{4}\int \frac{1}{\tan\frac{x}{2}}\sec^2\frac{x}{2}\,d\tan\frac{x}{2}$$

$$= \frac{1}{4} \int \frac{1 + \tan^2 \frac{x}{2}}{\tan \frac{x}{2}} \mathrm{d}\tan \frac{x}{2}$$

$$= \frac{1}{4} \int \frac{1}{\tan \frac{x}{2}} \mathrm{d}\tan \frac{x}{2} + \frac{1}{4} \int \tan \frac{x}{2} \mathrm{d}\tan \frac{x}{2}$$

$$= \frac{1}{4} \ln \left| \tan \frac{x}{2} \right| + \frac{1}{8} \tan^2 \frac{x}{2} + C.$$

【例 8】 求不定积分.

(1) $\int \frac{x^2 - 1}{x^4 + 1} \mathrm{d}x$；　　(2) $\int \frac{x^2 + 1}{x^4 + x^2 + 1} \mathrm{d}x$.

【解】（1）使用倒数代换的方法，分子、分母同除以 x^2，得

$$\int \frac{x^2 - 1}{x^4 + 1} \mathrm{d}x = \int \frac{1 - \frac{1}{x^2}}{x^2 + \frac{1}{x^2}} \mathrm{d}x.$$

又因为

$$\left(1 - \frac{1}{x^2}\right) \mathrm{d}x = \mathrm{d}\left(x + \frac{1}{x}\right),$$

$$x^2 + \frac{1}{x^2} = \left(x + \frac{1}{x}\right)^2 - 2,$$

所以

$$\int \frac{1 - \frac{1}{x^2}}{x^2 + \frac{1}{x^2}} \mathrm{d}x = \int \frac{\mathrm{d}\left(x + \frac{1}{x}\right)}{\left(x + \frac{1}{x}\right)^2 - (\sqrt{2})^2}$$

$$\xrightarrow{\text{令 } u = x + \frac{1}{x}} \frac{1}{2\sqrt{2}} \int \left(\frac{1}{u - \sqrt{2}} - \frac{1}{u + \sqrt{2}}\right) \mathrm{d}u$$

$$= \frac{1}{2\sqrt{2}} \ln \frac{x + \frac{1}{x} - \sqrt{2}}{x + \frac{1}{x} + \sqrt{2}} + C$$

$$= \frac{1}{2\sqrt{2}} \ln \frac{x^2 - \sqrt{2}x + 1}{x^2 + \sqrt{2}x + 1} + C.$$

（2）分子、分母同除以 x^2，得

$$\int \frac{x^2+1}{x^4+x^2+1}\mathrm{d}x = \int \frac{1+\frac{1}{x^2}}{\frac{1}{x^2}+1+x^2}\mathrm{d}x.$$

又因为

$$\left(1+\frac{1}{x^2}\right)\mathrm{d}x = \mathrm{d}\left(x-\frac{1}{x}\right), \quad x^2+\frac{1}{x^2}+1 = \left(x-\frac{1}{x}\right)^2+3,$$

所以

$$\int \frac{x^2+1}{x^4+x^2+1}\mathrm{d}x = \int \frac{\mathrm{d}\left(x-\frac{1}{x}\right)}{\left(x-\frac{1}{x}\right)^2+3}$$

$$\xrightarrow{\diamondsuit u = x-\frac{1}{x}} \int \frac{\mathrm{d}u}{u^2+3}$$

$$= \frac{1}{3}\int \frac{\mathrm{d}u}{1+\left(\frac{u}{\sqrt{3}}\right)^2}$$

$$= \frac{\sqrt{3}}{3}\int \frac{1}{1+\left(\frac{u}{\sqrt{3}}\right)^2}\mathrm{d}\left(\frac{u}{\sqrt{3}}\right)$$

$$= \frac{\sqrt{3}}{3}\arctan \frac{u}{\sqrt{3}}+C$$

$$= \frac{\sqrt{3}}{3}\arctan \frac{x^2-1}{\sqrt{3}x}+C.$$

【例 9】 求 $\int \frac{1}{x^2\sqrt{x^2-1}}\mathrm{d}x$.

【解】 **方法一** 使用凑微分法来解(结合倒数代换法).

$$\int \frac{1}{x^2\sqrt{x^2-1}}\mathrm{d}x = \int \frac{1}{x^3\sqrt{1-\frac{1}{x^2}}}\mathrm{d}x$$

$$= \int \frac{1}{x}\frac{-1}{\sqrt{1-\frac{1}{x^2}}}\mathrm{d}\left(\frac{1}{x}\right)$$

$$\xrightarrow{\diamondsuit u = \frac{1}{x}} \int \frac{-u}{\sqrt{1-u^2}}\mathrm{d}u$$

$$= \frac{1}{2} \int \frac{1}{\sqrt{1-u^2}} \mathrm{d}(1-u^2)$$
$$= \sqrt{1-u^2} + C$$
$$= \frac{1}{x}\sqrt{x^2-1} + C.$$

方法二 使用第二类换元法,令 $x = \sec t$,其中 $0 < t < \frac{\pi}{2}$,则 $\mathrm{d}x = \mathrm{d}\sec t = \sec t \cdot \tan t \mathrm{d}t$,故

$$\int \frac{1}{x^2 \sqrt{x^2-1}} \mathrm{d}x = \int \frac{1}{\sec^2 t \cdot \tan t} \sec t \cdot \tan t \mathrm{d}t$$
$$= \int \frac{1}{\sec t} \mathrm{d}t = \int \cos t \mathrm{d}t$$
$$= \sin t + C.$$

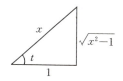

图 4-1

又因为 $\sec t = x$,即 $\cos t = \frac{1}{x}$,作三角形如图 4-1 所示,所以

$$\sin t = \frac{\sqrt{x^2-1}}{x},$$

即

$$原式 = \frac{\sqrt{x^2-1}}{x} + C.$$

【例 10】 求 $\int \sqrt{3-2x-x^2} \mathrm{d}x$.

【解】 若被积函数含 $\sqrt{ax^2+bx+c}$,则常先作配方,然后选择三角函数代换. 先配方得 $\sqrt{3-2x-x^2} = \sqrt{4-(x+1)^2}$,于是再作代换 $x+1 = 2\sin t \left(-\frac{\pi}{2} \leqslant t \leqslant \frac{\pi}{2}\right)$,得

$$\int \sqrt{3-2x-x^2} \mathrm{d}x = \int \sqrt{4-(x+1)^2} \mathrm{d}x$$
$$= \int \sqrt{4-4\sin^2 t} \, 2\cos t \mathrm{d}t$$
$$= 4 \int \cos^2 t \mathrm{d}t$$
$$= 2 \int (1+\cos 2t) \mathrm{d}t$$
$$= 2t + \sin 2t + C$$
$$= 2t + 2\sin t \cos t + C.$$

又因为 $x+1=2\sin t$,所以 $\sin t = \dfrac{x+1}{2}$,故作三角形如图 4-2 所示,由图知 $\cos t = \dfrac{\sqrt{-x^2-2x+3}}{2}$,即

原式 $= 2\arcsin\dfrac{x+1}{2} + \dfrac{x+1}{2}\sqrt{3-2x-x^2} + C.$

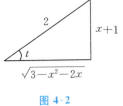

图 4-2

【例 11】 求 $\displaystyle\int \dfrac{\mathrm{d}x}{\sqrt{x}(1-\sqrt[3]{x})}$.

【解】 此题中有 $\sqrt{x}$ 和 $\sqrt[3]{x}$ 两种开根号数不同的根式,为了去根号要取 2 和 3 的最小公倍数 6,令 $x=t^6$,则 $\mathrm{d}x = \mathrm{d}t^6 = 6t^5\mathrm{d}t$,故

$$\int \dfrac{\mathrm{d}x}{\sqrt{x}(1-\sqrt[3]{x})} = \int \dfrac{6t^5 \mathrm{d}t}{t^3(1-t^2)}$$
$$= 6\int \dfrac{t^2 \mathrm{d}t}{1-t^2}$$
$$= -6\int \dfrac{1-t^2-1}{1-t^2}\mathrm{d}t$$
$$= -6\int \mathrm{d}t + 6\int \dfrac{1}{1-t^2}\mathrm{d}t$$
$$= -6\int \mathrm{d}t + 3\int \left(\dfrac{1}{1-t} + \dfrac{1}{1+t}\right)\mathrm{d}t$$
$$= -6\int \mathrm{d}t - 3\int \dfrac{\mathrm{d}(1-t)}{1-t} + 3\int \dfrac{1}{1+t}\mathrm{d}(1+t)$$
$$= -6t - 3\ln|1-t| + 3\ln|1+t| + C$$
$$= -6\sqrt[6]{x} + 3\ln\left|\dfrac{1+\sqrt[6]{x}}{1-\sqrt[6]{x}}\right| + C.$$

【例 12】 求 $\displaystyle\int \dfrac{3^x}{1+3^x+9^x}\mathrm{d}x$.

【解】 此题是指数函数代换,令 $3^x = t$,则 $x = \log_3 t$,$\mathrm{d}x = \mathrm{d}\log_3 t = \dfrac{1}{t\ln 3}\mathrm{d}t$,即

$$\int \dfrac{3^x}{1+3^x+9^x}\mathrm{d}x = \int \dfrac{t}{1+t+t^2} \cdot \dfrac{1}{t\ln 3}\mathrm{d}t$$
$$= \dfrac{1}{\ln 3}\int \dfrac{1}{1+t+t^2}\mathrm{d}t$$
$$= \dfrac{1}{\ln 3}\int \dfrac{1}{\left(t+\dfrac{1}{2}\right)^2 + \left(\dfrac{\sqrt{3}}{2}\right)^2}\mathrm{d}\left(t+\dfrac{1}{2}\right)$$

$$= \frac{1}{\ln 3} \cdot \frac{1}{\frac{\sqrt{3}}{2}} \arctan \frac{t + \frac{1}{2}}{\frac{\sqrt{3}}{2}} + C$$

$$= \frac{2}{\sqrt{3}\ln 3} \arctan \frac{2t+1}{\sqrt{3}} + C$$

$$\xrightarrow{\text{将 } t = 3^x \text{ 代入}} \frac{2}{\sqrt{3}\ln 3} \arctan \frac{2 \cdot 3^x + 1}{\sqrt{3}} + C.$$

【例 13】 求 $\int \frac{dx}{\sqrt{e^x + 1}}$.

【解】 此题是指数函数代换与幂函数代换相结合的例题. 令 $t = \sqrt{e^x + 1}$, 则 $x = \ln(t^2 - 1), dx = d[\ln(t^2 - 1)] = \frac{2t}{t^2 - 1} dt$, 所以

$$\int \frac{dx}{\sqrt{e^x + 1}} = \int \frac{1}{t} \cdot \frac{2t}{t^2 - 1} dt$$

$$= 2 \int \frac{1}{t^2 - 1} dt$$

$$= 2 \cdot \int \frac{1}{2} \left(\frac{1}{t-1} - \frac{1}{t+1} \right) dt$$

$$= \int \frac{1}{t-1} d(t-1) - \int \frac{1}{t+1} d(t+1)$$

$$= \ln|t-1| - \ln|t+1| + C$$

$$= \ln \left| \frac{t-1}{t+1} \right| + C$$

$$\xrightarrow{\text{将 } t = \sqrt{e^x+1} \text{ 代入}} \ln \left| \frac{\sqrt{e^x+1} - 1}{\sqrt{e^x+1} + 1} \right| + C$$

$$= \ln \left| \frac{(\sqrt{e^x+1})^2 - 1}{(\sqrt{e^x+1} + 1)^2} \right| + C$$

$$= \ln \left| \frac{e^x}{(\sqrt{e^x+1} + 1)^2} \right| + C$$

$$= x - 2\ln(\sqrt{e^x+1} + 1) + C.$$

【例 14】 求 $I = \int \frac{x^2}{(a^2 + x^2)^2} dx \ (a > 0)$.

【分析】 此题应用分部积分法来进行求解,被积函数可看成 x^2 和 $\frac{1}{(a^2 + x^2)^2}$

两个的乘积. 若直接用 $x^2 \mathrm{d}x = \mathrm{d}\left(\dfrac{1}{3}x^3\right)$, 则

$$\int \frac{x^2}{(a^2+x^2)^2}\mathrm{d}x = \int \frac{1}{(a^2+x^2)^2}\mathrm{d}\left(\frac{1}{3}x^3\right),$$

再用分部积分后变得更复杂了,行不通. 若改用

$$\frac{x^2}{(a^2+x^2)^2}\mathrm{d}x \xequal{\text{凑微分}} \frac{x}{2(a^2+x^2)^2}\mathrm{d}(a^2+x^2) = -\frac{x}{2}\mathrm{d}\left(\frac{1}{a^2+x^2}\right),$$

则可行.

【解】 $\displaystyle\int \frac{x^2}{(a^2+x^2)^2}\mathrm{d}x = \int\left(-\frac{x}{2}\right)\mathrm{d}\left(\frac{1}{a^2+x^2}\right)$

$$= -\frac{x}{2}\cdot\frac{1}{a^2+x^2} + \frac{1}{2}\int\frac{\mathrm{d}x}{a^2+x^2}$$

$$= -\frac{x}{2(a^2+x^2)} + \frac{1}{2a}\int\frac{\mathrm{d}\left(\dfrac{x}{a}\right)}{1+\left(\dfrac{x}{a}\right)^2}$$

$$= -\frac{x}{2(a^2+x^2)} + \frac{1}{2a}\arctan\frac{x}{a} + C.$$

【例 15】 求 $\displaystyle\int x^5\ln^3 x\,\mathrm{d}x$.

【解】 此题应用分部积分法,被积函数有"x^5"和"$\ln^3 x$",显然 $\ln^3 x$ 的原函数不好求,故选择 $x^5 = v'$,$\ln^3 x = u$. 因此

$$\int x^5\ln^3 x\,\mathrm{d}x \xequal{\text{凑微分}} \int \ln^3 x\,\mathrm{d}\left(\frac{1}{6}x^6\right)$$

$$\xequal{\text{第一次使用分部积分法}} \frac{x^6}{6}\ln^3 x - \int \frac{1}{6}x^6\cdot 3\ln^2 x\cdot\frac{1}{x}\mathrm{d}x$$

$$= \frac{x^6}{6}\ln^3 x - \frac{1}{2}\int x^5\ln^2 x\,\mathrm{d}x$$

$$\xequal{\text{凑微分}} \frac{x^6}{6}\ln^3 x - \frac{1}{2}\int \ln^2 x\,\mathrm{d}\left(\frac{1}{6}x^6\right)$$

$$\xequal{\text{第二次使用分部积分法}} \frac{x^6}{6}\ln^3 x - \frac{x^6}{12}\ln^2 x + \frac{1}{12}\int x^6\cdot 2\ln x\cdot\frac{1}{x}\mathrm{d}x$$

$$= \frac{x^6}{6}\ln^3 x - \frac{x^6}{12}\ln^2 x + \frac{1}{6}\int x^5\ln x\,\mathrm{d}x$$

$$\xequal{\text{凑微分}} \frac{x^6}{6}\ln^3 x - \frac{x^6}{12}\ln^2 x + \frac{1}{6}\int \ln x\,\mathrm{d}\left(\frac{1}{6}x^6\right)$$

$$\xequal{\text{第三次使用分部积分法}} \frac{x^6}{6}\ln^3 x - \frac{x^6}{12}\ln^2 x + \frac{x^6}{36}\ln x - \frac{1}{36}\int x^6\cdot\frac{1}{x}\mathrm{d}x$$

$$= \frac{x^6}{6}\ln^3 x - \frac{x^6}{12}\ln^2 x + \frac{x^6}{36}\ln x - \frac{x^6}{216} + C.$$

【注】 此例是属于连续使用分部积分法的类型.

【例 16】 求 $\int e^{ax}\cos bx\,dx$,其中 a,b 均为非零实数.

【解】 $\int e^{ax}\cos bx\,dx \xrightarrow{\text{凑微分}} \frac{1}{a}\int \cos bx\,de^{ax}$

$$\xrightarrow{\text{第一次使用分部积分法}} \frac{1}{a}e^{ax}\cos bx + \frac{b}{a}\int e^{ax}\sin bx\,dx$$

$$\xrightarrow{\text{凑微分}} \frac{1}{a}e^{ax}\cos bx + \frac{b}{a^2}\int \sin bx\,de^{ax}$$

$$\xrightarrow{\text{第二次使用分部积分法}} \frac{1}{a}e^{ax}\cos bx + \frac{b}{a^2}e^{ax}\sin bx - \frac{b^2}{a^2}\int e^{ax}\cos bx\,dx,$$

这里导出了 $\int e^{ax}\cos bx\,dx$ 满足的方程,即

$$\int e^{ax}\cos bx\,dx = \frac{1}{a}e^{ax}\cos bx + \frac{b}{a^2}e^{ax}\sin bx - \frac{b^2}{a^2}\int e^{ax}\cos bx\,dx,$$

移项得

$$\left(1 + \frac{b^2}{a^2}\right)I = \frac{1}{a}e^{ax}\cos bx + \frac{b}{a^2}e^{ax}\sin bx + C \ (\text{其中 } I = \int e^{ax}\cos bx\,dx),$$

解得

$$I = \frac{a}{a^2+b^2}e^{ax}\cos bx + \frac{b}{a^2+b^2}e^{ax}\sin bx + C' \left(\text{其中 } C' = \frac{a^2}{a^2+b^2}\cdot C\right).$$

【例 17】 求 $I = \int \frac{1+\sin x}{1+\cos x}e^x\,dx$.

【解】 $\int \frac{1+\sin x}{1+\cos x}e^x\,dx \xrightarrow{\text{凑微分}} \int \frac{1+\sin x}{1+\cos x}de^x$

$$\xrightarrow{\text{分部积分}} \frac{1+\sin x}{1+\cos x}e^x$$

$$\quad - \int e^x \frac{\cos x(1+\cos x) + (1+\sin x)\sin x}{(1+\cos x)^2}dx$$

$$= \frac{1+\sin x}{1+\cos x}e^x - \int e^x \frac{1+\cos x+\sin x}{(1+\cos x)^2}dx$$

$$= \frac{1+\sin x}{1+\cos x}e^x - \int \frac{1}{1+\cos x}de^x - \int \frac{e^x \sin x}{(1+\cos x)^2}dx$$

$$\xrightarrow{\text{分部积分}} \frac{1+\sin x}{1+\cos x}e^x - \frac{e^x}{1+\cos x} + \int \frac{e^x \sin x}{(1+\cos x)^2}dx$$

$$\quad - \int \frac{e^x \sin x}{(1+\cos x)^2}dx$$

$$= \frac{e^x \sin x}{1+\cos x} + C.$$

【注】 此题是分部积分时出现分项自身相消的情形,从而求得结果. 如

$$\int \Phi(x)dx = \int f(x)dg(x) - \int \varphi(x)d\psi(x),$$

其中 $\int f(x)dg(x) = g(x)f(x) - \int g(x)f'(x)dx$,而$\int g(x)f'(x)dx$ 积不出来,但 $\int \varphi(x)d\psi(x) = \varphi(x)\psi(x) - \int \psi(x)\varphi'(x)dx$,满足$\int g(x)f'(x)dx = \int \psi(x)\varphi'(x)dx$, 则求得结果

$$\int \Phi(x)dx = g(x)f(x) - \varphi(x)\psi(x) + C.$$

同步训练题

1. 选择题.

(1) 在下列等式中正确的是( ).

A. $\int f'(x)dx = f(x)$
B. $\int df(x) = f(x)$
C. $\frac{d}{dx}\int f(x)dx = f(x)$
D. $d\int f(x)dx = f(x)$

(2) 若 $F'(x) = f(x)$,则( )成立.

A. $\int F'(x)dx = f(x) + C$
B. $\int f(x)dx = F(x) + C$
C. $\int F(x)dx = f(x) + C$
D. $\int f'(x)dx = F(x) + C$

(3) 若 $\int f(x)dx = \arctan x \cdot (x^2+1) + C$,则 $f(x) = ($).

A. $\arctan x \cdot (x^2+1)$
B. 1
C. $1 + 2x\arctan x$
D. $2x\arctan x$

(4) 若 $f'(x) = g'(x)$,则( )成立.

A. $f(x) - g(x) = 0$
B. $f(x) - g(x) = C$
C. $\int df'(x) = \int dg(x)$
D. $\frac{d}{dx}\left(\int f(x)dx\right) = \frac{d}{dx}\left(\int g(x)dx\right)$

(5) 设 $f(x)$ 的一个原函数是 $\cos x^2$,则 $f'(x) = ($).

A. $\cos x$
B. $\sin x^2 + \cos x$

C. $\sin x^2 - \cos x$ D. $-2\sin x^2 - 4x^2\cos x^2$

(6) 设 $f(x) = \ln x$, 则 $\int e^{2x} f'(e^x) dx = ($).

A. $x + C$ B. $e^x + C$

C. $\frac{1}{2}e^{2x} + C$ D. $\frac{1}{3}e^{3x} + C$

(7) 设 e^{-x} 是 $f(x)$ 的一个原函数, 则 $\int xf(x)dx = ($).

A. $e^{-x}(1+x) + C$ B. $e^{-x}(1-x) + C$

C. $e^{-x}(x-1) + C$ D. $-e^{-x}(x+1) + C$

(8) 设初等函数 $f(x)$ 在区间 $[a,b]$ 上有定义, 则下面说法错误的是( ).

A. $f(x)$ 在 $[a,b]$ 上一定可导 B. $f(x)$ 在 $[a,b]$ 上一定有界

C. $f(x)$ 在 $[a,b]$ 上一定连续 D. $f(x)$ 在 $[a,b]$ 上一定可积

2. 填空题.

(1) 填空凑成微分形式.

① $x^3 \sin x dx = x^3 d$ _____.

② $x^2 e^{-x} dx = x^2 d$ _____.

③ $\frac{1}{(3x+1)^2} dx = \frac{1}{(3x+1)^2} d$ _____ $= d$ _____.

④ $x e^{-x^2} dx = e^{-x^2} d$ _____ $= d$ _____.

⑤ $\frac{e^{2x}}{\sqrt{1-e^{2x}}} dx = \frac{1}{\sqrt{1-e^{2x}}} d$ _____.

⑥ $\sec^2 x \tan x dx = \sec x d$ _____.

(2) 直接填写下列积分.

① $\int \frac{1}{\varphi(x)} d\varphi(x) =$ _____;

② $\int \varphi^n(x) d\varphi(x) =$ _____ $(n \neq -1)$;

③ $\int \frac{\varphi'(x)}{1+\varphi^2(x)} dx =$ _____;

④ $\int e^{\varphi(x)} \varphi'(x) dx =$ _____.

(3) 已知 $f(x)$ 满足给定的条件, 求 $f(x)$.

① 若 $x^3 f'(x) = 2(x \neq 0)$, 则 $f(x) =$ _____.

② $f'(x)(1+x^2) = 1(x \in (-\infty, +\infty))$, $f(0) = 1$, 则 $f(x) =$ _____.

③ $\int f'(x) dx = \sin x + C$, 则 $f(x) =$ _____.

④ $\left(\int f(x)\mathrm{d}x\right)' = \mathrm{e}^{x^2}$,则 $f(x) = $ _____.

⑤ $(\ln f(x))' = x^2$,则 $f(x) = $ _____.

(4) 函数 $f(x)$ 在 $[a,b]$ 上有界是 $f(x)$ 在 $[a,b]$ 上可积的 _____ 条件,而 $f(x)$ 在 $[a,b]$ 上连续是 $f(x)$ 在 $[a,b]$ 上可积的 _____ 条件.

(5) 曲线 $y = f(x)$ 在点 (x,y) 处的切线斜率与 x^3 成正比,并且曲线过点 $A(1,6)$ 和 $B(2,-9)$,则此曲线方程是 _____.

(6) 设 $\cot x$ 是 $f(x)$ 的一个原函数,则 $\int xf(x)\mathrm{d}x = $ _____.

3. 求下列不定积分.

(1) $\int \dfrac{\ln\tan x}{\sin 2x}\mathrm{d}x$;

(2) $\int \dfrac{1+x^2}{1+x^4}\mathrm{d}x$;

(3) $\int \dfrac{x^2+1}{x^4-x^2+1}\mathrm{d}x$.

4. 求 $\int \dfrac{\mathrm{d}x}{\sqrt{x}(1+\sqrt[3]{x})}$.

5. 求 $\int x\sqrt[3]{(2+x)^2}\mathrm{d}x$.

6. 求 $I = \int \dfrac{\mathrm{d}x}{1+2^{\frac{x}{2}}+2^{\frac{x}{4}}}$.

7. 用三角函数代换求 $\int \dfrac{\mathrm{d}x}{(x^2+a^2)\sqrt{a^2-x^2}}$.

8. 求下列积分.

(1) $\int \dfrac{\mathrm{e}^{\arctan x}+x\ln(1+x^2)}{1+x^2}\mathrm{d}x$;

(2) $\int \cos(\ln x)\mathrm{d}x$;

(3) $\int \dfrac{1}{x\sqrt{1+x^4}}\mathrm{d}x$;

(4) $\int \dfrac{\sin x\cos^3 x}{1+\cos^2 x}\mathrm{d}x$;

(5) $\int \dfrac{\mathrm{d}x}{\sqrt{1+\mathrm{e}^{2x}}}$;

(6) $\int \dfrac{\mathrm{e}^{3x}+\mathrm{e}^x}{\mathrm{e}^{4x}-\mathrm{e}^{2x}+1}\mathrm{d}x$.

9. 求下列积分(用分部积分法).

(1) $\int \dfrac{x\cos^4 \dfrac{x}{2}}{\sin^3 x}\mathrm{d}x$;

(2) $\int \dfrac{\mathrm{d}x}{\sin^3 x}$;

(3) $\int \dfrac{\mathrm{e}^{\sin x}(x\cos^3 x - \sin x)}{\cos^2 x}\mathrm{d}x$;

(4) $\int \dfrac{\arcsin x}{x^2} \cdot \dfrac{(1+x^2)}{\sqrt{1-x^2}}\mathrm{d}x$.

第4章 不定积分

参考答案

1. (1) C. (2) B. (3) C. (4) B. (5) D. (6) B. (7) A. (8) A.

2. (1) ① $-\cos x$. ② $-e^{-x}$. ③ $\frac{1}{3}(3x+1), -\frac{1}{3(3x+1)}$. ④ $\frac{1}{2}x^2, -\frac{1}{2}e^{-x^2}$.

⑤ $-\frac{1}{2}(1-e^{2x})$. ⑥ $\sec x$.

(2) ① $\ln|\varphi(x)|+C$. ② $\frac{1}{n+1}\varphi^{n+1}(x)+C$. ③ $\arctan\varphi(x)+C$. ④ $e^{\varphi(x)}+C$.

(3) ① $\frac{-1}{x^2}+C$. ② $\arctan x+1$. ③ $\sin x+C$. ④ e^{x^2}.

⑤ $Ce^{\frac{1}{3}x^3}$ (C 为大于零的任意常数).

(4) 必要,充分.

(5) $y=-x^4+7$.

(6) $x\cot x - \ln|\sin x|+C$.

3. (1) $\frac{1}{4}(\ln\tan x)^2+C$; (2) $\frac{1}{\sqrt{2}}\arctan\frac{1}{\sqrt{2}}\left(x-\frac{1}{x}\right)+C$; (3) $\arctan\frac{x^2-1}{x}+C$.

4. $6(\sqrt[6]{x}-\arctan\sqrt[6]{x})+C$.

5. $\frac{3}{8}(x+2)^{\frac{8}{3}}-\frac{6}{5}(x+2)^{\frac{5}{3}}+C$.

6. $x-\frac{4}{\ln 2}\left[\frac{1}{2}\ln(1+2^{\frac{x}{2}}+2^{\frac{x}{4}})+\frac{1}{\sqrt{3}}\arctan\frac{2\cdot 2^{\frac{x}{4}}+1}{\sqrt{3}}\right]+C$.

7. $\frac{1}{\sqrt{2}a^2}\arctan\left(\frac{\sqrt{2}x}{\sqrt{a^2-x^2}}\right)+C$.

8. (1) $e^{\arctan x}+\frac{1}{4}\ln^2(1+x^2)+C$; (2) $\frac{1}{2}x[\sin(\ln x)+\cos(\ln x)]+C$;

(3) $\frac{1}{2}\ln(\sqrt{1+x^4}-1)-\ln|x|+C$; (4) $-\frac{1}{2}\cos^2 x+\frac{1}{2}\ln(1+\cos^2 x)+C$;

(5) $\ln(\sqrt{1+e^{2x}}-1)-x+C$; (6) $\arctan(e^x-e^{-x})+C$.

9. (1) $-\frac{x}{8\sin^2\frac{x}{2}}-\frac{1}{4}\cot\frac{x}{2}+C$; (2) $-\frac{1}{2}\frac{\cot x}{\sin x}+\frac{1}{2}\ln\left|\tan\frac{x}{2}\right|+C$;

(3) $e^{\sin x}\left(x-\frac{1}{\cos x}\right)+C$; (4) $-\frac{\sqrt{1-x^2}}{x}\arcsin x+\ln|x|+C$.

第 5 章 定 积 分

知识要点提示

1. 定积分

1) 定积分的定义

设函数 $f(x)$ 在 $[a,b]$ 上连续,用分点
$$a = x_0 < x_1 < x_2 < \cdots < x_{i-1} < x_i < \cdots < x_n = b$$
把 $[a,b]$ 分成 n 个子区间,在每一个子区间 $[x_{i-1}, x_i]$ 上任取一点 ξ_i,并令 $\Delta x_i = x_i - x_{i-1}$. 当 $\Delta x_i \to 0$ 时,和式
$$\sum_{i=1}^n f(\xi_i) \Delta x_i$$
的极限称为 $f(x)$ 在 $[a,b]$ 上的定积分,记为 $\int_a^b f(x) \mathrm{d}x$,即
$$\int_a^b f(x) \mathrm{d}x = \lim_{\Delta x_i \to 0} \sum_{i=1}^n f(\xi_i) \Delta x_i.$$

可以证明,只要 $f(x)$ 是 $[a,b]$ 上的连续函数,这种和式的极限就必然存在,而且不论用什么方法来取 ξ_i,极限值都是唯一确定的.

2) 定积分的几何意义

由曲线 $y = f(x)$,x 轴与直线 $x = a$,$x = b$ 所围成的曲边梯形,其图形的面积 S 就是定积分,即 $S = \int_a^b f(x) \mathrm{d}x$(规定 x 轴下方图形的面积取负值).

3) 可积函数的类型(或 $\int_a^b f(x) \mathrm{d}x$ 一定存在的条件)

(1) 函数 $f(x)$ 在区间 $[a,b]$ 上连续.

(2) 函数 $f(x)$ 在区间 $[a,b]$ 上有界,而且仅有有限个第一类间断点.

规定 $\int_a^a f(x) \mathrm{d}x = 0$;$\int_a^b f(x) \mathrm{d}x = -\int_b^a f(x) \mathrm{d}x$.

2. 定积分的性质

定积分的基本性质是计算定积分及证明有关问题的基础,可以归纳为七个.

(1) $\int_a^b [f(x) \pm g(x)] \mathrm{d}x = \int_a^b f(x) \mathrm{d}x \pm \int_a^b g(x) \mathrm{d}x$.

(2) $\int_a^b kf(x) \mathrm{d}x = k \int_a^b f(x) \mathrm{d}x$ (k 是常数).

(3) $\int_a^b f(x) \mathrm{d}x = \int_a^c f(x) \mathrm{d}x + \int_c^b f(x) \mathrm{d}x$.

(4) $\int_a^b 1 \mathrm{d}x = b - a$.

(5) 若在区间 $[a,b]$ 上恒有 $f(x) \geqslant 0$,则 $\int_a^b f(x) \mathrm{d}x \geqslant 0$.

若在区间 $[a,b]$ 上恒有 $f(x) - g(x) \geqslant 0$,则
$$\int_a^b f(x) \mathrm{d}x \geqslant \int_a^b g(x) \mathrm{d}x,$$
$$\left| \int_a^b f(x) \mathrm{d}x \right| \leqslant \int_a^b |f(x)| \mathrm{d}x.$$

(6) 设 m, M 分别为 $f(x)$ 在 $[a,b]$ 上的最小值和最大值,则
$$m(b-a) \leqslant \int_a^b f(x) \mathrm{d}x \leqslant M(b-a),$$
此式称为积分估值不等式.

(7) 积分中值定理,即
$$\int_a^b f(x) \cdot \mathrm{d}x = f(\xi)(b-a), \xi \in [a,b].$$
上式中的 $f(\xi)$ 也就是函数 $f(x)$ 在区间 $[a,b]$ 上的平均值.

3. 上限函数(变上限的定积分)

设 $f(x)$ 在 $[a,b]$ 上连续,$x \in [a,b]$,则称 $\int_a^x f(x) \mathrm{d}x$ 或 $\int_a^x f(t) \mathrm{d}t$ 为上限函数.

令 $\varphi(x) = \int_a^x f(t) \mathrm{d}t$,则 $\varphi'(x) = f(x)$,即 $\varphi(x)$ 是 $f(x)$ 的一个原函数.这表明连续函数 $f(x)$ 的原函数一定存在,而且可以表示为 $\int_a^x f(t) \mathrm{d}t$.定积分与积分变量无关.

4. 定积分的计算方法

1) 牛顿 - 莱布尼兹公式(微积分基本定理)

若 $F(x)$ 为连续函数 $f(x)$ 在区间 $[a,b]$ 上的一个原函数,则

$$\int_a^b f(x)\mathrm{d}x = F(x)\Big|_a^b = F(b) - F(a).$$

这个公式把计算一个函数的定积分问题归结为寻求该函数的原函数问题,因此该式使微分学与积分学发生了联系,而且从该式可以看出,计算定积分可以不用通过极限运算(事实上,按定积分定义来求极限,一般情况下是相当复杂甚至于不能求出的).

2) 换元法

若函数 $f(x)$ 在区间 $[a,b]$ 上连续,函数 $x = \varphi(t)$ 满足下列条件:

(1) $x = \varphi(t)$ 在区间 $[\alpha,\beta]$ 上单调且有连续的导数 $\varphi'(t)$;

(2) 当 t 由 α 变到 β 时,$\varphi(t)$ 从 $\varphi(\alpha) = a$ 单调地变到 $\varphi(\beta) = b$,则有

$$\int_a^b f(x)\mathrm{d}x \xrightarrow[\text{当} x = a,b \text{时},\text{对应} t = \alpha,\beta]{\text{令} x = \varphi(t)} \int_\alpha^\beta f[\varphi(t)]\varphi'(t)\mathrm{d}t,$$

该式称为定积分的换元公式.

定积分计算中的换元法与不定积分中的一样,可以分为两类.

第一类换元法,是复合函数求导公式的逆向使用,要熟练使用各种常用的微分公式,如 $\mathrm{d}(ax + b) = a\mathrm{d}x$,$\mathrm{d}(x^{n+1}) = (n+1)x^n\mathrm{d}x$,$\mathrm{d}(\ln x) = \dfrac{1}{x}\mathrm{d}x$,$\mathrm{d}(\mathrm{e}^x) = \mathrm{e}^x\mathrm{d}x$,$\mathrm{d}(\sin x) = \cos x\mathrm{d}x$ 等.

第二类换元法,主要是要设法消去被积函数中的根式.凡根号内含有 x 的一次函数,如 $\sqrt{ax+b}$,$\sqrt[3]{ax+b}$,可分别令 $ax+b = t^2$,$ax+b = t^3$;而凡根号内含有 x 的二次函数,如 $\sqrt{a^2+x^2}$,$\sqrt{a^2-x^2}$,$\sqrt{x^2-a^2}$ 等,可分别令其为 $x = a\tan x$,$x = a\sin t$,$x = a\sec t$ 等,以消去根式.

使用定积分的换元法要特别注意积分限的改变,从 a,b 到 α,β,不可弄错.

要熟练使用三角函数的各种公式.

3) 分部积分法

若 $u = u(x)$,$v = v(x)$ 在 $[a,b]$ 上连续可导,则

$$\int_a^b u\mathrm{d}v = uv\Big|_a^b - \int_a^b v\mathrm{d}u$$

或

$$\int_a^b uv'\mathrm{d}x = uv\Big|_a^b - \int_a^b vu'\mathrm{d}x.$$

定积分中的分部积分法与不定积分中的一样,用于被积函数为两类函数乘积时,将等式左端的积分化为右端的积分.

应用分部积分法的关键是确定 u 与 v.确定的一般原则是:

(1) u 比较复杂,而 u' 比 u 简单;

(2) v 的原函数易求,即容易凑微分 $v'\mathrm{d}x = \mathrm{d}v$;

(3) $\int_a^b v\mathrm{d}u$ 比 $\int_a^b u\mathrm{d}v$ 容易求解.

在实际计算中,当被积函数是反三角函数、对数函数、幂函数、指数函数和三角函数中的两种函数乘积时,可按"反、对、幂、指、三"的次序,将前者设为 u,后者设为 v'.幂函数一般指多项式.

若计算中需要连续多次使用分部积分法时,每次 u 的选择不能变,即应设同一类函数为 u.

5. 广义积分

广义积分有两类.

1) 无穷积分(或无穷限的广义积分)

无穷积分分下列三种情形讨论.

(1) 设 $f(x)$ 在 $[a, +\infty)$ 上连续,则

$$\int_a^{+\infty} f(x)\mathrm{d}x \underset{\text{发散}}{\overset{\text{收敛}}{\Longleftrightarrow}} \lim_{b \to +\infty} \int_a^b f(x)\mathrm{d}x.$$

若 $\lim\limits_{b \to +\infty} \int_a^b f(x)\mathrm{d}x$ 存在,则记 $\int_a^{+\infty} f(x)\mathrm{d}x = \lim\limits_{b \to +\infty} \int_a^b f(x)\mathrm{d}x$.

(2) 设 $f(x)$ 在 $(-\infty, b]$ 上连续,则

$$\int_{-\infty}^b f(x)\mathrm{d}x \underset{\text{发散}}{\overset{\text{收敛}}{\Longleftrightarrow}} \lim_{a \to -\infty} \int_a^b f(x)\mathrm{d}x.$$

若 $\lim\limits_{a \to -\infty} \int_a^b f(x)\mathrm{d}x$ 存在,则记 $\int_{-\infty}^b f(x)\mathrm{d}x = \lim\limits_{a \to -\infty} \int_a^b f(x)\mathrm{d}x$.

(3) 设 $f(x)$ 在 $(-\infty, +\infty)$ 上连续,则

$$\int_{-\infty}^{+\infty} f(x)\mathrm{d}x \underset{\text{发散}}{\overset{\text{收敛}}{\Longleftrightarrow}} \lim_{a \to -\infty} \int_a^c f(x)\mathrm{d}x + \lim_{b \to +\infty} \int_c^b f(x)\mathrm{d}x.$$

若 $\lim\limits_{a \to -\infty} \int_a^c f(x)\mathrm{d}x$ 和 $\lim\limits_{b \to +\infty} \int_c^b f(x)\mathrm{d}x$ 两者均存在,则记

$$\int_{-\infty}^{+\infty} f(x)\mathrm{d}x = \lim_{a \to -\infty} \int_a^c f(x)\mathrm{d}x + \lim_{b \to +\infty} \int_c^b f(x)\mathrm{d}x, \quad c \in (-\infty, +\infty).$$

2) 瑕积分(或无界函数的广义积分)

瑕积分分下列三种情形讨论.

(1) 设 $f(x)$ 在 $[a,b)$ 上连续,在点 b 的左邻域内无界,则

$$\int_a^b f(x)\mathrm{d}x \underset{\text{发散}}{\overset{\text{收敛}}{\Longleftrightarrow}} \lim_{\varepsilon \to 0^+} \int_a^{b-\varepsilon} f(x)\mathrm{d}x.$$

若 $\lim\limits_{\varepsilon \to 0^+}\int_a^{b-\varepsilon} f(x)\mathrm{d}x$ 存在，则记 $\int_a^b f(x)\mathrm{d}x = \lim\limits_{\varepsilon \to 0^+}\int_a^{b-\varepsilon} f(x)\mathrm{d}x$.

(2) 设 $f(x)$ 在 $(a,b]$ 上连续，在点 a 的右邻域内无界，则

$$\int_a^b f(x)\mathrm{d}x \underset{\text{发散}}{\overset{\text{收敛}}{\Longleftrightarrow}} \lim\limits_{\varepsilon \to 0^+}\int_{a+\varepsilon}^b f(x)\mathrm{d}x.$$

若 $\lim\limits_{\varepsilon \to 0^+}\int_{a+\varepsilon}^b f(x)\mathrm{d}x$ 存在，则记 $\int_a^b f(x)\mathrm{d}x = \lim\limits_{\varepsilon \to 0^+}\int_{a+\varepsilon}^b f(x)\mathrm{d}x$.

(3) 设 $f(x)$ 在 $[a,b]$ 上除内点 c 外处处连续，在点 c 邻域内无界（c 为瑕点），则

$$\int_a^b f(x)\mathrm{d}x \underset{\text{发散}}{\overset{\text{收敛}}{\Longleftrightarrow}} \int_a^c f(x)\mathrm{d}x + \int_c^b f(x)\mathrm{d}x.$$

若 $\int_a^c f(x)\mathrm{d}x$ 与 $\int_c^b f(x)\mathrm{d}x$ 两者均收敛，则记 $\int_a^b f(x)\mathrm{d}x = \int_a^c f(x)\mathrm{d}x + \int_c^b f(x)\mathrm{d}x$.

典型例题分析

【例 1】 定积分与不定积分有什么区别？

【解】 函数 $f(x)$ 的定积分 $\int_a^b f(x)\mathrm{d}x = \lim\limits_{\Delta x_i \to 0}\sum\limits_{i=1}^n f(\xi_i)\Delta x_i$，它是积分和的极限，表示一个确定的数值. 而函数 $f(x)$ 的不定积分 $\int f(x)\mathrm{d}x$，是函数 $f(x)$ 的原函数的一般表达式，即 $\int f(x)\mathrm{d}x$ 表示 $f(x)$ 的任意一个原函数，不是一个确定的数值. 虽然两个名词中都有"积分"二字，但是它们是截然不同的两个基本概念. 牛顿-莱布尼兹公式把计算一个函数的定积分问题归结为寻求该函数的原函数问题，这可以简化定积分计算.

【例 2】 利用定积分定义计算 $\int_a^b (x^2+1)\mathrm{d}x \ (a<b)$.

【解】 将区间 $[a,b]$ 分为 n 等份，在 $[x_{i-1},x_i]$ 上取特殊的一点 $\xi_i = a + \dfrac{b-a}{n}i$ ($i=0,1,\cdots,n$)，则由定积分的定义可知

$$\begin{aligned}\int_a^b (x^2+1)\mathrm{d}x &= \lim_{n\to\infty}\sum_{i=1}^n f(\xi_i)\Delta x_i \\ &= \lim_{n\to\infty}\sum_{i=1}^n \left[\left(a+\frac{b-a}{n}i\right)^2 + 1\right]\Delta x_i \\ &= \lim_{n\to\infty}\sum_{i=1}^n \left[\left(a+\frac{b-a}{n}i\right)^2 + 1\right]\frac{(b-a)}{n}\end{aligned}$$

$$
\begin{aligned}
&= (b-a)\lim_{n\to\infty}\frac{1}{n}\left\{\left[\left(a+\frac{b-a}{n}\cdot 1\right)^2+1\right]+\left[\left(a+\frac{b-a}{n}\cdot 2\right)^2+1\right]+\cdots\right.\\
&\quad\left.+\left[\left(a+\frac{b-a}{n}\cdot n\right)^2+1\right]\right\}\\
&= (b-a)\lim_{n\to\infty}\frac{1}{n}\left[na^2+2a\cdot\frac{b-a}{n}(1+2+\cdots+n)\right.\\
&\quad\left.+\frac{(b-a)^2}{n^2}(1^2+2^2+\cdots+n^2)+n\right]\\
&= (b-a)\lim_{n\to\infty}\frac{1}{n}\left[n(a^2+1)+\frac{2a(b-a)}{n}\cdot\frac{n(n+1)}{2}\right.\\
&\quad\left.+\frac{(b-a)^2}{n^2}\cdot\frac{1}{6}n(n+1)(2n+1)\right]\\
&= (b-a)\lim_{n\to\infty}\left[a^2+1+a(b-a)\left(1+\frac{1}{n}\right)\right.\\
&\quad\left.+\frac{(b-a)^2}{6}\left(1+\frac{1}{n}\right)\cdot\left(2+\frac{1}{n}\right)\right]\\
&= (b-a)\left[a^2+1+ab-a^2+\frac{(b-a)^2}{3}\right]\\
&= \frac{b-a}{3}\cdot(b^2+ab+a^2+3)\\
&= \frac{b^3-a^3}{3}+(b-a).
\end{aligned}
$$

由此题可知,用积分和的极限计算定积分是比较麻烦的.

【例 3】 利用定积分的几何意义,求下列各定积分的值.

(1) $\int_a^b x\,\mathrm{d}x\ (a,b>0)$;　　(2) $\int_0^a \sqrt{a^2-x^2}\,\mathrm{d}x\ (a\geqslant x\geqslant 0)$.

【解】 可用定积分的几何意义表示曲边梯形的面积.

(1) 如图 5-1 所示,积分 $\int_a^b x\,\mathrm{d}x$ 表示由直线 $y=x$、x 轴、直线 $x=a$ 及直线 $x=b$ 所围成的梯形的面积,梯形的两个底边长为 a 及 b,梯形的高为 $b-a$,梯形的面积(图 5-1 中阴影所示)为

$$\frac{(b+a)(b-a)}{2}=\frac{1}{2}(b^2-a^2),$$

所以

$$\int_a^b x\,\mathrm{d}x=\frac{1}{2}(b^2-a^2).$$

(2) 曲线 $y=\sqrt{a^2-x^2}$,即 $x^2+y^2=a^2$. 当 $0\leqslant x\leqslant a$ 时,该曲线表示第一象

限的圆弧,如图 5-2 所示. 积分 $\int_0^a \sqrt{a^2-x^2}\,\mathrm{d}x$ 表示以原点 O 为圆心、以 a 为半径的圆在第一象限中的面积,即圆面积的 $\dfrac{1}{4}$,所以

$$\int_0^a \sqrt{a^2-x^2}\,\mathrm{d}x = \frac{1}{4}\pi a^2.$$

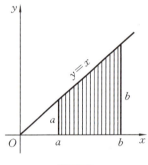
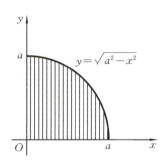

图 5-1　　　　　　　　　　　　图 5-2

【例 4】 比较下列各对积分的大小.

(1) $\int_0^{-2} \mathrm{e}^x\,\mathrm{d}x,\ \int_0^{-2} x\,\mathrm{d}x$;　　(2) $\int_1^{\mathrm{e}} \ln x\,\mathrm{d}x,\ \int_1^{\mathrm{e}} \ln^2 x\,\mathrm{d}x$.

【解】 若两函数 $f(x),g(x)$ 为连续函数,积分限 $a<b, f(x)<g(x)$,则必有
$$\int_a^b f(x)\,\mathrm{d}x < \int_a^b g(x)\,\mathrm{d}x.$$

(1) 当 $-2<x<0$ 时,$\mathrm{e}^x>0$,而 $x<0$,所以
$$x < \mathrm{e}^x.$$

根据积分估值不等式,有
$$\int_{-2}^0 \mathrm{e}^x\,\mathrm{d}x > \int_{-2}^0 x\,\mathrm{d}x.$$

不等式两边同乘以 -1,得
$$-\int_{-2}^0 \mathrm{e}^x\,\mathrm{d}x < -\int_{-2}^0 x\,\mathrm{d}x,$$

也即
$$\int_0^{-2} \mathrm{e}^x\,\mathrm{d}x < \int_0^{-2} x\,\mathrm{d}x.$$

(2) 当 $1<x<\mathrm{e}$ 时,取对数有 $0<\ln x<1$,所以
$$\ln^2 x < \ln x.$$

因而

$$\int_1^e \ln x \mathrm{d}x > \int_1^e \ln^2 x \mathrm{d}x.$$

【例 5】 运用定积分的性质,估计下列各积分的值.

(1) $\int_1^4 (x^2 - 3x + 2)\mathrm{d}x$; (2) $\int_0^{\frac{\pi}{2}} \mathrm{e}^{\sin x}\mathrm{d}x$.

【解】 定积分的基本性质包括积分对区间的可加性、积分的线性性质、积分估值不等式、积分中值定理等七个公式,而积分估值不等式的应用很重要.

(1) 设 $f(x) = x^2 - 3x + 2$,先求该被积函数在区间[1,4]上的最小值 m 与最大值 M.

$$f'(x) = 2x - 3, \quad f''(x) = 2.$$

令 $f'(x) = 0$,得驻点 $x = \dfrac{3}{2}$.

由于在驻点处 $f''\left(\dfrac{3}{2}\right) = 2 > 0$,所以 $f(x)$ 在 $x = \dfrac{3}{2}$ 处取得极小值.因为可导函数 $f(x)$ 仅有一个驻点,故 $f(x)$ 在 $x = \dfrac{3}{2}$ 处取得最小值,即 $m = f\left(\dfrac{3}{2}\right) = \left(\dfrac{3}{2}\right)^2 - 3\left(\dfrac{3}{2}\right) + 2 = -\dfrac{1}{4}$;又因为 $f(x)$ 表示的曲线为上凹,开口向上,最大值应该在区间端点处达到.因为 $f(1) = 0, f(4) = 4^2 - 3 \times 4 + 2 = 6$,所以 $f(x)$ 在区间[1,4]上的最大值 $M = 6$.

根据积分的估值不等式

$$m(b-a) \leqslant \int_a^b f(x)\mathrm{d}x \leqslant M(b-a),$$

有

$$-\dfrac{1}{4}(4-1) < \int_1^4 (x^2 - 3x + 2)\mathrm{d}x < 6 \times (4-1),$$

即

$$-\dfrac{3}{4} < \int_1^4 (x^2 - 3x + 2)\mathrm{d}x < 18.$$

(2) 设 $f(x) = \mathrm{e}^{\sin x}$,则

$$f'(x) = \mathrm{e}^{\sin x} \cos x.$$

当 $0 < x < \dfrac{\pi}{2}$ 时,$f'(x) > 0$,所以被积函数 $f(x)$ 在 $\left[0, \dfrac{\pi}{2}\right]$ 上为单调增函数.

$f(x)$ 在 $x = 0$ 处有最小值 $m = \mathrm{e}^0 = 1$,在 $x = \dfrac{\pi}{2}$ 处达到最大值 $M = \mathrm{e}^{\sin \frac{\pi}{2}} = \mathrm{e}$.由积分估值不等式,得

$$1\times\left(\frac{\pi}{2}-0\right)<\int_0^{\frac{\pi}{2}}e^{\sin x}dx<e\left(\frac{\pi}{2}-0\right)$$

即

$$\frac{\pi}{2}<\int_0^{\frac{\pi}{2}}e^{\sin x}dx<\frac{\pi}{2}e.$$

【例6】 运用牛顿 - 莱布尼兹公式计算下列积分.

(1) $\int_{-1}^{8}\sqrt[3]{x}dx$;   (2) $\int_0^{2\pi}\sin x dx$.

【解】 牛顿 - 莱布尼兹公式可以使许多定积分的计算化难为易.

(1) $\int_{-1}^{8}\sqrt[3]{x}dx = \int_{-1}^{8}x^{\frac{1}{3}}dx \xlongequal[(n\neq-1)]{\int u^n du=\frac{u^{n+1}}{n+1}+C} \frac{1}{\frac{1}{3}+1}x^{\frac{1}{3}+1}\Big|_{-1}^{8}$

$\qquad\qquad = \frac{3}{4}x^{\frac{4}{3}}\Big|_{-1}^{8}$

$\qquad\qquad = \frac{3}{4}(2^4-1) = \frac{45}{4}.$

(2) $\int_0^{2\pi}\sin x dx = -\cos x\Big|_0^{2\pi}$

$\qquad\qquad = -(1-1) = 0.$

【例7】 计算下列定积分.

(1) $\int_{-1}^{1}|x|dx$;

(2) $f(x)=\begin{cases}x^2, & 0\leqslant x<1, \\ 1+x, & 1\leqslant x\leqslant 2,\end{cases}$ 求 $\int_{\frac{1}{2}}^{\frac{3}{2}}f(x)dx$.

【解】 注意分段函数的积分.

(1) $\int_{-1}^{1}|x|dx = \int_{-1}^{0}|x|dx + \int_0^1|x|dx$

$\qquad\qquad = -\int_{-1}^{0}xdx + \int_0^1 xdx$

$\qquad\qquad = -\frac{x^2}{2}\Big|_{-1}^{0} + \frac{x^2}{2}\Big|_0^1$

$\qquad\qquad = \frac{1}{2}+\frac{1}{2} = 1.$

(2) $\int_{\frac{1}{2}}^{\frac{3}{2}}f(x)dx = \int_{\frac{1}{2}}^{1}f(x)dx + \int_1^{\frac{3}{2}}f(x)dx$

$\qquad\qquad = \int_{\frac{1}{2}}^{1}x^2 dx + \int_1^{\frac{3}{2}}(1+x)dx$

$$= \frac{x^3}{3}\Big|_{\frac{1}{2}}^{1} + \left(x + \frac{x^2}{2}\right)\Big|_{1}^{\frac{3}{2}}$$

$$= \frac{1}{3}\left(1 - \frac{1}{8}\right) + \left[\left(\frac{3}{2} + \frac{9}{8}\right) - \frac{3}{2}\right]$$

$$= \frac{17}{12}.$$

【例 8】 利用换元法计算 $\int_0^2 x\mathrm{e}^{x^2}\mathrm{d}x$.

【解】 令 $t = x^2$,两边微分,$\mathrm{d}t = 2x\mathrm{d}x$.

当 $x = 0$ 时,$t = 0$;当 $x = 2$ 时,$t = 4$. 所以

$$\int_0^2 x\mathrm{e}^{x^2}\mathrm{d}x \xrightarrow{t = x^2} \frac{1}{2}\int_0^4 \mathrm{e}^t \mathrm{d}t$$

$$= \frac{1}{2}\mathrm{e}^t\Big|_0^4 = \frac{1}{2}(\mathrm{e}^4 - 1).$$

此题也可用凑微分法,省去设中间变量的求解过程:积分号内 $x\mathrm{d}x = \frac{1}{2}\mathrm{d}(x^2)$,视 x^2 为单一变量,所以

$$\int_0^2 x\mathrm{e}^{x^2}\mathrm{d}x = \frac{1}{2}\int_0^2 \mathrm{e}^{x^2}\mathrm{d}(x^2) \xrightarrow{\text{视 } x^2 \text{ 为}}_{\text{单一变量}} \frac{1}{2}\mathrm{e}^{x^2}\Big|_0^2$$

$$= \frac{1}{2}(\mathrm{e}^4 - 1).$$

凑微分法,重要的是"凑". 例如,$x\mathrm{d}x$,$x^2\mathrm{d}x$,$x^3\mathrm{d}x$ 等可以分别凑出含 $ax^2 + b$,$ax^3 + b$,$ax^4 + b$ 的函数式,以便于求积分.

【例 9】 计算 $\int_0^1 (x-1)^{10} x^2 \mathrm{d}x$.

【解】 被积函数中的 $(x-1)^{10}$,若按二项式公式展开,显然太复杂,所以要用换元法将被积函数简化.

令 $x - 1 = t$,$x = 1 + t$,两边微分得 $\mathrm{d}x = \mathrm{d}t$.

当 $x = 0$ 时,$t = -1$;当 $x = 1$ 时,$t = 0$. 所以

$$\int_0^1 (x-1)^{10} x^2 \mathrm{d}x = \int_{-1}^0 t^{10}(1+t)^2 \mathrm{d}t$$

$$= \int_{-1}^0 t^{10}(t^2 + 2t + 1)\mathrm{d}t$$

$$= \int_{-1}^0 (t^{12} + 2t^{11} + t^{10})\mathrm{d}t$$

$$= \left(\frac{1}{13}t^{13} + \frac{2}{12}t^{12} + \frac{1}{11}t^{11}\right)\Big|_{-1}^0$$

$$= -\left(-\frac{1}{13} + \frac{2}{12} - \frac{1}{11}\right)$$

$$= \frac{1}{858}.$$

【例 10】 用分部积分法计算下列各式.

(1) $\int_0^{\frac{\pi}{2}} e^{2t}\cos t \, dt$; (2) $\int_0^1 x\arctan x \, dx$.

【解】 使用分部积分法,要注意连续使用该法时,当被积函数中确定为较难积分的乘积项为 u 时,要设同一类函数为 u. 按照经验法则,"反、对、幂、指、三"的函数次序,较为前面的一般设为 u.

(1) 设 $u = e^{2t}$, 于是 $v' = \cos t$, 则

$$\int_0^{\frac{\pi}{2}} e^{2t}\cos t \, dt = e^{2t}\sin t \Big|_0^{\frac{\pi}{2}} - 2\int_0^{\frac{\pi}{2}} e^{2t}\sin t \, dt$$

$$\xrightarrow[\text{仍设 } u = e^{2t}]{\text{第二次运用分部积分}} e^{\pi} - 2\left(-e^{2t}\cos t \Big|_0^{\frac{\pi}{2}} + 2\int_0^{\frac{\pi}{2}} e^{2t}\cos t \, dt\right)$$

$$= e^{\pi} - 2 - 4\int_0^{\frac{\pi}{2}} e^{2t}\cos t \, dt,$$

移项,得

$$5\int_0^{\frac{\pi}{2}} e^{2t}\cos t \, dt = e^{\pi} - 2,$$

所以

$$\int_0^{\frac{\pi}{2}} e^{2t}\cos t \, dt = \frac{1}{5}(e^{\pi} - 2).$$

(2) 设 $u = \arctan x, v' = x$, 则

$$\int_0^1 x\arctan x \, dx = \arctan x \cdot \frac{x^2}{2}\Big|_0^1 - \frac{1}{2}\int_0^1 x^2 \cdot \frac{1}{1+x^2} dx$$

$$= \frac{1}{2}\arctan 1 - \frac{1}{2}\int_0^1 \left(1 - \frac{1}{1+x^2}\right) dx$$

$$= \frac{\pi}{8} - \frac{1}{2}\left(1 - \arctan x\Big|_0^1\right)$$

$$= \frac{\pi}{8} - \frac{1}{2} + \frac{1}{2}\arctan 1$$

$$= \frac{\pi}{4} - \frac{1}{2}$$

$$= \frac{1}{2}\left(\frac{\pi}{2} - 1\right).$$

第 5 章 定积分

【例 11】 计算 $\int_0^{\frac{1}{2}} (\arcsin x)^2 \mathrm{d}x$.

【解】 先换元，令 $x = \sin t, \mathrm{d}x = \cos t \mathrm{d}t$.

求积分限的变换，当 $x = 0$ 时，$t = 0$；当 $x = \frac{1}{2}$ 时，$t = \frac{\pi}{6}$. 于是

$$\int_0^{\frac{1}{2}} (\arcsin x)^2 \mathrm{d}x = \int_0^{\frac{\pi}{6}} t^2 \cos t \mathrm{d}t$$

$$\xrightarrow{\text{运用分部积分法}} \int_0^{\frac{\pi}{6}} t^2 \mathrm{d}(\sin t)$$

$$= t^2 \sin t \Big|_0^{\frac{\pi}{6}} - 2\int_0^{\frac{\pi}{6}} t \sin t \mathrm{d}t$$

$$= \frac{\pi^2}{72} + 2(t\cos t - \sin t)\Big|_0^{\frac{\pi}{6}}$$

$$= \frac{\pi^2}{72} + 2\left(\frac{\pi}{6} \times \frac{\sqrt{3}}{2} - \frac{1}{2}\right)$$

$$= \frac{\pi^2}{72} + \frac{\sqrt{3}\pi}{6} - 1.$$

【例 12】 求下列函数的导数.

(1) $f(x) = \int_0^x \frac{1+t+t^2}{1-t+t^2}\mathrm{d}t$，求 $f'(x), f'(1)$；

(2) $f(x) = \int_x^5 \sqrt{1+t^2}\mathrm{d}t$，求 $f'(1)$.

【解】 根据上限函数的概念 $\frac{\mathrm{d}}{\mathrm{d}x}\int_a^x f(t)\mathrm{d}t = f(x)$ 来求解.

(1) $f'(x) = \frac{\mathrm{d}}{\mathrm{d}x}\int_0^x \frac{1+t+t^2}{1-t+t^2}\mathrm{d}t$

$$= \frac{1+x+x^2}{1-x+x^2},$$

所以

$$f'(1) = \frac{1+1+1}{1-1+1} = 3.$$

(2) $f'(x) = \frac{\mathrm{d}}{\mathrm{d}x}\int_x^5 \sqrt{1+t^2}\mathrm{d}t$

$$= -\frac{\mathrm{d}}{\mathrm{d}x}\int_5^x \sqrt{1+t^2}\mathrm{d}t$$

$$= -\sqrt{1+x^2},$$

所以

$$f'(1) = -\sqrt{1+1} = -\sqrt{2}.$$

【例 13】 计算下列各广义积分.

(1) $\int_1^{+\infty} \frac{dx}{(1+x)x^2}$; (2) $\int_0^{+\infty} xe^{-x^2} dx.$

【解】 (1) $\int_1^{+\infty} \frac{dx}{(1+x)x^2} = \lim_{\eta \to +\infty} \int_1^{\eta} \frac{dx}{(1+x)x^2}$

$$= \lim_{\eta \to +\infty} \int_1^{\eta} \left(\frac{1}{x^2} - \frac{1}{x} + \frac{1}{x+1}\right) dx$$

$$= \lim_{\eta \to +\infty} \left[-\frac{1}{x} - \ln|x| + \ln|x+1|\right]\Big|_1^{\eta}$$

$$= \lim_{\eta \to +\infty} \left[-\frac{1}{\eta} + 1 + \ln\left|\frac{\eta+1}{\eta}\right| - \ln 2\right]$$

$$= 1 - \ln 2.$$

(2) $\int_0^{+\infty} xe^{-x^2} dx = \lim_{\eta \to +\infty} \int_0^{\eta} xe^{-x^2} dx$

$$= -\frac{1}{2} \lim_{\eta \to +\infty} \int_0^{\eta} e^{-x^2} d(-x^2)$$

$$= -\frac{1}{2} \lim_{\eta \to +\infty} (e^{-\eta^2} - 1)$$

$$= \frac{1}{2}.$$

【例 14】 求积分 $\int_0^1 \frac{x dx}{\sqrt{1-x^2}}$.

【解】 这个积分不是定积分,而是瑕积分,$x=1$ 为瑕点.计算瑕积分时,要先计算一端点用含有 ε 的式子来表示的某积分区间上的定积分,然后对所得结果求 $\varepsilon \to 0$ 时的极限.

$$\int_0^1 \frac{x dx}{\sqrt{1-x^2}} = \lim_{\varepsilon \to 0^+} \int_0^{1-\varepsilon} \frac{x dx}{\sqrt{1-x^2}}$$

$$= \lim_{\varepsilon \to 0^+} \left(-\frac{1}{2}\right) \int_0^{1-\varepsilon} \frac{d(1-x^2)}{\sqrt{1-x^2}}$$

$$= -\frac{1}{2} \lim_{\varepsilon \to 0^+} 2(1-x^2)^{\frac{1}{2}} \Big|_0^{1-\varepsilon}$$

$$= -\lim_{\varepsilon \to 0^+} \left\{[1-(1-\varepsilon)^2]^{\frac{1}{2}} - 1\right\}$$

$$= 1.$$

【例 15】 求由曲线 $y = \frac{x^2}{4}$ 与直线 $3x - 2y - 4 = 0$ 所围成的平面图形的面积.

【解】 曲线 $y = \dfrac{1}{4}x^2$ 与直线 $3x - 2y - 4 = 0$ 所围成的平面图形如图 5-3 所示.

直线与抛物线的交点为 $(2,1)$ 与 $(4,4)$. 所围阴影部分的面积为

$$S = \int_2^4 \left(\dfrac{3}{2}x - 2\right)dx - \int_2^4 \dfrac{1}{4}x^2 dx$$

$$= \int_2^4 \left(\dfrac{3}{2}x - 2 - \dfrac{1}{4}x^2\right)dx$$

$$= \left(\dfrac{3}{4}x^2 - 2x - \dfrac{1}{12}x^3\right)\Big|_2^4$$

$$= \left(3 \times 4 - 2 \times 4 - \dfrac{16}{3}\right) - \left(3 - 4 - \dfrac{2}{3}\right)$$

$$= \dfrac{1}{3}.$$

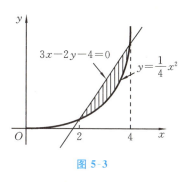

图 5-3

【例 16】 设某超市出售 x 台数码相机时边际利润为

$$L'(x) = 12.5 - \dfrac{x}{80} \quad (x \geqslant 0) \quad (\text{单位:百元}/\text{台}).$$

试求:(1) 出售 40 台时的总利润;

(2) 出售 60 台时,前 30 台的平均利润和后 30 台的平均利润.

【解】 (1) 总利润是边际利润的原函数 L,所以

$$L = \int_0^{40} L'(x)dx$$

$$= \int_0^{40} \left(12.5 - \dfrac{x}{80}\right)dx$$

$$= \left(12.5x - \dfrac{1}{160}x^2\right)\Big|_0^{40}$$

$$= 490 \ (\text{百元}),$$

即出售 40 台的总利润为 4.9×10^4 元.

(2) 前 30 台的平均利润设为 $\overline{L}_1$,它是利润函数在 $[0,30]$ 上的平均值,即

$$\overline{L}_1 = \dfrac{1}{(30-0)} \int_0^{30} L'(x)dx$$

$$= \dfrac{1}{(30-0)} \int_0^{30} \left(12.5 - \dfrac{x}{80}\right)dx$$

$$= \dfrac{1}{30}\left(12.5x - \dfrac{1}{160}x^2\right)\Big|_0^{30}$$

$$= 12.31 \ (\text{百元}),$$

即出售前 30 台的平均利润为 1 231 元.

同样,后 30 台的平均利润设为 $\bar{L}_2$,即

$$\bar{L}_2 = \frac{1}{(60-30)} \int_{30}^{60} L'(x) dx$$

$$= \frac{1}{30} \int_{30}^{60} \left(12.5 - \frac{x}{80}\right) dx$$

$$= \frac{1}{30} \left(12.5x - \frac{1}{160}x^2\right) \Big|_{30}^{60}$$

$$= 11.9375 \text{(百元)},$$

即出售后 30 台的平均利润为 1 193.75 元.

同步训练题

1. 填空题.

(1) 设 $f(x), g(x)$ 均在闭区间 $[a,b]$ 上连续,且 $f(x) \geq g(x)$. $I_1 = \int_a^b f(x) dx$, $I_2 = \int_a^b g(x) dx$,则 I_1 和 I_2 满足关系式_____.

(2) 从定积分的几何意义得,$\int_0^1 \sqrt{1-x^2} dx =$ _____.

(3) $\int_a^b [f'(x) + 2] dx =$ _____.

(4) 设 $f(x)$ 可导,则 $\lim\limits_{h \to 0} \dfrac{f(x-h) - f(x)}{2h} =$ _____.

(5) 设 $F(x) = \int_1^{x^2} \tan t \, dt$,则 $F'(x) =$ _____.

(6) 设 $f(x) = \int_x^2 \sqrt{2+t^2} \, dt$,则 $f'(1) =$ _____.

(7) $\int_{-\frac{\pi}{2}}^{\frac{\pi}{2}} \sqrt{1-\cos^2 x} \, dx =$ _____.

(8) 设 $\int_0^x f(t) dt = \dfrac{1}{2} f(x) - \dfrac{1}{2}$,且 $f(0) = 1$,则 $f(x) =$ _____.

(9) 已知 $\int_0^a x(2-3x) dx = 2$,则 $a =$ _____.

(10) 设 $f(x)$ 在 $[-a, a]$ 上连续,则若 $f(-x) = f(x)$,应有 $\int_{-a}^0 f(x) dx =$ _____.

2. 选择题.

(1) 定积分 $\int_a^b f(x)\mathrm{d}x$ 的几何意义说明( ).

A. 因为它是 $y=f(x)$ 与 $x=a,x=b$ 及 x 轴所围曲边梯形的面积,所以 $\int_a^b f(x)\mathrm{d}x>0$

B. 只有当 $f(x)$ 恒为正或恒为负时,它才表示 $y=f(x),x=a,x=b$ 及 x 轴所围图形的面积

C. 它是 $y=f(x),x=a,x=b$ 及 x 轴所围图形面积的代数和

D. 它是 $y=|f(x)|,x=a,x=b,x$ 轴所围图形的面积

(2) $\int_0^5 |2x-4|\,\mathrm{d}x = ($).

A. 11   B. 12
C. 13   D. 14

(3) 设 $f'(x)$ 连续,则变上限积分 $\int_a^x f(t)\mathrm{d}t$ 是( ).

A. $f'(x)$ 的一个原函数   B. $f'(x)$ 的全体原函数
C. $f(x)$ 的一个原函数   D. $f(x)$ 的全体原函数

(4) $\int_0^1 \dfrac{\mathrm{d}x}{\arccos x} = ($).

A. $\int_{\frac{\pi}{2}}^0 \dfrac{1}{x}\mathrm{d}x$ B. $\int_{\frac{\pi}{2}}^0 \dfrac{\sin x}{x}\mathrm{d}x$

C. $\int_0^{\frac{\pi}{2}} \dfrac{\sin x}{x}\mathrm{d}x$ D. $\int_0^{\frac{\pi}{2}} \dfrac{1}{x}\mathrm{d}x$

(5) 下列广义积分收敛的是( ).

A. $\int_1^{+\infty} \sin x\,\mathrm{d}x$ B. $\int_1^{+\infty} \dfrac{1}{\sqrt{x}}\mathrm{d}x$

C. $\int_1^2 \dfrac{\mathrm{d}x}{x\ln x}$ D. $\int_0^1 \ln x\,\mathrm{d}x$

3. 计算下列定积分.

(1) $\int_0^1 \dfrac{x\mathrm{d}x}{\sqrt{1+x^2}}$;   (2) $\int_0^1 \dfrac{\mathrm{e}^x}{\mathrm{e}^x+1}\mathrm{d}x$;

(3) $\int_0^{\frac{\pi}{2}} |\sin x - \cos x|\,\mathrm{d}x$;   (4) $\int_0^3 \dfrac{x}{1+\sqrt{1+x}}\mathrm{d}x$;

(5) $\int_{-1}^1 (2x^4+x)\arcsin x\,\mathrm{d}x$.

4. 已知 $f(x)$ 的原函数为 $(1+\sin x)\ln x$，求 $\int_{\frac{\pi}{2}}^{\pi} xf'(x)dx$.

5. 设 $F(x) = \int_0^{x^2} \sin t dt + \int_x^1 \sin t dt$，求 $F'(x)$.

6. 如图 5-4 所示，$S = S_1 + S_2$，求 t 为何值时，S 有最大值；t 为何值时，S 有最小值.

7. 设平面图形 D 由抛物线 $y = 1 - x^2$ 和 x 轴围成，求图形 D 的面积.

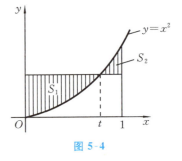

图 5-4

8. 已知边际成本为 $C' = 100 - 2x$，求当产量由 $x = 20$ 增加到 $x = 30$ 时，应追加的成本数.

参考答案

1. (1) $I_1 \geqslant I_2$. (2) $\dfrac{\pi}{4}$. (3) $f(b) - f(a) + 2(b-a)$. (4) $-\dfrac{1}{2}f'(x)$. (5) $2x\tan x$. (6) $-\sqrt{3}$. (7) 2. (8) e^{2x}. (9) -1. (10) $\int_0^a f(x)dx$.

2. (1) C. (2) C. (3) C. (4) C. (5) D.

3. (1) $\sqrt{2} - 1$. (2) $\ln(1+e) - \ln 2$. (3) $2(\sqrt{2}-1)$. (4) $\dfrac{5}{3}$. (5) $\dfrac{\pi}{4}$.

4. $\int_{\frac{\pi}{2}}^{\pi} xf'(x)dx = (1-\pi)\ln\pi - 2\ln 2 - 1$.

5. $F'(x) = 2x\sin x^2 - \sin x$.

6. $t = 1$ 时，$S(t)$ 取最大值；$t = \dfrac{1}{2}$ 时，$S(t)$ 取最小值.

7. 图形 D 的面积 $S = \dfrac{4}{3}$.

8. 应追加成本数为 500.

第 6 章 微分方程

知识要点提示

一、常微分方程(简称微分方程)

1. 常微分方程的概念

凡是含有未知函数导数(或微分)的方程,称为微分方程.

包含有一元未知函数及其导数(或微分)的方程,称为常微分方程.

在常微分方程中可以不显现未知函数,但其中未知函数的导数(或微分)是不可少的.

在常微分方程中未知函数的自变量只有一个,但未知函数就未必只有一个.

微分方程中出现未知函数的最高阶导数的阶数,称为微分方程的阶.

一阶微分方程的一般形式为 $F(x,y,y')=0$.

二阶微分方程的一般形式为 $F(x,y,y',y'')=0$.

2. 微分方程的解

(1) 如果把函数 $y=f(x)$ 代入微分方程后,能使方程成为恒等式,那么这个函数就称为该微分方程的解.

例如,函数 $y=x^2$,$y=x^2+1$ 及 $y=x^2+C$(C 为任意常数)是微分方程 $y'=2x$ 的解.

微分方程的解有两种形式:一种不含任意常数;一种含任意常数.

若微分方程的解中含有任意常数,且独立的任意常数的个数与方程的阶数相同,则称这样的解为微分方程的通解.

不含任意常数的解,称为微分方程的特解.

(2) 初始条件与初值解.

一般地说,用未知函数及各阶导数在某个特定点的值作为确定通解中任意常数的条件,称为初始条件.

通常一阶微分方程的初始条件为
$$y|_{x=x_0}=y_0 \quad \text{或} \quad y(x_0)=y_0,$$
其中 x_0,y_0 是两个已知数.

二阶微分方程的初始条件为
$$y|_{x=x_0}=y_0,y'|_{x=x_0}=y'_0 \quad \text{或} \quad y(x_0)=y_0,y'(x_0)=y'_0,$$
其中 x_0,y_0,y'_0 是三个已知数.

求微分方程满足初始条件的解的问题,称为初值问题.求解初值问题就是求微分方程的特解.

3. 线性与非线性微分方程

设常微分方程中关于未知函数及其导数的方幂的最高次数为 n,则当 $n=1$ 时,称为线性常微分方程;当 $n>1$ 时,称为非线性常微分方程.

二、一阶微分方程

1. 可分离变量的微分方程

1) 方程的标准形式

若一阶微分方程
$$\frac{dy}{dx}=f(x,y)$$
中的函数 $f(x,y)$ 可分解为关于变量 x 的函数与变量 y 的函数相乘积的形式,即
$$f(x,y)=\varphi(x)\cdot\psi(y),$$
则该一阶方程可表示为
$$\frac{dy}{dx}=\varphi(x)\cdot\psi(y),$$
上式称为可分离变量微分方程的标准形式.

2) 方程的解法

求解可分离变量的微分方程是通过分离变量将其转化为一元函数的不定积分来完成的.

将标准形式的方程分离变量,得
$$\frac{dy}{\psi(y)}=\varphi(x)dx \quad (\psi(y)\neq 0),$$
两边分别对 x,y 进行不定积分,即

$$\int \frac{dy}{\psi(y)} = \int \varphi(x) dx,$$

若函数 $\Psi(y), \Phi(x)$ 分别为 $\psi(y), \varphi(x)$ 的原函数,则得

$$\Psi(y) = \Phi(x) + C,$$

上式是可分离变量微分方程的解.由于它一定带有一个任意常数 C,所以它是微分方程的通解.

分离变量法是求解微分方程的一种很有用的基本方法.

2. 一阶线性微分方程

1) 方程的标准形式

若一阶微分方程形如

$$\frac{dy}{dx} + p(x)y = q(x),$$

其中 $p(x), q(x)$ 为已知函数,而 $y(x)$ 为未知函数,则称方程为一阶线性微分方程的标准形式.

如果上式中 $q(x) = 0$,即方程为

$$\frac{dy}{dx} + p(x)y = 0,$$

则称方程为一阶线性齐次方程,相应地 $q(x) \neq 0$ 的标准形式称为一阶线性非齐次方程.

2) 方程的解法

(1) 一阶线性齐次方程的解法.

将一阶线性齐次方程分离变量,得

$$\frac{dy}{y} = -p(x)dx,$$

两边积分,得

$$\ln|y| = -\int p(x)dx + C_1,$$

将 C_1 记为 $\ln|C|$,即

$$\ln|y| = -\int p(x)dx + \ln|C|,$$

于是方程的通解为

$$y = Ce^{-\int p(x)dx},$$

其中 C 为任意常数.

(2) 一阶线性非齐次方程的解法.

非齐次方程与其对应的齐次方程,它们的通解必然存在某种内在联系. 令式 $y = C e^{-\int p(x) dx}$ 中的 C 为待定函数 $C(x)$,并将

$$y = C(x) e^{-\int p(x) dx}$$

代入 $\dfrac{dy}{dx} + p(x) y = q(x)$ 中,化简可得

$$C'(x) = q(x) e^{\int p(x) dx},$$

两边积分,得

$$C(x) = \int q(x) e^{\int p(x) dx} dx + C,$$

最后得

$$y = C(x) e^{-\int p(x) dx} = e^{-\int p(x) dx} \cdot \int q(x) e^{\int p(x) dx} dx + C e^{-\int p(x) dx}.$$

上式是一阶线性非齐次方程的通解公式,其中 C 是任意常数. 上式中等式右端第二项是对应齐次方程的通解,而第一项是非齐次方程的常数 $C = 0$ 的一个特解.

一阶线性非齐次方程的求解过程可归纳如下:

第一步,用分离变量法先求出对应齐次方程的通解;

第二步,将齐次方程通解中的任意常数 C 换成待定函数 $C(x)$,并代入非齐次方程,从中求出 $C(x)$;

第三步,再将 $C(x)$ 替代齐次方程通解中的 C,便可得到非齐次方程的通解.

上述方法称为常数变易法.

三、可降阶的高阶微分方程

1. $y^{(n)} = f(x)$ 型

令 $u = y^{(n-1)}$,则 $u' = y^{(n)}$,从而原方程化为 $u' = f(x)$,分离变量可得

$$du = f(x) dx,$$

两端同时积分可得

$$u = \int f(x) dx + C_1,$$

上面方程为 $n-1$ 阶方程,较原方程降一阶,重复上述步骤 n 次,可得原方程的通解.

2. $y'' = f(x, y')$ 型

令 $u = y'$,则 $u' = y''$,代入原方程将其化为一阶微分方程 $u' = f(x, u)$,若其通解为 $u = \varphi(x, C_1)$,则

$$y' = \varphi(x, C_1),$$

它是一阶微分方程,进一步求解可得原方程的通解.

3. $y'' = f(y, y')$ 型

此类方程的特点是:方程右端不显含自变量 x,利用降阶法求解.可把 y 暂时看做自变量,作变换,其具体解法如下:

设 $y' = p(y)$,则 $y'' = \dfrac{\mathrm{d}y'}{\mathrm{d}x} = \dfrac{\mathrm{d}p(y)}{\mathrm{d}y} \cdot \dfrac{\mathrm{d}y}{\mathrm{d}x} = p\dfrac{\mathrm{d}p}{\mathrm{d}y}$,将其代入方程 $y'' = f(y, y')$,得

$$p\dfrac{\mathrm{d}p}{\mathrm{d}y} = f(y, p).$$

这时得到已降阶的关于 y, p 的一阶微分方程.如果能求出其解为 $p = \varphi(y, C_1)$,则由 $\dfrac{\mathrm{d}y}{\mathrm{d}x} = \varphi(y, C_1)$ 可求出原方程的通解.

四、二阶常系数线性微分方程

形如 $y'' + py' + qy = f(x)$ 的微分方程,其中 p、q 为常数,函数 y 及其一、二阶导数 y'、y'' 都是一次的(线性),称为二阶常系数线性微分方程.$f(x)$ 称为自由项.

1. 二阶常系数线性齐次微分方程

1) 标准方程

形如 $y'' + py' + qy = 0$ 的方程,其中 p, q 为已知常数,称为二阶常系数线性齐次微分方程的标准方程.

2) 解的结构

设 $y_1(x), y_2(x)$ 为标准方程的两个线性无关的特解,则 $y = C_1 y_1 + C_2 y_2$ 为方程的通解,其中 C_1, C_2 为任意常数.当 $y_1(x)/y_2(x) \neq$ 常数时,称 $y_1(x), y_2(x)$ 线性无关.

3) 求解方法

对应于标准方程的代数方程

$$r^2 + pr + q = 0$$

称为标准方程的特征方程.特征方程的根称为标准方程的特征根.

设 r_1, r_2 是标准方程的两个特征根,则:

(1) 当 r_1, r_2 为相异实根时,标准方程的通解为

$$y = C_1 e^{r_1 x} + C_2 e^{r_2 x},$$
其中 C_1, C_2 为任意常数；

(2) 当 r_1, r_2 为相等实根时，方程的通解为
$$y = (C_1 + C_2 x) e^{r_1 x},$$
其中 C_1, C_2 为任意常数；

(3) 当 $r_{1,2} = \alpha \pm i\beta$ 时，方程的通解为
$$y = e^{\alpha x}(C_1 \cos\beta x + C_2 \sin\beta x),$$
其中 C_1, C_2 为任意常数.

2. 二阶常系数线性非齐次微分方程

1) 标准方程

形如 $y'' + py' + qy = f(x)$ 的方程，称为二阶常系数线性非齐次微分方程的标准方程. 其中 p, q 为已知常数，自由项 $f(x)$ 为已知函数.

2) 解的结构

若 $C_1 y_1 + C_2 y_2$ 为方程 $y'' + py' + qy = 0$ 的通解，而 y^* 为方程 $y'' + py' + qy = f(x)$ 的一个特解，则
$$y = C_1 y_1 + C_2 y_2 + y^*$$
为方程 $y'' + py' + qy = f(x)$ 的通解.

3) 特解求法 —— 待定系数法

(1) $f(x) = P_m(x) e^{\lambda x}$，其中 $P_m(x)$ 为 x 的 m 次多项式，则标准方程的特解可设为
$$y^* = x^k Q_m(x) e^{\lambda x},$$
其中 $Q_m(x)$ 是 x 的 m 次待定多项式，且
$$k = \begin{cases} 0, & (\lambda \text{ 不是特征根}), \\ 1, & (\lambda \text{ 为单特征根}), \\ 2, & (\lambda \text{ 为二重特征根}). \end{cases}$$

(2) $f(x) = P_m(x) e^{\alpha x} \cos\beta x$ 或 $f(x) = P_m(x) e^{\alpha x} \sin\beta x$，其中 $P_m(x)$ 是 x 的多项式，α, β 为实数.

要求特解，先构造新的微分方程
$$y'' + py' + qy = P_m(x) e^{\alpha x}(\cos\beta x + i\sin\beta x),$$
由欧拉公式，有
$$e^{\alpha x}(\cos\beta x + i\sin\beta x) = e^{(\alpha + i\beta)x},$$
于是新构造的微分方程可表示为

$$y'' + py' + qy = P_m(x)e^{(\alpha+i\beta)x}.$$

此方程右端形如 $f(x) = P_m(x)e^{\lambda x}$，其中 $\lambda = \alpha + i\beta$ 为复常数，从而特解 $y^* = x^k Q_m(x)e^{\lambda x}$，$k$ 由 λ 不是特征方程的根或是特征方程的根（只能取单根）取 0 或 1.

再由欧拉公式，若 $y^* = y_1^* + iy_2^*$，则实部 y_1^* 是微分方程

$$y'' + py' + qy = P_m(x)e^{\alpha x}\cos\beta x$$

的特解，虚部 y_2^* 是微分方程

$$y'' + py' + qy = P_m(x)e^{\alpha x}\sin\beta x$$

的特解.

典型例题分析

【例 1】 验证函数 $y = \sin x - 1 + Ce^{-\sin x}$ 是微分方程 $\dfrac{\mathrm{d}y}{\mathrm{d}x} + y\cos x = \dfrac{1}{2}\sin 2x$ 的解.

【证】 $y = \sin x - 1 + Ce^{-\sin x}$，两边同时对 x 求导，得

$$\frac{\mathrm{d}y}{\mathrm{d}x} = \cos x - Ce^{-\sin x} \cdot \cos x.$$

将上面的结果代入微分方程左端，有

$$\begin{aligned}\frac{\mathrm{d}y}{\mathrm{d}x} + y\cos x &= \cos x - Ce^{-\sin x} \cdot \cos x + \sin x \cdot \cos x - \cos x + Ce^{-\sin x} \cdot \cos x \\ &= \sin x \cdot \cos x \\ &= \frac{1}{2}\sin 2x,\end{aligned}$$

可见 $y = \sin x - 1 + Ce^{-\sin x}$ 是 $\dfrac{\mathrm{d}y}{\mathrm{d}x} + y\cos x = \dfrac{1}{2}\sin 2x$ 的解.

【例 2】 在一个含有电阻 R、电容 C 和电源 E 的 RC 串联回路中，由回路电流定律知，电容上的电量 Q 满足以下微分方程

$$\frac{\mathrm{d}Q}{\mathrm{d}t} + \frac{1}{RC}Q = \frac{E}{R}.$$

若回路中有电源 $400\cos 2t$ V，电阻 $100\ \Omega$，电容 0.01 F，电容上没有初始电量，求在任意时刻 t 电路中的电流.

【解】 （1）建立微分方程.

先求电量 Q. 依题意，$E = 400\cos 2t$ V，$R = 100\ \Omega$，$C = 0.01$ F. 将其代入 RC 回路中电量 Q 应满足的微分方程，得

$$\frac{\mathrm{d}Q}{\mathrm{d}t} + Q = 4\cos 2t,$$

初始条件为 $Q|_{t=0} = 0$.

（2）求通解.

此方程为一阶线性微分方程，应用公式

$$y = \mathrm{e}^{-\int p(x)\mathrm{d}x}\left(\int q(x)\mathrm{e}^{\int p(x)\mathrm{d}x}\mathrm{d}x + C\right)$$

得

$$Q = C\mathrm{e}^{-t} + \frac{8}{5}\sin 2t + \frac{4}{5}\cos 2t.$$

（3）求 Q 满足初始条件的方程.

将 $t = 0, Q = 0$ 代入上式，有

$$0 = C\mathrm{e}^{-0} + \frac{8}{5}\sin(2\times 0) + \frac{4}{5}\cos(2\times 0),$$

解之，得

$$C = -\frac{4}{5}.$$

于是

$$Q = -\frac{4}{5}\mathrm{e}^{-t} + \frac{8}{5}\sin 2t + \frac{4}{5}\cos 2t.$$

（4）由电流与电量关系求电流表达式.

因为 $I = \dfrac{\mathrm{d}Q}{\mathrm{d}t}$，所以

$$I = \frac{\mathrm{d}Q}{\mathrm{d}t} = \frac{4}{5}\mathrm{e}^{-t} + \frac{16}{5}\cos 2t - \frac{8}{5}\sin 2t.$$

【例 3】 求微分方程 $2(xy + x)y' = y$ 的通解.

【解】 这是一个可分离变量的一阶微分方程. 把方程改写为

$$2x(y+1)\frac{\mathrm{d}y}{\mathrm{d}x} = y,$$

分离变量，得

$$\frac{y+1}{y}\mathrm{d}y = \frac{\mathrm{d}x}{2x},$$

两边积分，得

$$y + \ln|y| = \frac{1}{2}\ln|x| + \frac{1}{2}\ln C_1 \left(\text{用}\frac{1}{2}\ln C_1 \text{ 表示任意常数，以便简化}\right),$$

即

$$2y = \ln\frac{|x|}{y^2} + \ln C_1, \quad e^{2y} = C_1\frac{|x|}{y^2},$$

亦即通解为 $y^2 e^{2y} = Cx$(其中 $C = \pm C_1$,C 为任意常数).

【例 4】 求微分方程 $ye^{x+y}dy = dx$ 的通解.

【解】 将原方程改写为

$$ye^x \cdot e^y \cdot dy = dx,$$

分离变量,得

$$ye^y dy = e^{-x} dx,$$

两边积分,得

$$\int y \cdot e^y \cdot dy = -e^{-x},$$

对左端用分部积分法积分,得

$$ye^y - e^y = -e^{-x} + C,$$

即通解为 $e^y(y-1) = C - e^{-x}$.

【例 5】 求微分方程 $y' = (x-y+1)^2 + x - y$ 的通解.

【解】 设 $u = x - y + 1$,即 $y = x - u + 1$. 于是,

$$\frac{dy}{dx} = 1 - \frac{du}{dx},$$

将其代入原微分方程,有

$$1 - \frac{du}{dx} = u^2 + u - 1, \quad -\frac{du}{dx} = u^2 + u - 2.$$

分离变量,得

$$\frac{-du}{u^2 + u - 2} = dx,$$

即

$$\frac{-1}{3}\left(\frac{1}{u-1} - \frac{1}{u+2}\right)du = dx,$$

两边积分,得

$$\ln\left|\frac{u-1}{u+2}\right| = -3x + C_1,$$

$$\frac{u-1}{u+2} = \pm e^{C_1} \cdot e^{-3x} = Ce^{-3x},$$

解出 u,得

$$u = \frac{1 + 2Ce^{-3x}}{1 - Ce^{-3x}}.$$

亦即 $y = x + 1 - \dfrac{1 + 2Ce^{-3x}}{1 - Ce^{-3x}}$,其中 $C = \pm e^{C_1}$,且 C 为任意常数.

【例6】 求解线性微分方程 $x\dfrac{\mathrm{d}y}{\mathrm{d}x} - 3y = x^4$.

【解法1】 (1) 先求齐次方程 $x\dfrac{\mathrm{d}y}{\mathrm{d}x} - 3y = 0$ 的通解.

分离变量,得
$$\frac{\mathrm{d}y}{y} = 3\frac{\mathrm{d}x}{x},$$
两边积分,得
$$\ln|y| = \ln|x^3| + C_1,$$
从而得齐次方程的通解为 $y = Cx^3 (\ln C = C_1)$.

(2) 用常数变易法求 $C(x)$.

设原非齐次方程的解为
$$y = C(x)x^3,$$
对 x 求导,得
$$\frac{\mathrm{d}y}{\mathrm{d}x} = C'(x)x^3 + 3C(x)x^2,$$
将上式代入原方程得
$$C'(x)x^4 + 3C(x)x^3 - 3C(x)x^3 = x^4,$$
即有
$$C'(x) = 1, \quad C(x) = x + C.$$

(3) 求非齐次方程的通解.

将 $C(x)$ 代入齐次方程的通解中得 $y = (x + C)x^3$,其中 C 为任意常数.

【解法2】 直接利用一阶线性非齐次方程的通解公式求解本题.

一阶线性微分方程的标准形式为 $\dfrac{\mathrm{d}y}{\mathrm{d}x} + p(x) = q(x)$,其通解公式为 $y = \mathrm{e}^{-\int p(x)\mathrm{d}x}\left(\int q(x)\mathrm{e}^{\int p(x)\mathrm{d}x}\mathrm{d}x + C\right)$. 现将本题原方程化为标准形式,有
$$\frac{\mathrm{d}y}{\mathrm{d}x} - \frac{3}{x}y = x^3,$$
即有
$$p(x) = -\frac{3}{x}, \quad q(x) = x^3.$$

因公式中已有任意常数 C,所以在计算通解公式中的那些不定积分时不要再加任意积分常数了,并且可直接利用公式 $\int\dfrac{\mathrm{d}x}{x} = \ln x$,而不必用 $\int\dfrac{\mathrm{d}x}{x} = \ln|x|$,以免去一些琐碎的整理和化简.

于是
$$y = e^{\int \frac{3}{x}dx}\left(\int x^3 e^{-\int \frac{3}{x}dx}dx + C\right)$$
$$= e^{\ln x^3}\left(\int x^3 e^{\ln x^{-3}}dx + C\right)$$
$$= x^3\left(\int x^3 \cdot \frac{1}{x^3}dx + C\right)$$
$$= x^3(x+C),$$

这个结果与前面所得解答相同.

【例 7】 求解线性微分方程 $(1+x^2)dy + 2xydx = \cot x dx$.

【解】 原方程可化为 $(1+x^2)\dfrac{dy}{dx} + 2xy = \cot x$.

(1) 求对应齐次方程的解.

齐次方程为
$$(1+x^2)\frac{dy}{dx} + 2xy = 0,$$

分离变量,得
$$\frac{dy}{y} = -\frac{2x}{1+x^2}dx,$$

两边积分,得
$$\ln|y| = -\ln(1+x^2) + \ln C_1,$$

故
$$y = \frac{C}{1+x^2} \quad (C = \pm C_1 \text{ 或 } 0),$$

这是齐次方程的通解.

(2) 用常数变易法求 $C(x)$.

设原非齐次方程的解为
$$y = \frac{C(x)}{1+x^2},$$

于是
$$\frac{dy}{dx} = \frac{C'(x)}{1+x^2} - \frac{2xC(x)}{(1+x^2)^2},$$

代入原非齐次方程得
$$(1+x^2)\left[\frac{C'(x)}{1+x^2} - \frac{2xC(x)}{(1+x^2)^2}\right] + 2x\frac{C(x)}{1+x^2} = \cot x,$$

化简得

$$C'(x) = \cot x,$$

于是

$$C(x) = \ln|\sin x| + C,$$

故原方程的通解为

$$y = \frac{1}{1+x^2}[\ln|\sin x| + C],$$

其中 C 为任意常数.

本题同样也可用通解公式求解.

【例8】 求可降阶方程 $xy''' = 2$ 的通解和满足初值条件:$x=1$ 时 $y=1, y'=1, y''=3$ 的特解.

【解】 $xy''' = 2, y''' = \dfrac{2}{x}$,积分得

$$y'' = 2\ln|x| + C, \qquad ①$$

再积分得

$$\begin{aligned}y' &= 2\int \ln|x|\,dx + Cx \\ &= 2\left[x\ln|x| - \int x \cdot \frac{1}{x}dx\right] + Cx \\ &= 2x\ln|x| - 2x + Cx + k_1 \\ &= 2x\ln|x| + k_2 x + k_1, \quad k_2 = C-2,\end{aligned} \qquad ②$$

$\left(\text{对}\int \ln|x|\,dx\text{ 用分部积分法,取 }u = \ln|x|, v' = 1.\right)$

再积分得

$$\begin{aligned}y &= 2\int x\ln|x|\,dx + \frac{k_2}{2}x^2 + k_1 x \\ &= 2\left[\frac{x^2}{2}\ln|x| - \frac{1}{2}\int x^2 \cdot \frac{1}{x}dx\right] + \frac{1}{2}k_2 x^2 + k_1 x \\ &= x^2 \ln|x| - \frac{x^2}{2} + \frac{k_2}{2}x^2 + k_1 x + C_1 \\ &= x^2 \ln|x| + C_1 + C_2 x + C_3 x^2,\end{aligned} \qquad ③$$

$\left(\text{仍用分部积分法计算}\int x\ln|x|,\text{取 }u=\ln|x|, v'=x.\right)$

其中 C_1, C_2, C_3 都是任意常数,$C_2 = k_1$,$C_3 = \dfrac{1}{2}(k_2 - 1)$,这就是所求的通解.

由已知条件 $y''(x)|_{x=1} = 3$ 及式 ① 得 $C = 3$.

由已知条件 $y'(x)|_{x=1} = 1$ 及式 ② 得 $1 = -2 + 3 + k_1$,有 $k_1 = 0, k_2 = 1$.

再由条件 $y(x)|_{x=1}=1$ 及式 ③ 得 $1=0-\frac{1}{2}+\frac{1}{2}+0+C_1$，有 $C_1=1, C_2=k_1=0, C_3=\frac{1}{2}(k_2-1)=0$.

于是得满足初始条件的特解为
$$y=x^2\ln|x|+1.$$

【例 9】 求可降阶方程 $xy''=y'+(y')^3$ 的通解.

【解】 这是缺 y 的二阶可降阶方程.

设 $y'=p, y''=\dfrac{\mathrm{d}^2y}{\mathrm{d}x^2}=\dfrac{\mathrm{d}p}{\mathrm{d}x}$，将其代入原方程得
$$x\frac{\mathrm{d}p}{\mathrm{d}x}=p+p^3,$$

分离变量，得
$$\frac{\mathrm{d}p}{p+p^3}=\frac{\mathrm{d}x}{x},$$

积分
$$\int\left(\frac{1}{p}-\frac{p}{p^2+1}\right)\mathrm{d}p=\int\frac{\mathrm{d}x}{x},$$

$$\ln|p|-\frac{1}{2}\ln(p^2+1)=\ln|x|-\ln C_1,$$

$$\frac{p}{\sqrt{p^2+1}}=\pm\frac{x}{C_1},$$

即
$$\frac{(y')^2}{(y')^2+1}=\frac{x^2}{C_1^2},$$

$$(y')^2(C_1^2-x^2)=x^2, \quad \frac{\mathrm{d}y}{\mathrm{d}x}=\frac{\pm x}{\sqrt{C_1^2-x^2}}.$$

先讨论正号情况，两边积分得
$$y=-\sqrt{C_1^2-x^2}+C_2, C_1, C_2 \text{ 为任意常数}.$$

再讨论负号情况，则有
$$y=\sqrt{C_1^2-x^2}+C_2, C_1, C_2 \text{ 为任意常数}.$$

综合考虑，原方程通解可统一为
$$x^2+(y-C_2)^2=C_1^2,$$

其中 C_1, C_2 为任意常数.

【例 10】 求可降阶方程 $y''-k^2y=0$ 的通解.

【解】 这是缺 x 的二阶可降阶方程.

设 $y' = p, y'' = \dfrac{\mathrm{d}^2 y}{\mathrm{d} x^2} = p \dfrac{\mathrm{d} p}{\mathrm{d} y}$,将其代入原方程得

$$p \frac{\mathrm{d} p}{\mathrm{d} y} - k^2 y = 0, \quad p \mathrm{d} p = k^2 y \mathrm{d} y.$$

积分得
$$\frac{1}{2} p^2 = \frac{1}{2} k^2 y^2 + \frac{C}{2},$$

即
$$p^2 = k^2 y^2 + C.$$

$$\frac{\mathrm{d} y}{\mathrm{d} x} = \pm \sqrt{k^2 y^2 + C}, \quad \frac{\mathrm{d} y}{\sqrt{k^2 y^2 + C}} = \pm \mathrm{d} x.$$

(1) 先讨论正号情况:

$$\frac{\mathrm{d} y}{\sqrt{k^2 y^2 + C}} = \mathrm{d} x.$$

积分得

$$\frac{1}{k} \ln |ky + \sqrt{k^2 y^2 + C}| = x + C',$$

$$\left(C' \text{ 为任意常数;使用公式} \int \frac{\mathrm{d} v}{\sqrt{v^2 \pm a^2}} = \ln |v + \sqrt{v^2 \pm a^2}| + C.\right)$$

$$\ln |ky + \sqrt{k^2 y^2 + C}| = kx + kC',$$

$$\sqrt{k^2 y^2 + C} + ky = \pm \mathrm{e}^{kC'} \cdot \mathrm{e}^{kx},$$

$$\sqrt{k^2 y^2 + C} + ky = C_0 \mathrm{e}^{kx}. \qquad ①$$

(记 $C_0 = \pm \mathrm{e}^{kC'}$ 或 0, C_0 为任意常数.)

另一方面

$$\frac{1}{\sqrt{k^2 y^2 + C} + ky} = \frac{\sqrt{k^2 y^2 + C} - ky}{C} = \frac{\mathrm{e}^{-kx}}{C_0},$$

即
$$\sqrt{k^2 y^2 + C} - ky = \frac{C}{C_0} \mathrm{e}^{-kx}, \qquad ②$$

将式①-式②得

$$y = \frac{1}{2k} \left[C_0 \mathrm{e}^{kx} - \frac{C}{C_0} \mathrm{e}^{-kx} \right].$$

亦可表为 $y = C_1 \mathrm{e}^{kx} + C_2 \mathrm{e}^{-kx}$,其 $C_1 = \dfrac{C_0}{2k}, C_2 = -\dfrac{C}{2kC_0}$,是任意常数.

(2) 再讨论负号情况:

$$\frac{\mathrm{d} y}{\sqrt{k^2 y^2 + C}} = -\mathrm{d} x.$$

进行几乎完全重复的运算,最后仍得形如 $y = C_1 e^{kx} + C_2 e^{-kx}$ 的通解,故本题的通解为
$$y = C_1 e^{kx} + C_2 e^{-kx},$$
其中 C_1, C_2 为任意常数.

注意:以上讨论中,取 $k \neq 0$,且认定 $k > 0$.

【例 11】 求下列各常系数二阶线性齐次方程的通解.

(1) $y'' - 5y' + 6y = 0$; (2) $y'' + \beta^2 y = 0$;

(3) $y'' - 8y' + 16y = 0$; (4) $y'' - 4y' + 13y = 0$.

【解】 写各微分方程的特征方程时,把 y'' 换成 r^2,y' 换成 r,y 换成 1,系数照抄.

(1) 作原方程的特征方程
$$r^2 - 5r + 6 = 0,$$
即
$$(r-2)(r-3) = 0,$$
它的根是 $r_1 = 2, r_2 = 3$,为两个不同实根.

故原方程的通解为
$$y = C_1 e^{2x} + C_2 e^{3x}, C_1, C_2 \text{ 为任意常数}.$$

(2) 作原方程的特征方程
$$r^2 + \beta^2 = 0,$$
它的根是 $r_1 = i\beta, r_2 = -i\beta$,为一对共轭虚根.

故原方程的通解为
$$y = C_1 \cos\beta x + C_2 \sin\beta x, C_1, C_2 \text{ 为任意常数}.$$

(3) 作原方程的特征方程
$$r^2 - 8r + 16 = 0,$$
即
$$(r-4)^2 = 0,$$
它的根是 $r_1 = r_2 = 4$,是二重实根.

故原方程的通解为
$$y = (C_1 + C_2 x) e^{4x}, C_1, C_2 \text{ 为任意常数}.$$

(4) 作原方程的特征方程
$$r^2 - 4r + 13 = 0,$$
它的两个根是 $r_{1,2} = \dfrac{4 \pm \sqrt{16-52}}{2} = 2 \pm 3i$,是一对共轭复根.

故原方程的通解为

$$y = e^{2x}(C_1\cos 3x + C_2\sin 3x), C_1, C_2 \text{ 为任意常数}.$$

【例 12】 求常系数二阶线性非齐次方程 $y'' - 7y' + 6y = xe^{5x}$ 的通解.

【解】 (1) 求原方程对应的齐次方程的通解 Y.

齐次方程 $y'' - 7y' + 6y = 0$,特征方程为
$$r^2 - 7r + 6 = 0, \quad (r-6)(r-1) = 0,$$
特征方程的两个根为 $r_1 = 6, r_2 = 1$,齐次方程通解 $Y = C_1 e^{6x} + C_2 e^x$.

(2) 设定特解形式.

由于自由项 $f(x) = P_m(x)e^{\lambda x} = P_m(x)e^{5x}$,即 $\lambda = 5$,它不是特征方程的根,$P_m(x) = x$,所以可以假定原非齐次方程的特解具有形式 $y^* = Q(x)e^{\lambda x} = (b_0 x + b_1)e^{5x}$.

(3) 确定多项式 $Q(x) = b_0 x + b_1$ 及特解 y^*.

根据教材中式(9.4.10)
$$Q''(x) + (2\lambda + p)Q'(x) + (\lambda^2 + p\lambda + q)Q(x) = P_m(x)$$
有
$$0 + (2\times 5 - 7)(b_0) + (5^2 - 7\times 5 + 6)(b_0 x + b_1) = x,$$
即
$$-4b_0 x - 4b_1 + 3b_0 = x,$$
所以
$$\begin{cases} -4b_0 = 1, \\ -4b_1 + 3b_0 = 0, \end{cases}$$
$$b_0 = -\frac{1}{4}, \quad b_1 = -\frac{3}{16}.$$

故多项式
$$Q(x) = b_0 x + b_1 = -\frac{1}{4}x - \frac{3}{16}.$$

得一特解
$$y^* = -\left(\frac{x}{4} + \frac{3}{16}\right)e^{5x}.$$

原方程的通解为
$$y = Y + y^* = C_1 e^{6x} + C_2 e^x - \left(\frac{x}{4} + \frac{3}{16}\right)e^{5x},$$
其中 C_1, C_2 为任意常数.

【例 13】 求微分方程 $y'' - 4y' + 4y = \sin 2x$ 的通解.

【解】 (1) 求对应齐次方程的通解 Y.

特征方程为

$$r^2 - 4r + 4 = 0, \quad (r-2)^2 = 0, \quad r_1 = r_2 = 2,$$

故通解为 $Y = (C_1 + C_2 x)e^{2x}$，C_1, C_2 为任意常数.

(2) 设 $y'' - 4y' + 4 = e^{i2x}$ 的特解形式.

因 $y'' - 4y' + 4 = e^{i2x}$ 中 e^{i2x} 的 $2i$ 不是特征方程的根，故设此方程具有 $y^* = Ae^{i2x}$ 的特解.

(3) 确定 $A(=Q)$ 及特解.

根据教材中式(9.4.10)

$$Q''(x) + (2\lambda + p)Q'(x) + (\lambda^2 + p\lambda + q)Q(x) = P_m(x),$$

此处左端第一、二两项为 0，$\lambda = 2i$，$P_m(x) = 1$，得

$$0 + 0 + (-4 - 8i + 4)A = 1,$$

所以

$$A = \frac{1}{-8i} = \frac{1}{8}i.$$

故特解

$$y^* = Ae^{i2x} = \frac{1}{8}i(\cos 2x + i\sin 2x)$$

$$= \frac{i}{8}\cos 2x - \frac{1}{8}\sin 2x$$

$$= y_1^* + iy_2^*.$$

于是 y^* 的虚部

$$y_2^* = \frac{1}{8}\cos 2x$$

是所给原方程 $y'' - 4y' + 4 = \sin 2x$ 的特解.

本题要求的通解为

$$y = (C_1 + C_2 x)e^{2x} + \frac{1}{8}\cos 2x,$$

其中 C_1, C_2 为任意常数.

同步训练题

1. 选择题.

(1) 下列各选项中函数不是所给微分方程的解的是（　　）.

A. $yy' = x - 2x^3, y = x\sqrt{1-x^2}$

B. $y'' = x^2 + y^2, y = \sin x$

C. $(x-y)dx + xdy = 0, y = x(C - \ln x)$ (C 为常数)

D. $\begin{cases} \cos x \cdot \sin y dy = \cos y \sin x dx, \\ y(0) = \dfrac{\pi}{4}, \cos y - \dfrac{\sqrt{2}}{2}\cos x = 0 \end{cases}$

(2) 下列各微分方程中是线性方程的是( ).

A. $x(y')^2 - 2yy' + x = 0$ B. $(y'')^3 + 5(y')^4 - y^5 + x^7 = 0$

C. $xy''' + 2y'' + x^2 y = 0$ D. $(x^2 - y^2)dx + (x^2 + y^2)dy = 0$

(3) 微分方程 $y'' = y'$ 的通解为( ).

A. $y = C_1 x + C_2 e^x$ B. $y = C_1 + C_2 e^x$

C. $y = C_1 + C_2 x$ D. $y = C_1 x + C_2 x^2$

(4) 对于微分方程 $y'' + y = \sin x$，利用待定系数法求其特解 y^* 时，下面的特解设法正确的是( ).

A. $y^* = a\sin x$ B. $y^* = a\cos x$

C. $y^* = x(a\sin x + b\cos x)$ D. $y^* = a\sin x + b\cos x$

2. 填空题.

(1) 微分方程 $xyy' = 1 - x^2$ 的通解是_____.

(2) 二阶常系数线性齐次微分方程 $y'' + y' - 2y = 0$ 的通解为_____.

(3) 二阶常系数线性齐次微分方程 $y'' + 2y = 0$ 的通解为_____.

(4) 二阶常系数线性齐次微分方程 $y'' - 2y' + y = 0$ 的通解为_____.

3. 求下列各微分方程的通解.

(1) $xy' - y\ln y = 0$； (2) $3x^2 + 5x - 5y' = 0$；

(3) $x\sec ydx + (x+1)dy = 0$； (4) $\cos y + x \cdot \sin y \cdot y' = 0$.

4. 求下列满足初始条件的微分方程的特解.

(1) $(1 + e^x)yy' = e^x, y|_{x=1} = 1$； (2) $(\ln y)^2 y' = \dfrac{y}{x^2}, y|_{x=2} = 1$；

(3) $xy' + y = y^2, y|_{x=1} = 0.5$； (4) $y' = y, y|_{x=0} = 3$.

5. 求下列微分方程的通解.

(1) $y' = \dfrac{y}{x} + e^{y/x}$； (2) $y' = \dfrac{y}{y - x}$；

(3) $xy' - x\sin\dfrac{y}{x} - y = 0$； (4) $y' + \dfrac{y}{x} - \sin x = 0$.

6. 求下列微分方程的通解.

(1) $y'' + y' - 2y = 0$； (2) $y'' - 4y' = 0$；

(3) $y'' - 2y' + y = 0$； (4) $y'' - 9y = 0$.

7. 求下列微分方程的通解.

(1) $2y'' + y' - y = 2e^x$;   (2) $y'' + 5y' + 4y = 3x^2 + 1$;

(3) $y'' + 4y' + 4y = 4$;   (4) $y'' - 2y' + 5y = \cos 2x$.

8. 设将质量为 m 的物体在空气中以初速度 v_0 竖直上抛,且空气阻力为 c^2v^2(c 为常数),求在上升过程中速度与时间的函数关系.

参考答案

1. (1) B.   (2) C.   (3) C.   (4) C.

2. (1) $x^2 + y^2 = 2\ln x + C$.   (2) $y = C_1 e^x + C_2 e^{-2x}$.

     (3) $y = C_1 \cos\sqrt{2}x + C_2 \sin\sqrt{2}x$.   (4) $y = (C_1 + C_2 x)e^x$.

3. (1) $y = e^{Cx}$.   (2) $y = \dfrac{x^3}{5} + \dfrac{x^2}{2} + C$.

     (3) $x + 1 = Ce^{x+\sin y}$.   (4) $\cos y = Cx$.

4. (1) $y^2 = 2\ln(1 + e^x) + 1 - 2\ln(1 + e)$.   (2) $2x\ln^3 y - 3x + 6 = 0$.

     (3) $xy + y - 1 = 0$.   (4) $y = 3e^x$.

5. (1) $e^{-\frac{y}{x}} + \ln x + C = 0$.   (2) $y^2 - 2xy = C$.

     (3) $\tan\dfrac{y}{2x} = Cx$.   (4) $y = -\cos x + \dfrac{1}{x}\sin x + \dfrac{C}{x}$.

6. (1) $y = C_1 e^x + C_2 e^{-2x}$.   (2) $y = C_1 + C_2 e^{4x}$.

     (3) $y = (C_1 + C_2 x)e^x$.   (4) $y = C_1 e^{3x} + C_2 e^{-3x}$.

7. (1) $y = C_1 e^{\frac{x}{2}} + C_2 e^{-x} + e^x$.

     (2) $y = C_1 e^{-x} + C_2 e^{-4x} + \dfrac{3}{4}x^2 - \dfrac{15}{8}x + \dfrac{71}{32}$.

     (3) $y = (C_1 + C_2 x)e^{-2x} + 1$.

     (4) $y = e^x(C_1 \cos 2x + C_2 \sin 2x) + \dfrac{1}{17}\cos 2x - \dfrac{4}{17}\sin 2x$.

8. $m\dfrac{dv}{dt} = -mg - c^2 v^2$, $v\big|_{t=0} = v_0$, $v = \dfrac{\sqrt{mg}}{c}\tan\left(\arctan\dfrac{cv_0}{\sqrt{mg}} - c\sqrt{\dfrac{g}{m}}\,t\right)$.

第7章 多元函数微分学

知识要点提示

一、空间直角坐标系

1. 空间直角坐标系

在空间中取一点 O,过点 O 作三条两两相互垂直的数轴,则这三条数轴分别称为 Ox 轴、Oy 轴、Oz 轴,它们统称为坐标轴. Ox 轴,Oy 轴,Oz 轴有相同的长度单位,由这样三个数轴构成的图形称为空间直角坐标系.

2. 空间中点的坐标

设 M 为空间中一点,过点 M 作三个平面分别垂直于 x,y,z 三个坐标轴,它们与坐标轴的交点分别为 P、Q、R,这三点到原点 O 的有向距离分别为 x_0、y_0、z_0,则三元有序数组 (x_0,y_0,z_0) 即为点 M 在空间直角坐标系中的坐标.

二、空间两点的距离公式

设两点 $M_1(x_1,y_1,z_1)$,$M_2(x_2,y_2,z_2)$,则
$$|M_1M_2| = \sqrt{(x_2-x_1)^2+(y_2-y_1)^2+(z_2-z_1)^2}.$$

三、空间曲面

1. 二次曲面及其方程

若某个曲面 S 上的点与三元方程 $F(x,y,z)$ 有如下关系:
(1) 曲面上的任一点的坐标都满足方程;
(2) 不在曲面 S 上的点都不满足这个方程,

那么这个方程叫做曲面 S 的方程,而曲面 S 是这个方程对应的图形.

2. 球面

设点 $M_0(x_0,y_0,z_0)$ 为球心,R 为半径,则球面方程为 $(x-x_0)^2+(y-y_0)^2+(z-z_0)^2=R^2$.

3. 母线平行于坐标轴的柱面方程

$f(x,y)=0, f(y,z)=0, f(x,z)=0$ 分别表示母线平行于 z 轴,x 轴,y 轴的柱面方程.

4. 旋转曲面

(1) 在 yOz 平面上的曲线 $l:\begin{cases}f(y,z)=0,\\ x=0\end{cases}$ 绕 z 轴旋转一周得到的旋转曲面方程为 $f(\pm\sqrt{x^2+y^2},z)=0$.

(2) 在 yOz 平面上的曲线 $l:\begin{cases}f(y,z)=0,\\ x=0\end{cases}$ 绕 y 轴旋转一周得到的旋转曲面方程为 $f(y,\pm\sqrt{x^2+z^2})=0$.

5. 常见的二次曲面

1) 椭球面

$$\frac{x^2}{a^2}+\frac{y^2}{b^2}+\frac{z^2}{c^2}=1.$$

2) 单叶双曲面

$$\frac{x^2}{a^2}+\frac{y^2}{b^2}-\frac{z^2}{c^2}=1.$$

3) 双叶双曲面

$$-\frac{x^2}{a^2}+\frac{y^2}{b^2}-\frac{z^2}{c^2}=1.$$

4) 抛物面

$$z=\frac{x^2}{2p}+\frac{y^2}{2q}.$$

5) 双曲抛物面

$$z = \frac{x^2}{2p} - \frac{y^2}{2q}.$$

6) (椭圆)锥面

$$\frac{x^2}{a^2} + \frac{y^2}{b^2} - \frac{z^2}{c^2} = 0.$$

7) (椭圆)柱面

$$\frac{x^2}{a^2} + \frac{y^2}{b^2} = 1.$$

8) (双曲)柱面

$$\frac{x^2}{a^2} - \frac{y^2}{b^2} = 1.$$

9) (抛物)柱面

$$y^2 = 2px.$$

四、二元函数的定义和几何意义

1. 二元函数的定义

设 x,y 和 z 是三个变量,D 是一个给定的非空数对集。若对于每一数对 $(x,y) \in D$,按照某一确定的对应法则 f,变量 z 总有唯一确定的数值与之对应,则称 z 是 x,y 的函数,记为

$$z = f(x,y), \quad (x,y) \in D,$$

其中,x,y 称为自变量,z 称为因变量;数对集 D 称为该函数的定义域。定义域 D 是自变量 x,y 的取值范围,也就是使函数 $z = f(x,y)$ 有意义的数对集。

二元以及二元以上的函数统称为多元函数。

2. 二元函数的几何意义

对函数 $z = f(x,y),(x,y) \in D,D$ 是平面 xOy 上的区域,给定 D 中一点 $P(x,y)$,就有一个实数 z 与之对应,从而就可确定空间一点 $M(x,y,z)$。当点 P 在区域 D 中移动,并经过 D 中所有点时,与之对应的动点 M 就在空间形成一张曲面,二元函数 $z = f(x,y),(x,y) \in D$,其图形是空间直角坐标系下一张空间曲面;该

曲面在平面 xOy 上的投影区域就是该函数的定义域 D.

五、二元函数的极限与连续

1. 二元函数的极限

设函数 $z=f(x,y)$ 在点 $P_0(x_0,y_0)$ 的某去心邻域内有定义,若点 $P(x,y)$ 以任意方式趋于点 $P_0(x_0,y_0)$ 时,函数 $f(x,y)$ 总无限接近于常数 A,则称函数 $f(x,y)$ 当 (x,y) 趋于 (x_0,y_0) 时以 A 为极限,记为

$$\lim_{\substack{x\to x_0\\y\to y_0}} f(x,y) = A \quad 或 \quad \lim_{\rho\to 0} f(x,y) = A,$$

其中,$\rho = |PP_0| = \sqrt{(x-x_0)^2+(y-y_0)^2}$ 表示点 P 与点 P_0 之间的距离.

2. 二元函数的连续性

设函数 $z=f(x,y)$ 在点 $P_0(x_0,y_0)$ 的某邻域内有定义,若

$$\lim_{\substack{x\to x_0\\y\to y_0}} f(x,y) = f(x_0,y_0),$$

则称函数 $f(x,y)$ 在点 (x_0,y_0) 处连续,称点 (x_0,y_0) 为函数的连续点.

六、二元函数的极值

1. 无条件极值

1) 极值存在的必要条件

如果函数 $f(x,y)$ 在点 (x_0,y_0) 处存在一阶偏导数,则

$$f'_x(x_0,y_0) = 0, \quad f'_y(x_0,y_0) = 0.$$

2) 极值存在的充分条件

如果函数 $z=f(x,y)$ 在点 (x_0,y_0) 的某一邻域内有二阶连续偏导数,且 $f'_x(x_0,y_0)=0, f'_y(x_0,y_0)=0$,记为 $A=f''_{xx}(x_0,y_0), B=f''_{xy}(x_0,y_0), C=f''_{yy}(x_0,y_0)$,具有下述结论:

① 当 $B^2-AC<0$,且 $A<0$ 时,$f(x_0,y_0)$ 是极大值;

② 当 $B^2-AC<0$,且 $A>0$ 时,$f(x_0,y_0)$ 是极小值;

③ 当 $B^2-AC>0$,$f(x_0,y_0)$ 不是极值;

④ 当 $B^2-AC=0$ 时,不能判定 $f(x_0,y_0)$ 是否为极值,这时还需另作讨论.

2. 条件极值

求函数 $f(x,y)$ 在自变量满足 $g(x,y)=0$ 时的极值问题,其中 $g(x,y)=0$ 称为约束条件或约束方程.

七、偏导数和全微分

1. 全增量

$$\Delta z = f(x_0+\Delta x, y_0+\Delta y) - f(x_0, y_0).$$

2. 偏增量

$$\Delta z_x = f(x_0+\Delta x, y_0) - f(x_0, y_0),$$
$$\Delta z_y = f(x_0, y_0+\Delta y) - f(x_0, y_0).$$

3. 偏导数

$$z'_x(x_0,y_0) \quad \text{或} \quad \left.\frac{\partial z}{\partial x}\right|_{(x_0,y_0)};$$
$$z'_y(x_0,y_0) \quad \text{或} \quad \left.\frac{\partial z}{\partial y}\right|_{(x_0,y_0)}.$$

4. 高阶偏导数

$$\frac{\partial^2 z}{\partial x^2} = \frac{\partial}{\partial x}\left(\frac{\partial z}{\partial x}\right) = f''_{xx}(x,y) = z''_{xx},$$
$$\frac{\partial^2 z}{\partial x \partial y} = \frac{\partial}{\partial y}\left(\frac{\partial z}{\partial x}\right) = f''_{xy}(x,y) = z''_{xy},$$
$$\frac{\partial^2 z}{\partial y \partial x} = \frac{\partial}{\partial x}\left(\frac{\partial z}{\partial y}\right) = f''_{yx}(x,y) = z''_{yx},$$
$$\frac{\partial^2 z}{\partial y^2} = \frac{\partial}{\partial y}\left(\frac{\partial z}{\partial y}\right) = f''_{yy}(x,y) = z''_{yy}.$$

5. 全微分

$$\mathrm{d}z = \frac{\partial z}{\partial x}\mathrm{d}x + \frac{\partial z}{\partial y}\mathrm{d}y.$$

八、复合函数与隐函数的微分法

1. 复合函数的微分法

$$\frac{\mathrm{d}z}{\mathrm{d}x} = \frac{\partial z}{\partial u} \cdot \frac{\mathrm{d}u}{\mathrm{d}x} + \frac{\partial z}{\partial v} \cdot \frac{\mathrm{d}v}{\mathrm{d}x}.$$

2. 隐函数的微分法

$$\frac{\mathrm{d}y}{\mathrm{d}x} = -\frac{F'_x}{F'_y}, \quad \frac{\partial z}{\partial x} = -\frac{F'_x}{F'_z}, \quad \frac{\partial z}{\partial y} = -\frac{F'_y}{F'_z}.$$

典型例题分析

【例1】 求证以 $M_1(4,3,1), M_2(7,1,2), M_3(5,2,3)$ 三点为顶点的三角形是一个等腰三角形.

【证】 由空间两点距离公式得

$$|M_1M_2|^2 = (7-4)^2 + (1-3)^2 + (2-1)^2 = 14,$$
$$|M_2M_3|^2 = (5-7)^2 + (2-1)^2 + (3-2)^2 = 6,$$
$$|M_3M_1|^2 = (4-5)^2 + (3-2)^2 + (1-3)^2 = 6.$$

因为 $|M_2M_3| = |M_3M_1|$,所以 $\triangle M_1M_2M_3$ 为等腰三角形.

【例2】 在 z 轴上求与点 $A(-4,1,7)$ 和点 $B(3,5,-2)$ 等距离的点.

【解】 设所求点为 M,因为点 M 在 z 轴上,所以该点为 $M(0,0,z)$,依题意有

$$|MA| = |MB|,$$

即

$$\sqrt{(0+4)^2 + (0-1)^2 + (z-7)^2} = \sqrt{(3-0)^2 + (5-0)^2 + (-2-z)^2},$$

两边去根号,解得 $z = \dfrac{14}{9}$,所以所求点为 $M\left(0,0,\dfrac{14}{9}\right)$.

【例3】 已知一球面的球心为 $P_0(1,4,-7)$,且该球面与平面 $6x+6y-7z+42=0$ 相切,试求此球面的方程.

【解】 由题意,点 $P_0(1,4,-7)$ 到平面 $6x+6y-7z+42=0$ 的距离恰好是此球面的半径 R,利用点到平面的距离公式得

$$R = \frac{|6 \times 1 + 6 \times 4 - 7 \times (-7) + 42|}{\sqrt{36+36+49}} = 11,$$

故此球面方程为$(x-1)^2+(y-4)^2+(z+7)^2=121$.

【例4】 求下列柱面方程.

(1) 母线平行于 x 轴,准线为 $\begin{cases} \dfrac{x^2}{4}+\dfrac{y^2}{9}+z^2=1, \\ x=1; \end{cases}$

(2) 母线平行于 z 轴,准线为 $\begin{cases} \dfrac{x^2}{4}+\dfrac{y^2}{9}+z^2=1, \\ x+y+z=1. \end{cases}$

【解】 (1) 由题意可知,将 $x=1$ 代入方程 $\dfrac{x^2}{4}+\dfrac{y^2}{9}+z^2=1$ 得 $\dfrac{y^2}{9}+z^2=\dfrac{3}{4}$,此即为所求柱面方程.

(2) 由方程 $x+y+z=1$ 得 $z=1-(x+y)$,代入方程 $\dfrac{x^2}{4}+\dfrac{y^2}{9}+z^2=1$ 中,得到 $\dfrac{x^2}{4}+\dfrac{y^2}{9}+(1-x-y)^2=1$,整理得 $\dfrac{5}{4}x^2+\dfrac{10}{9}y^2+2xy-2x-2y=0$,此即为所求.

【例5】 求下列旋转曲面方程:

(1) 以 $\begin{cases} 1-z=y^2, \\ x=0 \end{cases}$ 为母线,绕 z 轴旋转一周;

(2) 以 $\begin{cases} x^2-y^2=1, \\ z=0 \end{cases}$ 为母线,分别绕 x 轴、y 轴旋转一周.

【解】 (1) 以 x^2+y^2 代替 y^2 可得,所求旋转曲面方程为 $1-z=x^2+y^2$,此曲面为旋转抛物面.

(2) 以 y^2+z^2 代替 y^2 得:$x^2-(y^2+z^2)=1$ 为所给曲线绕 x 轴旋转一周的旋转曲面方程. 以 x^2+z^2 代替 x^2 得:$x^2+z^2-y^2=1$ 为所给曲线绕 y 轴旋转一周的旋转曲面方程.

【例6】 若 $f(x,y)=\sqrt{x^4+y^4}-2xy$,求证
$$f(tx,ty)=t^2f(x,y).$$

【证】 将二元函数 $f(x,y)$ 中的两个自变量分别替换成 tx 和 ty,再计算出结果.

因为
$$f(x,y)=\sqrt{x^4+y^4}-2xy,$$
所以
$$f(tx,ty)=\sqrt{(tx)^4+(ty)^4}-2(txty)$$

$$= t^2\sqrt{x^4+y^4} - 2t^2 xy$$
$$= t^2(\sqrt{x^4+y^4} - 2xy)$$
$$= t^2 f(x,y).$$

【例 7】 求二元函数 $z = \sqrt{4-x^2-y^2} + \dfrac{1}{\sqrt{x^2+y^2-1}}$ 的定义域并用图形表示出来.

【解】 由已知函数可知,自变量 x,y 应满足条件
$$\begin{cases} 4-x^2-y^2 \geqslant 0, \\ x^2+y^2-1 > 0, \end{cases}$$
即
$$\begin{cases} x^2+y^2 \leqslant 4, \\ x^2+y^2 > 1. \end{cases}$$
于是该二元函数的定义域为 $\{(x,y) \mid 1 < x^2+y^2 \leqslant 4\}$,用图 7-1 中的阴影部分表示.

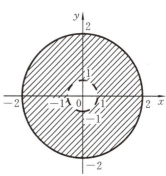

图 7-1

【例 8】 已知 $f(x+y, x-y) = x^2 - y^2$,求 $f(x,y)$.

【解】 令 $x+y = u, x-y = v$,则可得到 $x = \dfrac{u+v}{2}, y = \dfrac{u-v}{2}$. 将其代入原式得
$$f(u,v) = \left(\dfrac{u+v}{2}\right)^2 - \left(\dfrac{u-v}{2}\right)^2 = uv,$$
即
$$f(x,y) = xy.$$

【例 9】 令 $f(x,y) = \dfrac{xy}{x^2+y^2}$,求 $f\left(\dfrac{y}{x}, 1\right)$.

【解】 令 $\dfrac{y}{x} = u, v = 1$,则由原式知
$$f(u,v) = \dfrac{uv}{u^2+v^2} = \dfrac{u}{u^2+1} = \dfrac{\dfrac{y}{x}}{\left(\dfrac{y}{x}\right)^2+1} = \dfrac{xy}{x^2+y^2}.$$

【例 10】 已知 $f(x,y) = \ln\left(x + \dfrac{y}{2x}\right)$,求 $f'_y(1,0)$.

【解】 本题中的二元函数是一个复合函数,根据复合函数求导法则,先把 $x + \dfrac{y}{2x}$ 看成一个整体,即得

$$f'_y(x,y) = \left[\ln\left(x+\frac{y}{2x}\right)\right]'_y$$
$$= \frac{1}{x+\frac{y}{2x}} \cdot \left(x+\frac{y}{2x}\right)'_y$$
$$= \frac{2x}{2x^2+y} \cdot \frac{1}{2x}$$
$$= \frac{1}{2x^2+y},$$

将 $x=1, y=0$ 代入得

$$f'_y(1,0) = \frac{1}{2}.$$

【例 11】 求下列各函数的一阶偏导数.

(1) $z = \tan^2\left(\frac{y}{x}\right)$； (2) $z = xy\ln(x+y).$

【解】 (1) 在求一阶偏导数时,把 $\frac{y}{x}$ 看成一个整体;(2) 由 x 和 y 的对称关系,求出一个,即可得到另一个变量的偏导数.

(1) $z'_x = \left(\tan^2\frac{y}{x}\right)'_x$
$$= 2\tan\frac{y}{x} \cdot \left(\tan\frac{y}{x}\right)'_x$$
$$= 2\tan\frac{y}{x} \cdot \sec^2\frac{y}{x} \cdot \left(\frac{y}{x}\right)'_x$$
$$= 2\tan\frac{y}{x}\sec^2\frac{y}{x}\left(\frac{y}{-x^2}\right)$$
$$= -\frac{2y}{x^2}\tan\frac{y}{x}\sec^2\frac{y}{x},$$
$$z'_y = \left(\tan^2\frac{y}{x}\right)'_y$$
$$= 2\tan\frac{y}{x} \cdot \left(\tan\frac{y}{x}\right)'_y$$
$$= 2\tan\frac{y}{x}\sec^2\frac{y}{x}\left(\frac{y}{x}\right)'_y$$
$$= 2\tan\frac{y}{x}\sec^2\frac{y}{x} \cdot \left(\frac{1}{x}\right)$$
$$= \frac{2}{x}\tan\frac{y}{x}\sec^2\frac{y}{x}.$$

(2) $z'_x = y\ln(x+y) + \dfrac{xy}{x+y}$,

$z'_y = x\ln(x+y) + \dfrac{xy}{x+y}$.

【例 12】 已知 $z = \ln(6x^2 + \sin xy)$，求 $\mathrm{d}z$.

【解】 要求二元函数的全微分，先应求出二元函数关于两个自变量 x,y 的偏导数. 因

$$\dfrac{\partial z}{\partial x} = [\ln(6x^2 + \sin xy)]'_x$$
$$= \dfrac{1}{6x^2 + \sin xy}(6x^2 + \sin xy)'_x$$
$$= \dfrac{12x + (\sin xy)'_x}{6x^2 + \sin xy}$$
$$= \dfrac{12x + y\cos xy}{6x^2 + \sin xy},$$
$$\dfrac{\partial z}{\partial y} = [\ln(6x^2 + \sin xy)]'_y$$
$$= \dfrac{1}{6x^2 + \sin xy}(6x^2 + \sin xy)'_y$$
$$= \dfrac{1}{6x^2 + \sin xy}(\sin xy)'_y$$
$$= \dfrac{x\cos xy}{6x^2 + \sin xy},$$

故

$$\mathrm{d}z = \dfrac{\partial z}{\partial x}\mathrm{d}x + \dfrac{\partial z}{\partial y}\mathrm{d}y$$
$$= \dfrac{12x + y\cos xy}{6x^2 + \sin xy}\mathrm{d}x + \dfrac{x\cos xy}{6x^2 + \sin xy}\mathrm{d}y.$$

【例 13】 设 $z = z(x,y)$ 是由 $x^3 + y^3 + z^3 + xyz - 6 = 0$ 所确定的隐函数，求它在点 $(1,2,-1)$ 处的偏导数 $\dfrac{\partial z}{\partial x}$ 及 $\dfrac{\partial z}{\partial y}$ 的值.

【解】 此题属于隐函数的求导. 先将该隐函数看成 $z = f(x,y)$，再将这个方程化为一个三元函数，即 $f(x,y,z) = 0$，然后利用 $\dfrac{\partial z}{\partial x} = -\dfrac{F'_x}{F'_z}, \dfrac{\partial z}{\partial y} = -\dfrac{F'_y}{F'_x}$，即可求解.

令 $F(x,y,z) = x^3 + y^3 + z^3 + xyz - 6$，则

$F'_x = 3x^2 + yz, \quad F'_y = 3y^2 + xz, \quad F'_z = 3z^2 + xy.$

将其代入求导公式可得
$$\frac{\partial z}{\partial x}=-\frac{3x^2+yz}{3z^2+xy}, \quad \frac{\partial z}{\partial y}=-\frac{3y^2+xz}{3z^2+xy},$$
再将 $x=1, y=2, z=-1$ 代入得
$$\frac{\partial z}{\partial x}=-\frac{1}{5}, \quad \frac{\partial z}{\partial y}=-\frac{11}{5}.$$

【例 14】 设 $z=x\ln(x+y)$,求 $\frac{\partial^2 z}{\partial x^2}, \frac{\partial^2 z}{\partial y^2}, \frac{\partial^2 z}{\partial x \partial y}$ 及 $\frac{\partial^2 z}{\partial y \partial x}$.

【解】 本题是二元函数的高阶偏导数的计算问题,对于此类计算要看清两次求导的自变量顺序.

本题先求出两个一阶偏导数 $\frac{\partial z}{\partial x}$ 和 $\frac{\partial z}{\partial y}$. 因

$$\frac{\partial z}{\partial x}=[x\ln(x+y)]'_x$$
$$=\ln(x+y)+x[\ln(x+y)]'_x$$
$$=\ln(x+y)+x\frac{1}{x+y}(x+y)'_x$$
$$=\ln(x+y)+\frac{x}{x+y},$$
$$\frac{\partial z}{\partial y}=[x\ln(x+y)]'_y$$
$$=\frac{x}{x+y}(x+y)'_y$$
$$=\frac{x}{x+y},$$

故

$$\frac{\partial^2 z}{\partial x^2}=\frac{\partial\left(\frac{\partial z}{\partial x}\right)}{\partial x}$$
$$=\left[\ln(x+y)+\frac{x}{x+y}\right]'_x$$
$$=\frac{1}{x+y}+\frac{(x+y)-x}{(x+y)^2}$$
$$=\frac{x+2y}{(x+y)^2},$$
$$\frac{\partial^2 z}{\partial y^2}=\frac{\partial\left(\frac{\partial z}{\partial y}\right)}{\partial y}=\left(\frac{x}{x+y}\right)'_y$$

$$= x \cdot \frac{-1}{(x+y)^2} \cdot (x+y)'_y$$
$$= \frac{-x}{(x+y)^2},$$
$$\frac{\partial^2 z}{\partial x \partial y} = \frac{\partial \left(\frac{\partial z}{\partial x}\right)}{\partial y}$$
$$= \left[\ln(x+y) + \frac{x}{x+y}\right]'_y$$
$$= \frac{1}{x+y} + x \frac{-1}{(x+y)^2}$$
$$= \frac{y}{(x+y)^2},$$
$$\frac{\partial^2 z}{\partial y \partial x} = \frac{\partial \left(\frac{\partial z}{\partial y}\right)}{\partial x}$$
$$= \left(\frac{x}{x+y}\right)'_x$$
$$= \frac{(x+y) - x}{(x+y)^2}$$
$$= \frac{y}{(x+y)^2}.$$

【例 15】 设 $f(x,y) = x^4 + y^4 + 32x - 4y + 52$，求其极小值点.

【解】 本题属于无条件极值问题，要求极值点应先求二元函数的驻点.

由题设得 $z'_x = 4x^3 + 32, z'_y = 4y^3 - 4$，令 $z'_x = 0, z'_y = 0$，即解 $\begin{cases} 4x^3 + 32 = 0, \\ 4y^3 - 4 = 0, \end{cases}$ 可得驻点 $(-2, 1)$. 又

$$z''_{xx} = 12x^2, \quad z''_{yy} = 12y^2, \quad z''_{xy} = 0,$$

对于驻点 $(-2, 1)$ 有 $A = 48, B = 0, C = 12$，所以 $B^2 - AC < 0$. 又 $A > 0$，故 $(-2, 1)$ 是二元函数的极小值点.

【例 16】 在所有对角线为 $2\sqrt{3}$ 的长方体中，求最大体积的长方体.

【解】 本题属于二元函数的条件极值问题，其中 $x^2 + y^2 + z^2 = 12$ 为约束条件. 设此长方体的长、宽、高分别为 x, y, z，且 x, y, z 都大于零且小于 $2\sqrt{3}$，则有

$$\begin{cases} x^2 + y^2 + z^2 = 12, \\ V = xyz, \end{cases}$$

即

$$V = xy\sqrt{12-x^2-y^2}.$$

令

$$\begin{cases} \dfrac{\partial V}{\partial x} = y\sqrt{12-x^2-y^2} + xy\dfrac{-2x}{2\sqrt{12-x^2-y^2}} = 0, \\ \dfrac{\partial V}{\partial y} = x\sqrt{12-x^2-y^2} + xy\dfrac{-2y}{2\sqrt{12-x^2-y^2}} = 0, \end{cases}$$

解得

$$\begin{cases} 12-2x^2-y^2 = 0, \\ 12-2y^2-x^2 = 0, \end{cases} x = y = 2.$$

综上所述,$(2,2,2)$ 是三元函数在定义域内唯一的驻点,且根据判断,此极值为极大值.

故当 $x=2, y=2, z=2$ 时,长方体的体积最大,最大体积 $V = xyz = 8$.

同步训练题

1. 选择题.

(1) 将 xOy 平面上的抛物线 $y^2 = 4x$ 绕 Ox 轴旋转一周,所得旋转曲面方程为( ).

A. $x^2 + y^2 = 4x$ 　　　　　　B. $y^2 + z^2 = 4x$

C. $y^2 = 4\sqrt{x^2+z^2}$ 　　　　D. $y^2 = 4(x^2+z^2)$

(2) 点 $M(2,-1,3)$ 关于坐标原点的对称点为( ).

A. $(-2,-1,3)$ 　　　　　　B. $(2,1,3)$

C. $(2,-1,-3)$ 　　　　　　D. $(-2,1,-3)$

(3) xOy 平面上的曲线 $4x^2 - 9y^2 = 36$ 绕 Ox 轴旋转一周,所得到的曲线方程为( ).

A. $4(x^2+z^2) - 9y^2 = 36$ 　　B. $4(x^2+z^2) - 9(y^2+z^2) = 36$

C. $4x^2 - 9(y^2+z^2) = 36$ 　　D. $4x^2 - 9y^2 = 36$

(4) 二元函数 $z = \arcsin(1-y) + \ln(x-y)$ 的定义域是( ).

A. $|1-y| \leqslant 1$ 且 $x-y > 0$ 　　B. $|1-y| < 1$ 且 $x-y > 0$

C. $|1-y| \leqslant 1$ 且 $x-y \geqslant 0$ 　　D. $|1-y| < 1$ 且 $x-y \geqslant 0$

(5) 二元函数 $z = \dfrac{1}{\ln(x+y)}$ 的定义域是( ).

A. $x+y \neq 0$ 　　　　　　B. $x+y > 0$

C. $x+y \neq 1$ D. $x+y > 0$ 且 $x+y \neq 1$

(6) 设 $z = f(x,y)$,则 $\dfrac{\partial z}{\partial x}\bigg|_{(x_0,y_0)} = ($).

A. $\lim\limits_{\Delta x \to 0} \dfrac{f(x_0+\Delta x, y_0+\Delta y) - f(x_0,y_0)}{\Delta x}$

B. $\lim\limits_{\Delta x \to 0} \dfrac{f(x_0+\Delta x, y_0) - f(x_0,y_0)}{\Delta x}$

C. $\lim\limits_{\Delta x \to 0} \dfrac{f(x_0, y_0+\Delta y) - f(x_0,y_0)}{\Delta x}$

D. $\lim\limits_{\Delta x \to 0} \dfrac{f(x_0+\Delta x, y_0)}{\Delta x}$

(7) 二元函数 $z = f(x,y)$ 在点 (x_0,y_0) 处可导(偏导数存在)与可微的关系是( ).

A. 可导一定不可微 B. 可微必可导
C. 可微不一定可导 D. 没有联系

(8) 设 $z = \cos(x^2,y)$,则 $\dfrac{\partial z}{\partial y} = ($).

A. $\sin(x^2 y)$ B. $x^2 \sin(x^2 y)$
C. $-\sin(x^2 y)$ D. $-x^2 \sin(x^2 y)$

(9) 设 $z = 2x^2 + 3xy - y^2$,则 $\dfrac{\partial z}{\partial x \partial y} = ($).

A. 6 B. 3
C. -2 D. 2

(10) 设由方程 $e^z - xyz = 0$ 所确定的隐函数 $z = f(x,y)$,则 $\dfrac{\partial z}{\partial x} = ($).

A. $\dfrac{z}{1+z}$ B. $\dfrac{z}{x(z-1)}$
C. $\dfrac{y}{x(1+z)}$ D. $\dfrac{y}{x(1-z)}$

(11) 函数 $z = f(x,y)$ 在点 (x_0,y_0) 处具有两个偏导数 $f'_x(x_0,y_0), f'_y(x_0,y_0)$ 是函数在该点存在微分的( ).

A. 充分条件 B. 充要条件
C. 必要条件 D. 无关条件

(12) 函数 $z = xy$ 在点 $(0,0)$ 处( ).

A. 有极大值 B. 有极小值
C. 无极值 D. 不是驻点

2. 填空题.

(1) 母线平行于 Ox 轴且通过曲线 $\begin{cases} 2x^2+y^2+z^2=16, \\ x^2-y^2+z^2=0 \end{cases}$ 的柱面方程为_____.

(2) 设 $f(x,y)=\ln(4-x^2-y^2)$,则其定义域为_____.

(3) 设 $u=\sqrt{xy}$,则 $\left.\dfrac{\partial u}{\partial x}\right|_{(1,1)}=$ _____.

(4) 设 $x=\ln\dfrac{z}{y}$,则 $\dfrac{\partial z}{\partial x}=$ _____.

(5) 设 $z=x^y$,则 $\left.\dfrac{\partial z}{\partial y}\right|_{(e,1)}=$ _____.

(6) 设 $u=e^{xyz}$,则 $du=$ _____.

(7) 二元函数 $z=e^{2x}(x+y^2+2y)$ 的驻点为_____.

(8) 二元函数 $z=5-x^2-y^2$ 的极大值点是_____.

(9) 设 $z=f(x,y)$ 是由方程 $xyz=\sin(xyz)$ 决定的隐函数,则 $\dfrac{\partial z}{\partial x}=$ _____.

(10) 设函数 $z=\dfrac{x+y}{x-y}$,则 $dz=$ _____.

3. 计算题.

(1) 求 xOz 平面上的曲线 $\begin{cases} x^2+2z^2=9, \\ y=0 \end{cases}$ 分别绕 x 轴和 z 轴旋转所得旋转面的方程.

(2) 设 $x=z\ln\dfrac{z}{y}$,求 dz.

(3) 设 $z=x^2y, y=f(x)$,求 $\dfrac{\partial z}{\partial x}$.

(4) 设 $y^x=x^y$,求 $\dfrac{dy}{dx}$.

(5) 设 $z=\arctan\dfrac{y}{x}$,求 dz.

(6) 设 $z=z(x,y)$ 是由方程 $z^3-3xyz=1$ 所确定的隐函数,求全微分 dz.

(7) 设 $u=e^{z+\frac{x}{y}}$,求 du.

4. 证明题.

(1) 设 $z=\arctan\dfrac{x}{y}$,证明 $x\dfrac{\partial z}{\partial x}+y\dfrac{\partial z}{\partial y}=0$.

(2) 设 $z=f(x^2+y^2)$,且 f 可微,证明 $y\dfrac{\partial z}{\partial x}-x\dfrac{\partial z}{\partial y}=0$.

参考答案

1. (1) B. (2) D. (3) C. (4) A. (5) D. (6) B. (7) B. (8) D. (9) B. (10) B. (11) C. (12) B.

2. (1) $3y^2 - z^2 = 16$. (2) $4 > x^2 + y^2$. (3) $\dfrac{1}{2}$. (4) ye^x. (5) e.

(6) $e^{xyz}(yz\,dx + zx\,dy + xy\,dz)$. (7) $\left(\dfrac{1}{2}, -1\right)$. (8) $(0,0)$. (9) $-\dfrac{z}{x}$.

(10) $\dfrac{2(x\,dy - y\,dx)}{(x-y)^2}$.

3. (1) $x^2 + 2(y^2 + z^2) = 9, x^2 + y^2 + 2z^2 = 9$. (2) $dz = \dfrac{z\,dx}{x+z} - \dfrac{z\,dy}{2y}$.

(3) $\dfrac{\partial z}{\partial x} = \dfrac{dz}{dx} = 2xf(x) + x^2 f'(x)$. (4) $y' = \dfrac{xy\ln y - y^2}{xy\ln x - x^2}$.

(5) $dz = \dfrac{-y\,dx + x\,dy}{x^2 + y^2}$. (6) $dz = \dfrac{3z(y\,dx + x\,dy)}{3z^2 - 3xy}$.

(7) $du = e^{z + \frac{x}{y}}\left(\dfrac{dx}{y} - \dfrac{x\,dy}{y^2} + dz\right)$.

4. 证明略.

第 8 章 行 列 式

知识要点提示

一、行列式

1. 二阶和三阶行列式

1）二阶行列式

由四个数 $a_{11},a_{12},a_{21},a_{22}$ 排成两行两列的数表

$$\begin{vmatrix} a_{11} & a_{12} \\ a_{21} & a_{22} \end{vmatrix} \tag{8-1}$$

称为二阶行列式.

2）三阶行列式

由九个数 $a_{ij}(i,j=1,2,3)$ 排成三行三列的数表

$$\begin{vmatrix} a_{11} & a_{12} & a_{13} \\ a_{21} & a_{22} & a_{23} \\ a_{31} & a_{32} & a_{33} \end{vmatrix} \tag{8-2}$$

称为三阶行列式.

2. n 阶行列式

$$|(a_{ij})| = a_{i1}A_{i1} + a_{i2}A_{i2} + \cdots + a_{in}A_{in}$$

$$= \sum_{k=1}^{n} a_{ik}A_{ik} \quad (i=1,2,\cdots,n)$$

或

$$|(a_{ij})| = a_{1j}A_{1j} + a_{2j}A_{2j} + \cdots + a_{nj}A_{nj}$$

$$= \sum_{k=1}^{n} a_{kj} A_{kj} \quad (j=1,2,\cdots,n).$$

3. 几种特殊的行列式

(1) 对角行列式 $\begin{vmatrix} a_{11} & 0 & \cdots & 0 \\ 0 & a_{22} & \cdots & 0 \\ \vdots & \vdots & & \vdots \\ 0 & 0 & \cdots & a_{nn} \end{vmatrix}.$

(2) 上三角行列式 $\begin{vmatrix} a_{11} & a_{12} & \cdots & a_{1n} \\ 0 & a_{22} & \cdots & a_{2n} \\ \vdots & \vdots & & \vdots \\ 0 & 0 & \cdots & a_{nn} \end{vmatrix}.$

(3) 下三角行列式 $\begin{vmatrix} a_{11} & 0 & \cdots & 0 \\ a_{21} & a_{22} & \cdots & 0 \\ \vdots & \vdots & & \vdots \\ a_{n1} & a_{n2} & \cdots & a_{nn} \end{vmatrix}.$

【注】 对角行列式、上三角行列式、下三角行列式的值均为 $a_{11}a_{22}\cdots a_{nn}$.

(4) 可分块的行列式,记

$$A = \begin{vmatrix} a_{11} & a_{12} & \cdots & a_{1k} \\ \vdots & \vdots & & \vdots \\ a_{k1} & a_{k2} & \cdots & a_{kk} \end{vmatrix}, \quad B = \begin{vmatrix} b_{11} & \cdots & b_{1t} \\ \vdots & & \vdots \\ b_{t1} & \cdots & b_{tt} \end{vmatrix},$$

则

$$\begin{vmatrix} a_{11} & \cdots & a_{1k} & 0 & \cdots & 0 \\ \vdots & & \vdots & \vdots & & \vdots \\ a_{k1} & \cdots & a_{kk} & 0 & \cdots & 0 \\ c_{k+1,1} & \cdots & c_{k+1,k} & b_{11} & \cdots & b_{1t} \\ \vdots & & \vdots & \vdots & & \vdots \\ c_{k+t,1} & \cdots & c_{k+t,k} & b_{t1} & \cdots & b_{tt} \end{vmatrix} = AB.$$

二、行列式的性质

(1) 行列式与它的转置行列式相等.

(2) 将行列式中某一行(列)的各元素乘以同一个常数之后再加到另一行(列)的对应元素上,行列式的值不变.

(3) 如果行列式中某一行(列)所有元素均是两元素之和,则可拆成两个行列式之和,且这两个行列式除了这一行(列)之外,其余元素与原来行列式的对应元素相同.

(4) 行列式有一行(列)元素为零,行列式的值为零.

(5) 行列式有两行(列)的对应元素相同,行列式的值为零.

(6) 行列式中有两行(列)的元素对应成比例,行列式的值为零.

(7) 互换行列式的任意两行(列),行列式反号.

(8) 行列式中某一行(列)所有元素的公因子可提到行列式符号之外.

【注】 ① 行列式中的行与列具有相等的地位,所有对行成立的性质,对列也成立.

② 行列式性质中(1)(2)(3)是行列式的值不变,(4)(5)(6)是行列式的值为零.

三、克莱姆法则

(1) 如果非齐次线性方程组

$$\begin{cases} a_{11}x_1+a_{12}x_2+\cdots+a_{1n}x_n=b_1, \\ a_{21}x_1+a_{22}x_2+\cdots+a_{2n}x_n=b_2, \\ \quad\quad\quad\quad\quad\quad\quad\vdots \\ a_{n1}x_1+a_{n2}x_2+\cdots+a_{nn}x_n=b_n \end{cases}$$

的系数行列式 $\Delta=|(a_{ij})|\neq 0$,则方程组有唯一解

$$x_1=\frac{\Delta_1}{\Delta},\ x_2=\frac{\Delta_2}{\Delta},\ \cdots,\ x_n=\frac{\Delta_n}{\Delta},$$

其中 $\Delta_j(j=1,2,\cdots,n)$ 是把系数行列式中第 j 列元素 $a_{j1},a_{j2},\cdots,a_{jn}$ 换成 $b_1,b_2,\cdots,b_n$,而其余各列元素不变所得的 n 阶行列式.

【注】 使用克莱姆法则必须满足以下两个条件:① 方程组中方程的个数与未知数的个数相等;② 方程组中系数行列式不等于零(即 $\Delta\neq 0$).

(2) 非齐次线性方程组中,若 $b_1=b_2=\cdots=b_n=0$,则称方程组为齐次线性方程组.若齐次线性方程组的系数行列式 $\Delta\neq 0$,则方程组仅有零解;方程组有非零解的充要条件是系数行列式 $\Delta=0$.

典型例题分析

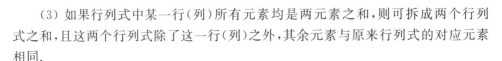

行列式的计算方法灵活,综合性较强,常用的计算行列式的方法有以下两种.

1. 化三角形法

利用行列式的性质,经过一系列变换,把复杂的行列式化为一个上(下)三角行列式.

2. 降阶法

先用化零运算化简行列式的某一行(列),使得该行(列)上多数元素为零,然后再按这一行(列)展开.

【例 1】 计算 $\Delta = \begin{vmatrix} 0 & y & 0 & x \\ x & 0 & y & 0 \\ 0 & x & 0 & y \\ y & 0 & x & 0 \end{vmatrix}$.

【解法 1】 "化三角形法".

$$\Delta = \begin{vmatrix} 0 & y & 0 & x \\ x & 0 & y & 0 \\ 0 & x & 0 & y \\ y & 0 & x & 0 \end{vmatrix} \xrightarrow[④+②]{③+①} \begin{vmatrix} 0 & y & 0 & x \\ x & 0 & y & 0 \\ 0 & x+y & 0 & x+y \\ x+y & 0 & x+y & 0 \end{vmatrix}$$

$$= (x+y)^2 \begin{vmatrix} 0 & y & 0 & x \\ x & 0 & y & 0 \\ 0 & 1 & 0 & 1 \\ 1 & 0 & 1 & 0 \end{vmatrix}$$

$$\xrightarrow[②↔③]{①↔④} (x+y)^2 \begin{vmatrix} 1 & 0 & 1 & 0 \\ 0 & 1 & 0 & 1 \\ x & 0 & y & 0 \\ 0 & y & 0 & x \end{vmatrix}$$

$$\xrightarrow[④+②×(-y)]{③+①×(-x)} (x+y)^2 \begin{vmatrix} 1 & 0 & 1 & 0 \\ 0 & 1 & 0 & 1 \\ 0 & 0 & y-x & 0 \\ 0 & 0 & 0 & x-y \end{vmatrix}$$

$$= (x+y)^2 [-(x-y)^2]$$
$$= -(x^2-y^2)^2.$$

【解法 2】 "降阶法".

$$\Delta = \begin{vmatrix} 0 & y & 0 & x \\ x & 0 & y & 0 \\ 0 & x & 0 & y \\ y & 0 & x & 0 \end{vmatrix}$$

$$\xrightarrow{\text{按第 1 列展开}} -x \begin{vmatrix} y & 0 & x \\ x & 0 & y \\ 0 & x & 0 \end{vmatrix} - y \begin{vmatrix} y & 0 & x \\ 0 & y & 0 \\ x & 0 & y \end{vmatrix}$$

$$= x^2 \begin{vmatrix} y & x \\ x & y \end{vmatrix} - y^2 \begin{vmatrix} y & x \\ x & y \end{vmatrix}$$

$$= (x^2 - y^2)(y^2 - x^2)$$

$$= -(x^2 - y^2)^2.$$

【解法 3】 该题元素 0 较多,可以通过换行和换列,将行列式变为 $\begin{vmatrix} A & O \\ O & B \end{vmatrix} = AB$ 来解.

$$\Delta = \begin{vmatrix} 0 & y & 0 & x \\ x & 0 & y & 0 \\ 0 & x & 0 & y \\ y & 0 & x & 0 \end{vmatrix} \xrightarrow{①↔④} \begin{vmatrix} x & y & 0 & 0 \\ 0 & 0 & y & x \\ y & x & 0 & 0 \\ 0 & 0 & x & y \end{vmatrix}$$

$$\xrightarrow{②↔③} \begin{vmatrix} x & y & 0 & 0 \\ y & x & 0 & 0 \\ 0 & 0 & y & x \\ 0 & 0 & x & y \end{vmatrix}$$

$$= \begin{vmatrix} x & y \\ y & x \end{vmatrix} \cdot \begin{vmatrix} y & x \\ x & y \end{vmatrix}$$

$$= (x^2 - y^2)(y^2 - x^2)$$

$$= -(x^2 - y^2)^2.$$

【注】 从上例的三种解法可以看出,行列式的计算是非常灵活的. 在解题之前,应观察行列式的特点,充分运用行列式的性质,采用简便有效的计算方法.

【例 2】 计算

$$\Delta = \begin{vmatrix} 1 & 1 & 1 & x+1 \\ -1 & -1 & x-1 & -1 \\ 1 & x+1 & 1 & 1 \\ x-1 & -1 & -1 & -1 \end{vmatrix}.$$

【解】 $\Delta \xrightarrow{①+②+③+④} \begin{vmatrix} x & x & x & x \\ -1 & -1 & x-1 & -1 \\ 1 & x+1 & 1 & 1 \\ x-1 & -1 & -1 & -1 \end{vmatrix}$

$= x \begin{vmatrix} 1 & 1 & 1 & 1 \\ -1 & -1 & x-1 & -1 \\ 1 & x+1 & 1 & 1 \\ x-1 & -1 & -1 & -1 \end{vmatrix}$

$\xrightarrow[\substack{②+① \\ ③-① \\ ④+①}]{} x \begin{vmatrix} 1 & 1 & 1 & 1 \\ 0 & 0 & x & 0 \\ 0 & x & 0 & 0 \\ x & 0 & 0 & 0 \end{vmatrix} = x^4.$

【例3】 计算 $\Delta = \begin{vmatrix} 1 & \frac{1}{2} & \frac{1}{2} & \frac{1}{2} \\ \frac{1}{2} & 1 & \frac{1}{2} & \frac{1}{2} \\ \frac{1}{2} & \frac{1}{2} & 1 & \frac{1}{2} \\ \frac{1}{2} & \frac{1}{2} & \frac{1}{2} & 1 \end{vmatrix}.$

【解】 $\Delta = \left(\frac{1}{2}\right)^4 \begin{vmatrix} 2 & 1 & 1 & 1 \\ 1 & 2 & 1 & 1 \\ 1 & 1 & 2 & 1 \\ 1 & 1 & 1 & 2 \end{vmatrix}$

$\xrightarrow{①+②+③+④} \frac{1}{16} \begin{vmatrix} 5 & 5 & 5 & 5 \\ 1 & 2 & 1 & 1 \\ 1 & 1 & 2 & 1 \\ 1 & 1 & 1 & 2 \end{vmatrix}$

$= \frac{5}{16} \begin{vmatrix} 1 & 1 & 1 & 1 \\ 1 & 2 & 1 & 1 \\ 1 & 1 & 2 & 1 \\ 1 & 1 & 1 & 2 \end{vmatrix}$

$\xrightarrow[\substack{②-① \\ ③-① \\ ④-①}]{} \frac{5}{16} \begin{vmatrix} 1 & 1 & 1 & 1 \\ 0 & 1 & 0 & 0 \\ 0 & 0 & 1 & 0 \\ 0 & 0 & 0 & 1 \end{vmatrix} = \frac{5}{16}.$

【注】 从例 2、例 3 知:若行列式各行(列)的元素之和相等都是 x,则可将各行(列)均加至第 1 行(列),从而第 1 行(列)有公因数 x,可以提到行列式符号之外,再运用行列式的性质可以提出某行(列)的分母,并将其转化为整数运算.

【例 4】 $\Delta = \begin{vmatrix} x & y & x+y \\ y & x+y & x \\ x+y & x & y \end{vmatrix}$.

【解】 $\Delta \xrightarrow{①+②+③} \begin{vmatrix} 2(x+y) & 2(x+y) & 2(x+y) \\ y & x+y & x \\ x+y & x & y \end{vmatrix}$

$= 2(x+y) \begin{vmatrix} 1 & 1 & 1 \\ y & x+y & x \\ x+y & x & y \end{vmatrix}$

$\xrightarrow[③-①]{②-①} 2(x+y) \begin{vmatrix} 1 & 0 & 0 \\ y & x & x-y \\ x+y & -y & -x \end{vmatrix}$

$= 2(x+y)(-x^2+xy-y^2)$

$= -2(x^3+y^3)$.

【例 5】 解方程 $\begin{vmatrix} 1-x & -2 & 4 \\ 2 & 3-x & 1 \\ 1 & 1 & 1-x \end{vmatrix} = 0$.

【解】 $\begin{vmatrix} 1-x & -2 & 4 \\ 2 & 3-x & 1 \\ 1 & 1 & 1-x \end{vmatrix} \xrightarrow[③-①(1-x)]{②-①} \begin{vmatrix} 1-x & x-3 & (3-x)(x+1) \\ 2 & 1-x & 2x-1 \\ 1 & 0 & 0 \end{vmatrix}$

$= (x-3) \begin{vmatrix} 1 & -(x+1) \\ 1-x & 2x-1 \end{vmatrix}$

$= x(x-3)(2-x)$,

故

$$x_1 = 0, \quad x_2 = 2, \quad x_3 = 3.$$

【例 6】 证明四阶范德蒙行列式.

$\begin{vmatrix} 1 & 1 & 1 & 1 \\ x_1 & x_2 & x_3 & x_4 \\ x_1^2 & x_2^2 & x_3^2 & x_4^2 \\ x_1^3 & x_2^3 & x_3^3 & x_4^3 \end{vmatrix} = (x_2-x_1)(x_3-x_1)(x_4-x_1)(x_3-x_2)(x_4-x_2)(x_4-x_3)$.

【证】

$$\text{左边} \xlongequal[\substack{②-① \\ ③-① \\ ④-①}]{} \begin{vmatrix} 1 & 0 & 0 & 0 \\ x_1 & x_2-x_1 & x_3-x_1 & x_4-x_1 \\ x_1^2 & x_2^2-x_1^2 & x_3^2-x_1^2 & x_4^2-x_1^2 \\ x_1^3 & x_2^3-x_1^3 & x_3^3-x_1^3 & x_4^3-x_1^3 \end{vmatrix}$$

$$= (x_2-x_1)(x_3-x_1)(x_4-x_1) \begin{vmatrix} 1 & 1 & 1 \\ x_2+x_1 & x_3+x_1 & x_4+x_1 \\ x_2^2+x_2x_1+x_1^2 & x_3^2+x_3x_1+x_1^2 & x_4^2+x_4x_1+x_1^2 \end{vmatrix}$$

$$\xlongequal[\substack{②-① \\ ③-①}]{} (x_2-x_1)(x_3-x_1)(x_4-x_1) \cdot$$

$$\begin{vmatrix} 1 & 0 & 0 \\ x_2+x_1 & x_3-x_2 & x_4-x_2 \\ x_2^2+x_2x_1+x_1^2 & (x_3-x_2)(x_3+x_2+x_1) & (x_4-x_2)(x_4+x_2+x_1) \end{vmatrix}$$

$$= (x_2-x_1)(x_3-x_1)(x_4-x_1)(x_3-x_2)(x_4-x_2) \begin{vmatrix} 1 & 1 \\ x_3+x_2+x_1 & x_4+x_2+x_1 \end{vmatrix}$$

$$= (x_2-x_1)(x_3-x_1)(x_4-x_1)(x_3-x_2)(x_4-x_2)(x_4-x_3)$$

$$= \text{右边}.$$

【注】 当一个行列式中的元素全为数时,行列式的值是一个数,而当行列式中的元素含有字母时,则行列式的展开式是一个多项式.

【例 7】 用克莱姆法则解方程组

$$\begin{cases} x_1+x_2+x_3+x_4=5, \\ x_1+2x_2-x_3+4x_4=-2, \\ 2x_1-3x_2-x_3-5x_4=-2, \\ 3x_1+x_2+2x_3+11x_4=0. \end{cases}$$

【解】

$$\Delta = \begin{vmatrix} 1 & 1 & 1 & 1 \\ 1 & 2 & -1 & 4 \\ 2 & -3 & -1 & -5 \\ 3 & 1 & 2 & 11 \end{vmatrix} = -142 \neq 0,$$

$$\Delta_1 = \begin{vmatrix} 5 & 1 & 1 & 1 \\ -2 & 2 & -1 & 4 \\ -2 & -3 & -1 & -5 \\ 0 & 1 & 2 & 11 \end{vmatrix} = -142,$$

$$\Delta_2 = \begin{vmatrix} 1 & 5 & 1 & 1 \\ 1 & -2 & -1 & 4 \\ 2 & -2 & -1 & -5 \\ 3 & 0 & 2 & 11 \end{vmatrix} = -284,$$

$$\Delta_3 = \begin{vmatrix} 1 & 1 & 5 & 1 \\ 1 & 2 & -2 & 4 \\ 2 & -3 & -2 & -5 \\ 3 & 1 & 0 & 11 \end{vmatrix} = -426,$$

$$\Delta_4 = \begin{vmatrix} 1 & 1 & 1 & 5 \\ 1 & 2 & -1 & -2 \\ 2 & -3 & -1 & -2 \\ 3 & 1 & 2 & 0 \end{vmatrix} = 142,$$

故

$$x_1 = \frac{\Delta_1}{\Delta} = 1, \quad x_2 = \frac{\Delta_2}{\Delta} = 2, \quad x_3 = \frac{\Delta_3}{\Delta} = 3, \quad x_4 = \frac{\Delta_4}{\Delta} = -1.$$

【注】 运用克莱姆法则解线性方程组,应有方程的个数与未知数的个数相等,且系数行列式不等于零的条件,否则不能用克莱姆法则解线性方程组.

【例8】 若 $\begin{cases} ax_1 + 2x_2 + 3x_3 = 8, \\ 2ax_1 + 2x_2 + 3x_3 = 10, \\ x_1 + x_2 + bx_3 = 5 \end{cases}$ 有唯一解,问 a,b 应满足什么条件?

【解】 $\Delta = \begin{vmatrix} a & 2 & 3 \\ 2a & 2 & 3 \\ 1 & 1 & b \end{vmatrix} \xrightarrow{①-②} \begin{vmatrix} -a & 0 & 0 \\ 2a & 2 & 3 \\ 1 & 1 & b \end{vmatrix} = -a(2b-3).$

因 $\Delta \neq 0$,故当 $a \neq 0$ 且 $b \neq \dfrac{3}{2}$ 时,方程组有唯一解.

【注】 非齐次线性方程组有唯一解时,系数行列式 $\Delta \neq 0$,从而解出 a,b 应满足的条件.

【例9】 讨论 $\begin{cases} 3x_1 + 2x_2 - x_3 = 0, \\ kx_1 + 7x_2 - 2x_3 = 0, \\ 2x_1 - x_2 + 3x_3 = 0 \end{cases}$ 的解的情况.

【解】 因 $\Delta = \begin{vmatrix} 3 & 2 & -1 \\ k & 7 & -2 \\ 2 & -1 & 3 \end{vmatrix} = -5k + 63,$

故当 $-5k+63\neq 0$，即 $k\neq\frac{63}{5}$ 时，方程组仅有零解；当 $k=\frac{63}{5}$ 时，方程组有非零解．

【注】 对齐次线性方程组，当系数行列式 $\Delta\neq 0$ 时，仅有零解；当 $\Delta=0$ 时，有非零解．

同步训练题

1. 选择题．

(1) 线性方程组 $\begin{cases} 3x+y+1=0, \\ 2x+y-12=0 \end{cases}$ 的系数行列式的值是（　　）．

A. 1　　　　　　　　　　B. 2

C. -2　　　　　　　　　D. 0

(2) 方程 $\begin{cases} kx_1+2x_2+x_3=0, \\ 2x_1+kx_2=0, \\ x_1-x_2+x_3=0 \end{cases}$ 有非零解，则 $k=$（　　）．

A. -2 或 3　　　　　　　B. 2 或 -3

C. 0 或 -3　　　　　　　D. 0 或 3

(3) $\begin{vmatrix} 2 & 1 & 5 \\ 1 & -1 & 2 \\ 0 & 2 & 3 \end{vmatrix} = -\begin{vmatrix} 1 & 5 \\ 2 & 3 \end{vmatrix} - \begin{vmatrix} 2 & 5 \\ 0 & 3 \end{vmatrix} - 2\begin{vmatrix} 2 & 1 \\ 0 & 2 \end{vmatrix}$ 是按（　　）展开的．

A. 第 2 列　　　　　　　　B. 第 2 行

C. 第 1 列　　　　　　　　D. 第 1 行

(4) $\begin{vmatrix} 3 & 4 & 9 \\ 5 & 7 & 1 \\ 2 & 1 & 4 \end{vmatrix}$ 中 a_{23} 的代数余子式 $A_{23}=$（　　）．

A. 3　　　　　　　　　　B. -3

C. 5　　　　　　　　　　D. -5

(5) 方程组 $\begin{vmatrix} 1-x & 2 & 3 \\ 2 & 1-x & 3 \\ 3 & 3 & 6-x \end{vmatrix}=0$ 的解是（　　）．

A. $0,-9,1$　　　　　　　B. $0,6,-1$

C. $1,6,9$　　　　　　　　D. $-1,0,9$

2. 填空题.

(1) $\begin{vmatrix} a & b & c & 1 \\ b & c & a & 1 \\ c & a & b & 1 \\ \frac{b+c}{2} & \frac{c+a}{2} & \frac{a+b}{2} & 1 \end{vmatrix} = $ _____ ; (2) $\begin{vmatrix} 0 & a_{12} & 0 & 0 \\ 0 & 0 & 0 & a_{24} \\ a_{31} & 0 & 0 & 0 \\ 0 & 0 & a_{43} & 0 \end{vmatrix} = $ _____ ;

(3) $\begin{vmatrix} a_{11} & 0 & 0 & a_{14} \\ 0 & a_{22} & a_{23} & 0 \\ 0 & a_{32} & a_{33} & 0 \\ a_{41} & 0 & 0 & a_{44} \end{vmatrix} = $ _____ ; (4) $\begin{vmatrix} 0 & x & y & z \\ x & 0 & z & y \\ y & z & 0 & x \\ z & y & x & 0 \end{vmatrix} = $ _____ ;

(5) $\Delta = \begin{vmatrix} 1 & 2 & 3 \\ \lambda & 0 & -4 \\ 5 & \lambda & 0 \end{vmatrix}$,则元素 -4 的余子式 $M_{23} = $ _____ ,元素 2 的代数余子式 $A_{12} = $ _____ ;

(6) $\begin{vmatrix} a & x & x & x \\ y & a & x & x \\ y & y & a & x \\ y & y & y & a \end{vmatrix} = $ _____ .

3. 计算下列行列式.

(1) $\begin{vmatrix} a & b & b & b \\ b & a & b & b \\ b & b & a & b \\ b & b & b & a \end{vmatrix}$; (2) $\begin{vmatrix} 1 & 2 & 1 & 4 \\ 0 & -1 & 2 & 1 \\ 1 & 0 & 1 & 3 \\ 0 & 1 & 3 & 1 \end{vmatrix}$;

(3) $\begin{vmatrix} 1 & a & b & a \\ a & 0 & a & b \\ b & a & 1 & a \\ a & b & a & 0 \end{vmatrix}$; (4) $\begin{vmatrix} a+b+2c & a & b \\ c & b+c+2a & b \\ c & a & c+a+2b \end{vmatrix}$.

4. 证明题.

(1) $\begin{vmatrix} 1 & 1 & 1 \\ a & b & c \\ b+c & c+a & a+b \end{vmatrix} = 0$; (2) $\begin{vmatrix} a & b & c \\ a^2 & b^2 & c^2 \\ a^3 & b^3 & c^3 \end{vmatrix} = abc(a-b)(b-c)(c-a)$;

(3) $\begin{vmatrix} 1 & p & q & r+s \\ 1 & q & r & s+p \\ 1 & r & s & p+q \\ 1 & s & p & q+r \end{vmatrix} = 0$.

5. 解下列方程.

(1) $\begin{vmatrix} 2 & 2 & -1 & 3 \\ 4 & x^2-5 & -2 & 6 \\ -3 & 2 & -1 & x^2+1 \\ 3 & -2 & 1 & -2 \end{vmatrix} = 0;$ (2) $\begin{vmatrix} 1 & x & y & z \\ x & 1 & 0 & 0 \\ y & 0 & 1 & 0 \\ z & 0 & 0 & 1 \end{vmatrix} = 1.$

6. 解下列方程组.

(1) $\begin{cases} x_1 + 2x_2 + x_3 = 2, \\ -2x_1 + x_2 - x_3 = -1, \\ x_1 - 4x_2 + 2x_3 = 3; \end{cases}$ (2) $\begin{cases} x_1 - x_2 + x_3 - 2x_4 = 2, \\ 2x_1 - x_3 - 4x_4 = 0, \\ 3x_1 + 2x_2 + x_3 = -1, \\ -x_1 + 2x_2 - x_3 + 2x_4 = -4. \end{cases}$

7. (1) 如果齐次方程组有非零解,求常数 k 的值.

$$\begin{cases} kx_1 + x_4 = 0, \\ x_1 + 2x_2 - x_4 = 0, \\ (k+2)x_1 - x_2 + 4x_4 = 0, \\ 2x_1 + x_2 + 3x_3 + kx_4 = 0. \end{cases}$$

(2) 如果齐次方程组仅有零解,求 k 的取值范围.

$$\begin{cases} kx_1 + x_2 + x_3 = 0, \\ x_1 + kx_2 - x_3 = 0, \\ 2x_1 - x_2 + x_3 = 0. \end{cases}$$

参考答案

1. (1) A. (2) A. (3) B. (4) C. (5) D.

2. (1) 0. (2) $-a_{12}a_{24}a_{31}a_{43}$.

(3) $-a_{11}a_{22}a_{33}a_{44} - a_{11}a_{23}a_{32}a_{44} + a_{14}a_{23}a_{32}a_{41} - a_{14}a_{22}a_{33}a_{41}$.

(4) $x^4 + y^4 + z^4 - 2x^2y^2 - 2y^2z^2 - 2z^2x^2$. (5) $\lambda - 10, -20$.

(6) $\dfrac{x(a-y)^4 - y(a-x)^4}{x-y}$.

3. (1) $(a+3b)(a-b)^3$. (2) -7. (3) $b(b-1)[b(b+1)-4a^2]$. (4) $2(a+b+c)^3$.

4. 略.

5. (1) $x = \pm 1$ 或 $x = \pm 3$. (2) $x = y = z = 0$.

6. (1) $x_1 = -\dfrac{5}{11}, x_2 = \dfrac{2}{11}, x_3 = \dfrac{23}{11}.$ (2) $x_1 = 1, x_2 = -2, x_3 = 0, x_4 = \dfrac{1}{2}.$

7. (1) $k = 1$. (2) $k \in \mathbf{R}$ 且 $k \neq -1, k \neq 4$.

第 9 章　矩阵与线性方程组

知识要点提示

一、矩阵

1. 矩阵

$$\boldsymbol{A}_{m\times n}=\begin{pmatrix} a_{11} & a_{12} & \cdots & a_{1n} \\ a_{21} & a_{22} & \cdots & a_{2n} \\ \vdots & \vdots & & \vdots \\ a_{m1} & a_{m2} & \cdots & a_{mn} \end{pmatrix}$$

是一个数表（m 为行数，n 为列数）.

2. 几种特殊的矩阵

(1) 方阵：行与列相同的矩阵.
(2) 零矩阵：所有元素均为零的矩阵.
(3) 单位矩阵：主对角线上的元素为 1，其余元素均为零的方阵.
(4) 行矩阵：只有一行元素的矩阵.
(5) 列矩阵：只有一列元素的矩阵.
(6) 数量矩阵：主对角线上的元素为非零常数而其余元素均为零的方阵.
(7) 上（下）三角形矩阵：主对角线及右上（左下）方的元素可以非零，而主对角线左下（右上）方的元素全为零的方阵.

二、矩阵的运算

1. 加法

同型矩阵 $\boldsymbol{A}=(a_{ij})_{m\times n}$，$\boldsymbol{B}=(b_{ij})_{m\times n}$，则 $\boldsymbol{A}\pm\boldsymbol{B}=(a_{ij}\pm b_{ij})_{m\times n}$.

2. 数乘

设 k 为常数,$\boldsymbol{A}=(a_{ij})_{m\times n}$,则 $k\boldsymbol{A}=(ka_{ij})_{m\times n}$.

3. 乘法

设 $\boldsymbol{A}=(a_{ij})_{m\times s}$,$\boldsymbol{B}=(b_{ij})_{s\times n}$,则
$$\boldsymbol{AB}=\boldsymbol{C}=(c_{ij})_{m\times n},$$
其中 $c_{ij}=\sum\limits_{k=1}^{s}a_{ik}b_{kj}=a_{i1}b_{1j}+a_{i2}b_{2j}+\cdots+a_{is}b_{sj}$.

【注】 只有当左矩阵 $\boldsymbol{A}$ 的列数等于右矩阵 $\boldsymbol{B}$ 的行数时,$\boldsymbol{A}$,$\boldsymbol{B}$ 才能相乘;且乘法没有交换律,即一般地 $\boldsymbol{AB}\neq\boldsymbol{BA}$.因此,左乘与右乘,左分配律、右分配律是不同的;又矩阵的乘法没有消去律,即由 $\boldsymbol{AB}=\boldsymbol{AC}$ 推导不出 $\boldsymbol{B}=\boldsymbol{C}$;由 $\boldsymbol{AB}=\boldsymbol{O}$ 也推导不出 $\boldsymbol{A}=\boldsymbol{O}$ 或 $\boldsymbol{B}=\boldsymbol{O}$.

三、有关矩阵的其他运算

1. n 阶方阵的行列式

$$|\boldsymbol{AB}|=|\boldsymbol{A}|\cdot|\boldsymbol{B}|,$$
$$|k\boldsymbol{A}|=k^n|\boldsymbol{A}|.$$

2. 方阵的幂运算

$$\underbrace{\boldsymbol{A}\cdot\boldsymbol{A}\cdot\cdots\cdot\boldsymbol{A}}_{k\text{个}}=\boldsymbol{A}^k$$

称为 $\boldsymbol{A}$ 的 k 次幂.

【注】 矩阵的乘法没有交换律.一般地,$(\boldsymbol{AB})^k\neq\boldsymbol{A}^k\boldsymbol{B}^k$.

3. 矩阵的转置

将 $\boldsymbol{A}=(a_{ij})_{m\times n}$ 的行列互换得到的矩阵称为矩阵的转置,记为 $\boldsymbol{A}^\mathrm{T}$,则 $\boldsymbol{A}^\mathrm{T}=(a_{ji})_{n\times m}$,$(\boldsymbol{A}^\mathrm{T})^\mathrm{T}=\boldsymbol{A}$,$(k\boldsymbol{A})^\mathrm{T}=k\boldsymbol{A}^\mathrm{T}$,$(\boldsymbol{A}+\boldsymbol{B})^\mathrm{T}=\boldsymbol{A}^\mathrm{T}+\boldsymbol{B}^\mathrm{T}$,$(\boldsymbol{AB})^\mathrm{T}=\boldsymbol{B}^\mathrm{T}\boldsymbol{A}^\mathrm{T}$.

4. 对称矩阵

若 $\boldsymbol{A}^\mathrm{T}=\boldsymbol{A}$,则称 $\boldsymbol{A}$ 为对称矩阵.

5. 逆矩阵

设 $\boldsymbol{A}$ 为 n 阶方阵,若存在同阶方阵 $\boldsymbol{B}$,使得 $\boldsymbol{AB}=\boldsymbol{BA}=\boldsymbol{E}$,则称 $\boldsymbol{A}$ 可逆,$\boldsymbol{B}$ 为 $\boldsymbol{A}$

的逆矩阵,记为 A^{-1}.

逆矩阵具有下列性质:

(1) A 的逆矩阵唯一;

(2) A 可逆的充要条件是 $|A|\neq 0$;

(3) 若有方阵 $AB=E$,则 A,B 均可逆,且 $A^{-1}=B,B^{-1}=A$;

(4) $A^{-1}=\dfrac{1}{|A|}A^*$,A^* 称为 A 的伴随矩阵(记 a_{ij} 的代数余子式为 A_{ij},则 $A^*=(A_{ij})_{n\times n}^{\mathrm{T}}$);

(5) $(kA)^{-1}=\dfrac{1}{k}A^{-1}$,$(AB)^{-1}=B^{-1}A^{-1}$,$(A^{\mathrm{T}})^{-1}=(A^{-1})^{\mathrm{T}}$,$(A^{-1})^{-1}=A$,$|A^{-1}|=\dfrac{1}{|A|}$;

(6) $AX=B$,若 A 可逆,则 $X=A^{-1}B$.

四、矩阵的初等行变换

1. 矩阵的初等行变换

(1) 用一个非零常数遍乘矩阵的某一行.

(2) 互换矩阵任意两行的位置.

(3) 将矩阵的某一行遍乘一个常数 k,并加到另一行的对应元素上.

2. 初等矩阵

单位矩阵经过一次初等变换得到的矩阵,称为初等矩阵.

【注】 对矩阵 A 进行一次初等行变换,相当于用一个初等矩阵左乘矩阵 A.

3. 用初等变换求可逆矩阵的逆矩阵

$$(A \vdots E) \xrightarrow{\text{初等行变换}} (E \vdots A^{-1}).$$

4. 用初等变换解矩阵方程 $AX=B$(A 可逆)

$$(AB) \xrightarrow{\text{初等行变换}} (EA^{-1}B), \quad X=A^{-1}B.$$

五、矩阵的秩

(1) 矩阵 A 的 k 阶子式:在 $A_{m\times n}$ 中任取 k 行、k 列,其交叉点上的元素按原来次序组成的 k 阶行列式.

(2) 矩阵 A 中非零子式的最高阶称为矩阵 A 的秩,记为 $R(A)$.

(3) 用初等变换求矩阵的秩,对 A 作初等行变换,直至化为阶梯形矩阵,则 $R(A)$ 等于阶梯形矩阵非零行的行数.

六、线性方程组

1. 线性方程组的表示形式

m 个方程、n 个未知量的线性方程组的一般形式为

$$\begin{cases} a_{11}x_1+a_{12}x_2+\cdots+a_{1n}x_n=b_1, \\ a_{21}x_1+a_{22}x_2+\cdots+a_{2n}x_n=b_2, \\ \qquad\qquad\qquad\vdots \\ a_{m1}x_1+a_{m2}x_2+\cdots+a_{mn}x_n=b_m, \end{cases} \tag{9-1}$$

其中,系数 a_{ij}、常数 b_i 都是已知数,x_j 是未知量.方程组(9-1)的矩阵形式为

$$AX=b,$$

其中,$A=\begin{bmatrix} a_{11} & a_{12} & \cdots & a_{1n} \\ a_{21} & a_{22} & \cdots & a_{2n} \\ \vdots & \vdots & & \vdots \\ a_{m1} & a_{m2} & \cdots & a_{mn} \end{bmatrix}$ 称为方程组(9-1)的系数矩阵,$b=\begin{bmatrix} b_1 \\ b_2 \\ \vdots \\ b_m \end{bmatrix}$ 称为方程组

(9-1)的常数项矩阵,$X=\begin{bmatrix} x_1 \\ x_2 \\ \vdots \\ x_n \end{bmatrix}$ 为 n 元未知量.

$(A \vdots b)=\begin{bmatrix} a_{11} & a_{12} & \cdots & a_{1n} & \vdots & b_1 \\ a_{21} & a_{22} & \cdots & a_{2n} & \vdots & b_2 \\ \vdots & \vdots & & \vdots & \vdots & \vdots \\ a_{m1} & a_{m2} & \cdots & a_{mn} & \vdots & b_m \end{bmatrix}$ 称为方程组(9-1)的增广矩阵.

线性方程组(9-1)中的常数项均为零的方程组称为齐次线性方程组,其一般形式为

$$\begin{cases} a_{11}x_1+a_{12}x_2+\cdots+a_{1n}x_n=0, \\ a_{21}x_1+a_{22}x_2+\cdots+a_{2n}x_n=0, \\ \qquad\qquad\qquad\vdots \\ a_{m1}x_1+a_{m2}x_2+\cdots+a_{mn}x_n=0, \end{cases} \tag{9-2}$$

其矩阵形式为

$$AX = O,$$

其中

$$A = \begin{pmatrix} a_{11} & a_{12} & \cdots & a_{1n} \\ a_{21} & a_{22} & \cdots & a_{2n} \\ \vdots & \vdots & & \vdots \\ a_{m1} & a_{m2} & \cdots & a_{mn} \end{pmatrix}, \quad X = \begin{pmatrix} x_1 \\ x_2 \\ \vdots \\ x_n \end{pmatrix}, \quad O = \begin{pmatrix} 0 \\ 0 \\ \vdots \\ 0 \end{pmatrix}.$$

2. 高斯消元法

用矩阵的初等行变换将线性方程组的增广矩阵化为阶梯形矩阵再进行回代,这种方法通常称为高斯消元法,简称为消元法.

3. 线性方程组解的情况判定

(1) 线性方程组(9-1)有解的充分必要条件是其系数矩阵与增广矩阵的秩相等,即 $R(A) = R(A \vdots b)$.

(2) 齐次线性方程组(9-2)至少有零解,它有非零解的充分必要条件是 $R(A) < n$(n 为未知量的个数).

典型例题分析

【例 1】 设 $A = \begin{pmatrix} 2 & 1 \\ -4 & -2 \end{pmatrix}, B = \begin{pmatrix} 3 & -1 \\ -6 & 2 \end{pmatrix}$,求 AB, BA, A^2.

【解】
$$AB = \begin{pmatrix} 2 & 1 \\ -4 & -2 \end{pmatrix} \begin{pmatrix} 3 & -1 \\ -6 & 2 \end{pmatrix} = \begin{pmatrix} 0 & 0 \\ 0 & 0 \end{pmatrix},$$

$$BA = \begin{pmatrix} 3 & -1 \\ -6 & 2 \end{pmatrix} \begin{pmatrix} 2 & 1 \\ -4 & -2 \end{pmatrix} = \begin{pmatrix} 10 & 5 \\ -20 & -10 \end{pmatrix},$$

$$A^2 = \begin{pmatrix} 2 & 1 \\ -4 & -2 \end{pmatrix} \begin{pmatrix} 2 & 1 \\ -4 & -2 \end{pmatrix} = \begin{pmatrix} 0 & 0 \\ 0 & 0 \end{pmatrix}.$$

【注】 ① 从本题中可见,$AB \neq BA$,说明矩阵的乘法不满足交换律;② 两个非零矩阵的乘积可能是零矩阵,一个非零方阵的平方也可能是零矩阵;③ 由计算知,$A^2 = AB$,但 $A \neq B$,说明矩阵乘法不满足消去律.

【例 2】 已知 $A = \begin{pmatrix} 1 & 0 & -1 \\ 2 & 1 & 4 \\ -3 & 2 & 5 \end{pmatrix}, B = \begin{pmatrix} 1 & -2 & 3 \\ -1 & 3 & 0 \\ 0 & 5 & 2 \end{pmatrix}$,求:

(1) $2AB-3A^2$; (2) AB^T;
(3) $|-3A|$.

【解】 (1) $2AB-3A^2 = A(2B-3A)$

$$= \begin{pmatrix} 1 & 0 & -1 \\ 2 & 1 & 4 \\ -3 & 2 & 5 \end{pmatrix} \left[\begin{pmatrix} 2 & -4 & 6 \\ -2 & 6 & 0 \\ 0 & 10 & 4 \end{pmatrix} - \begin{pmatrix} 3 & 0 & -3 \\ 6 & 3 & 12 \\ -9 & 6 & 15 \end{pmatrix} \right]$$

$$= \begin{pmatrix} 1 & 0 & -1 \\ 2 & 1 & 4 \\ -3 & 2 & 5 \end{pmatrix} \begin{pmatrix} -1 & -4 & 9 \\ -8 & 3 & -12 \\ 9 & 4 & -11 \end{pmatrix}$$

$$= \begin{pmatrix} -10 & -8 & 20 \\ 26 & 11 & -38 \\ 32 & 38 & -106 \end{pmatrix}.$$

(2) $AB^T = \begin{pmatrix} 1 & 0 & -1 \\ 2 & 1 & 4 \\ -3 & 2 & 5 \end{pmatrix} \begin{pmatrix} 1 & -1 & 0 \\ -2 & 3 & 5 \\ 3 & 0 & 2 \end{pmatrix} = \begin{pmatrix} -2 & -1 & -2 \\ 12 & 1 & 13 \\ 8 & 9 & 20 \end{pmatrix}.$

(3) $|-3A| = (-3)^3 |A| = -27 \begin{vmatrix} 1 & 0 & -1 \\ 2 & 1 & 4 \\ -3 & 2 & 5 \end{vmatrix} = 270.$

【例3】 求与 $A = \begin{pmatrix} 2 & 1 \\ 0 & 2 \end{pmatrix}$ 可交换的全体方阵.

【解】 设所求方阵为 B,$B = \begin{pmatrix} a & b \\ c & d \end{pmatrix}$. 由题意有

$$\begin{pmatrix} 2 & 1 \\ 0 & 2 \end{pmatrix} \begin{pmatrix} a & b \\ c & d \end{pmatrix} = \begin{pmatrix} a & b \\ c & d \end{pmatrix} \begin{pmatrix} 2 & 1 \\ 0 & 2 \end{pmatrix},$$

即

$$\begin{pmatrix} 2a+c & 2b+d \\ 2c & 2d \end{pmatrix} = \begin{pmatrix} 2a & a+2b \\ 2c & c+2d \end{pmatrix},$$

解

$$\begin{cases} 2a+c=2a, \\ 2b+d=a+2b, \\ 2c=2c, \\ 2d=c+2d, \end{cases}$$

得

$$\begin{cases} c=0, \\ a=d, \\ b \text{ 任意.} \end{cases}$$

故 $B = \begin{pmatrix} a & b \\ 0 & a \end{pmatrix}$, a,b 为任意实数.

【例4】 若 B_1, B_2 都与 A 可交换,则 $B_1 + B_2$, $B_1 B_2$ 都可与 A 交换.

【证】 由已知有
$$AB_1 = B_1 A, \quad AB_2 = B_2 A,$$
故
$$A(B_1 + B_2) = AB_1 + AB_2 = B_1 A + B_2 A = (B_1 + B_2) A,$$
$$A(B_1 B_2) = (AB_1) B_2 = B_1 AB_2 = (B_1 B_2) A.$$

【注】 例3是对一个具体的矩阵求可交换矩阵,例4是对抽象矩阵证明矩阵的可交换性和对称性. 如果是具体的矩阵运算,可根据要求,对矩阵中的元素作运算;如果是抽象矩阵的运算,则应根据定义和相关的性质进行推演. 如下面求矩阵的逆矩阵,具体的矩阵求逆可用伴随矩阵法 $\left(A^{-1} = \frac{1}{|A|} A^*\right)$ 和初等行变换法 $((A \vdots E) \to \cdots \to (E \vdots A^{-1}))$ 求解,而抽象矩阵的求逆则需用定义或性质 ($AB = E$,则 $B = A^{-1}$) 来求.

【例5】 $A = \begin{pmatrix} a & b \\ c & d \end{pmatrix}$ $(ad - bc \neq 0)$, 求 A^{-1}.

【解】 A 中的元素是字母,宜用伴随矩阵法求逆矩阵. 因
$$|A| = \begin{vmatrix} a & b \\ c & d \end{vmatrix} = ad - bc \neq 0,$$
故 A 可逆. 又因
$$A_{11} = d, \quad A_{12} = -c, \quad A_{21} = -b, \quad A_{22} = a,$$
故
$$A^* = \begin{pmatrix} A_{11} & A_{21} \\ A_{12} & A_{22} \end{pmatrix} = \begin{pmatrix} d & -b \\ -c & a \end{pmatrix},$$
$$A^{-1} = \frac{1}{ad - bc} \begin{pmatrix} d & -b \\ -c & a \end{pmatrix}.$$

此题的结论可作为二阶方阵求逆的公式.

【例6】 求 $A = \begin{pmatrix} 2 & 1 & 2 \\ 3 & 2 & 2 \\ 1 & 2 & 3 \end{pmatrix}$ 的逆矩阵.

【解法1】 用伴随矩阵法.

$$|A| = \begin{vmatrix} 2 & 1 & 2 \\ 3 & 2 & 2 \\ 1 & 2 & 3 \end{vmatrix} = 5, \quad A_{11} = \begin{vmatrix} 2 & 2 \\ 2 & 3 \end{vmatrix} = 2, \quad A_{12} = -\begin{vmatrix} 3 & 2 \\ 1 & 3 \end{vmatrix} = -7,$$

$$A_{13}=\begin{vmatrix}3&2\\1&2\end{vmatrix}=4, \quad A_{21}=-\begin{vmatrix}1&2\\2&3\end{vmatrix}=1, \quad A_{22}=\begin{vmatrix}2&2\\1&3\end{vmatrix}=4,$$

$$A_{23}=-\begin{vmatrix}2&1\\1&2\end{vmatrix}=-3, \quad A_{31}=\begin{vmatrix}1&2\\2&2\end{vmatrix}=-2,$$

$$A_{32}=-\begin{vmatrix}2&2\\3&2\end{vmatrix}=2, \quad A_{33}=\begin{vmatrix}2&1\\3&2\end{vmatrix}=1,$$

所以

$$\boldsymbol{A}^{-1}=\frac{1}{|\boldsymbol{A}|}\boldsymbol{A}^*=\frac{1}{5}\begin{pmatrix}A_{11}&A_{21}&A_{31}\\A_{12}&A_{22}&A_{32}\\A_{13}&A_{23}&A_{33}\end{pmatrix}=\frac{1}{5}\begin{pmatrix}2&1&-2\\-7&4&2\\4&-3&1\end{pmatrix}.$$

【解法2】 用初等行变换法.

$$(\boldsymbol{A}\ \vdots\ \boldsymbol{E})=\begin{pmatrix}2&1&2&\vdots&1&0&0\\3&2&2&\vdots&0&1&0\\1&2&3&\vdots&0&0&1\end{pmatrix}\xrightarrow{①\leftrightarrow③}\begin{pmatrix}1&2&3&\vdots&0&0&1\\3&2&2&\vdots&0&1&0\\2&1&2&\vdots&1&0&0\end{pmatrix}$$

$$\xrightarrow[③+①\times(-2)]{②+①\times(-3)}\begin{pmatrix}1&2&3&\vdots&0&0&1\\0&-4&-7&\vdots&0&1&-3\\0&-3&-4&\vdots&1&0&-2\end{pmatrix}$$

$$\xrightarrow[③\times(-1)]{②+③\times(-1)}\begin{pmatrix}1&2&3&\vdots&0&0&1\\0&-1&-3&\vdots&-1&1&-1\\0&3&4&\vdots&-1&0&2\end{pmatrix}$$

$$\xrightarrow{③+②\times3}\begin{pmatrix}1&2&3&\vdots&0&0&1\\0&-1&-3&\vdots&-1&1&-1\\0&0&-5&\vdots&-4&3&-1\end{pmatrix}$$

$$\xrightarrow[\substack{②\times(-1)\\③\times\left(-\frac{1}{5}\right)}]{①+②\times2}\begin{pmatrix}1&0&-3&\vdots&-2&2&-1\\0&1&3&\vdots&1&-1&1\\0&0&1&\vdots&\frac{4}{5}&-\frac{3}{5}&\frac{1}{5}\end{pmatrix}$$

$$\xrightarrow[②+③\times(-3)]{①+③\times3}\begin{pmatrix}1&0&0&\vdots&\frac{2}{5}&\frac{1}{5}&-\frac{2}{5}\\0&1&0&\vdots&-\frac{7}{5}&\frac{4}{5}&\frac{2}{5}\\0&0&1&\vdots&\frac{4}{5}&-\frac{3}{5}&\frac{1}{5}\end{pmatrix},$$

故

$$A^{-1} = \frac{1}{5}\begin{bmatrix} 2 & 1 & -2 \\ -7 & 4 & 2 \\ 4 & -3 & 1 \end{bmatrix}.$$

【注】 两种方法求逆矩阵各有长处,注意用伴随矩阵求逆时,不要忘记代数余子式带有符号$(-1)^{i+j}$,且第 i 行的代数余子式在伴随矩阵中是第 i 列;用初等行变换求逆时,矩阵之间的连接号用"→",而不能用等号"=",不能与行列变换混用,通常是先把左边的方阵主对角线下方化为零,然后把主对角线的上方化为零,并适时地把主对角线上的元素化为1,则右边的方阵就是 A^{-1}.

【例7】 已知 n 阶矩阵满足 $A^2 + A - 4E = O$,求:

(1) A^{-1};   (2) $(A-E)^{-1}$.

【解】 由于 A 的元素未给出,用伴随矩阵法和初等变换法均行不通,故用性质来求 A^{-1}.

(1) 由于

$$A^2 + A = 4E, \quad A(A+E) = 4E, \quad A \cdot \frac{(A+E)}{4} = E,$$

故

$$A^{-1} = \frac{1}{4}(A+E).$$

(2) 由于

$$A^2 + A - 4E = (A-E)(A+2E) - 2E,$$

即

$$(A-E)(A+2E) = 2E, \quad (A-E) \cdot \frac{(A+2E)}{2} = E,$$

故

$$(A-E)^{-1} = \frac{1}{2}(A+2E).$$

【例8】 已知 A, B 均是三阶可逆矩阵,且 $|A| = a, |B| = b$,求下列行列式的值:

(1) $|2AB^T|$;   (2) $|A^{-1}B^*|$;

(3) $||A^*|B|$;   (4) $\left|\left(\frac{1}{2}A\right)^{-1} - A^*\right|$.

【解】 (1) 根据

$$|kA| = k^n|A|, \quad |AB| = |A||B|, \quad |B^T| = |B|,$$

所以

$$|2AB^T| = 2^3|A||B| = 8ab.$$

(2) 根据
$$|A^{-1}| = |A|^{-1}, \quad |B^*| = |B|^{n-1},$$

所以
$$|A^{-1}B^*| = |A^{-1}||B^*| = |A|^{-1}|B|^2 = \frac{b^2}{a}.$$

(3) $||A^*|B| = |A^*|^3|B| = (a^2)^3 b = a^6 b.$

(4) 根据
$$(kA)^{-1} = \frac{1}{k}A^{-1}, \quad A^* = |A|A^{-1},$$

所以
$$\left|\left(\frac{1}{2}A\right)^{-1} - A^*\right| = |2A^{-1} - aA^{-1}| = (2-a)^3|A^{-1}| = \frac{(2-a)^3}{a}.$$

【例 9】 已知三阶矩阵 A 可逆,$B = \begin{pmatrix} 1 & 2 & -1 \\ 2 & a & 2 \\ -1 & 2 & 3 \end{pmatrix}$,若 $R(AB) = 2$,求 a.

【解】 因 A 可逆,故 $R(AB) = R(B)$. 显然 B 中有二阶子式非零,因而只要 $|B| = 0$,就有 $R(B) = 2$. 因

$$|B| = \begin{vmatrix} 1 & 2 & -1 \\ 2 & a & 2 \\ -1 & 2 & 3 \end{vmatrix} = \begin{vmatrix} 1 & 2 & -1 \\ 0 & a-4 & 4 \\ 0 & 4 & 2 \end{vmatrix} = 2(a-12),$$

故 $a = 12$.

下面说明 A 可逆,则 $R(AB) = R(B)$.

因为 A 可逆,所以 A 可经过初等行变换化为单位矩阵,而对矩阵作初等行变换不改变矩阵的秩,即 $R(A) = R(E)$,又 $EB = B$,故 $R(AB) = R(EB) = R(B)$.

【例 10】 用消元法解线性方程组.
$$\begin{cases} 2x_1 - 3x_2 + x_3 - x_4 = 3, \\ 3x_1 + x_2 + x_3 + x_4 = 0, \\ 4x_1 - x_2 - x_3 - x_4 = 7, \\ -2x_1 - x_2 + x_3 + x_4 = -5. \end{cases}$$

【解】 $(A \vdots b) = \begin{pmatrix} 2 & -3 & 1 & -1 & \vdots & 3 \\ 3 & 1 & 1 & 1 & \vdots & 0 \\ 4 & -1 & -1 & -1 & \vdots & 7 \\ -2 & -1 & 1 & 1 & \vdots & -5 \end{pmatrix} \longrightarrow \begin{pmatrix} 11 & 0 & 4 & 2 & \vdots & 3 \\ 3 & 1 & 1 & 1 & \vdots & 0 \\ 7 & 0 & 0 & 0 & \vdots & 7 \\ 1 & 0 & 2 & 2 & \vdots & -5 \end{pmatrix}$

$$\rightarrow \begin{pmatrix} 11 & 0 & 4 & 2 & 3 \\ 3 & 1 & 1 & 1 & 0 \\ 1 & 0 & 0 & 0 & 1 \\ 1 & 0 & 2 & 2 & -5 \end{pmatrix} \rightarrow \begin{pmatrix} 0 & 0 & 4 & 2 & -8 \\ 0 & 1 & 1 & 1 & -3 \\ 1 & 0 & 0 & 0 & 1 \\ 0 & 0 & 2 & 2 & -6 \end{pmatrix}$$

$$\rightarrow \begin{pmatrix} 0 & 0 & 2 & 1 & -4 \\ 0 & 1 & 1 & 1 & -3 \\ 1 & 0 & 0 & 0 & 1 \\ 0 & 0 & 1 & 1 & -3 \end{pmatrix} \rightarrow \begin{pmatrix} 0 & 0 & 0 & -1 & 2 \\ 0 & 1 & 0 & 0 & 0 \\ 1 & 0 & 0 & 0 & 1 \\ 0 & 0 & 1 & 1 & -3 \end{pmatrix}$$

$$\rightarrow \begin{pmatrix} 0 & 0 & 0 & 1 & -2 \\ 0 & 1 & 0 & 0 & 0 \\ 1 & 0 & 0 & 0 & 1 \\ 0 & 0 & 1 & 1 & -3 \end{pmatrix} \rightarrow \begin{pmatrix} 0 & 0 & 1 & -2 \\ 0 & 1 & 0 & 0 & 0 \\ 1 & 0 & 0 & 0 & 1 \\ 0 & 0 & 1 & 0 & -1 \end{pmatrix},$$

所以方程组的解是

$$x_1=1, \quad x_2=0, \quad x_3=-1, \quad x_4=-2.$$

【例 11】 讨论下列方程组的解,如果有解,是唯一解还是无穷多组解.

(1) $\begin{cases} x_1+2x_2+3x_3=0, \\ 2x_1+5x_2+3x_3=0, \\ x_1+8x_3=0; \end{cases}$ (2) $\begin{cases} x_1+2x_2-3x_3=-1, \\ x_1+x_2+x_3=1, \\ x_1+2x_2-3x_3=1; \end{cases}$

(3) $\begin{cases} x_1+2x_2-3x_3=1, \\ x_1+3x_2+x_3=7. \end{cases}$

【解】 (1) $(\boldsymbol{A} \vdots \boldsymbol{O}) = \begin{pmatrix} 1 & 2 & 3 & 0 \\ 2 & 5 & 3 & 0 \\ 1 & 0 & 8 & 0 \end{pmatrix} \rightarrow \begin{pmatrix} 1 & 2 & 3 & 0 \\ 0 & 1 & -3 & 0 \\ 0 & -2 & 5 & 0 \end{pmatrix}$

$\rightarrow \begin{pmatrix} 1 & 2 & 3 & 0 \\ 0 & 1 & -3 & 0 \\ 0 & 0 & -1 & 0 \end{pmatrix},$

由于 $R(\boldsymbol{A})=3$,所以此齐次方程组只有唯一解(零解).

(2) $(\boldsymbol{A} \vdots \boldsymbol{b}) = \begin{pmatrix} 1 & 2 & -3 & -1 \\ 1 & 1 & 1 & 1 \\ 1 & 2 & -3 & 1 \end{pmatrix} \rightarrow \begin{pmatrix} 1 & 2 & -3 & -1 \\ 0 & -1 & 4 & 2 \\ 0 & 0 & 0 & 2 \end{pmatrix},$

由于 $R(\boldsymbol{A})=2 \neq R(\boldsymbol{A} \vdots \boldsymbol{b})=3$,所以此线性方程组无解.

(3) $(\boldsymbol{A} \vdots \boldsymbol{b}) = \begin{pmatrix} 1 & 2 & -3 & 1 \\ 1 & 3 & 1 & 7 \end{pmatrix} \rightarrow \begin{pmatrix} 1 & 2 & -3 & 1 \\ 0 & 1 & 4 & 6 \end{pmatrix}$

由于 $R(\boldsymbol{A})=R(\boldsymbol{A} \vdots \boldsymbol{b})=2<3$(未知量个数),所以此线性方程组有无穷多组解.

【例 12】 求齐次线性方程组的一般解.

$$\begin{cases} x_1+x_2+x_3-x_4=0, \\ 2x_1+x_2-2x_3+3x_4=0, \\ 3x_1+2x_2-x_3+2x_4=0. \end{cases}$$

【解】 $(A \vdots b) = \begin{pmatrix} 1 & 1 & 1 & -1 & \vdots & 0 \\ 2 & 1 & -2 & 3 & \vdots & 0 \\ 3 & 2 & -1 & 2 & \vdots & 0 \end{pmatrix} \longrightarrow \begin{pmatrix} 1 & 1 & 1 & -1 & \vdots & 0 \\ 0 & -1 & -4 & 5 & \vdots & 0 \\ 0 & -1 & -4 & 5 & \vdots & 0 \end{pmatrix}$

$\longrightarrow \begin{pmatrix} 1 & 0 & -3 & 4 & \vdots & 0 \\ 0 & -1 & -4 & 5 & \vdots & 0 \\ 0 & 0 & 0 & 0 & \vdots & 0 \end{pmatrix} \longrightarrow \begin{pmatrix} 1 & 0 & -3 & 4 & \vdots & 0 \\ 0 & 1 & 4 & -5 & \vdots & 0 \\ 0 & 0 & 0 & 0 & \vdots & 0 \end{pmatrix},$

于是原方程组的同解方程组为

$$\begin{cases} x_1-3x_3+4x_4=0, \\ x_2+4x_3-5x_4=0. \end{cases}$$

原方程组的一般解为

$$\begin{cases} x_1=3x_3-4x_4, \\ x_2=-4x_3+5x_4, \end{cases}$$

其中 x_3, x_4 为自由未知量.

【例 13】 求解下列非齐次线性方程组.

$$\begin{cases} x_1+x_2-3x_3-x_4=1, \\ 3x_1-x_2-3x_3+4x_4=4, \\ x_1+5x_2-9x_3-8x_4=0. \end{cases}$$

【解】 $(A \vdots b) = \begin{pmatrix} 1 & 1 & -3 & -1 & \vdots & 1 \\ 3 & -1 & -3 & 4 & \vdots & 4 \\ 1 & 5 & -9 & -8 & \vdots & 0 \end{pmatrix} \longrightarrow \begin{pmatrix} 1 & 1 & -3 & -1 & \vdots & 1 \\ 0 & -4 & 6 & 7 & \vdots & 1 \\ 0 & 4 & -6 & -7 & \vdots & -1 \end{pmatrix}$

$\longrightarrow \begin{pmatrix} 1 & 1 & -3 & -1 & \vdots & 1 \\ 0 & -4 & 6 & 7 & \vdots & 1 \\ 0 & 0 & 0 & 0 & \vdots & 0 \end{pmatrix} \longrightarrow \begin{pmatrix} 1 & 1 & -3 & -1 & \vdots & 1 \\ 0 & 1 & -\dfrac{3}{2} & -\dfrac{7}{4} & \vdots & -\dfrac{1}{4} \\ 0 & 0 & 0 & 0 & \vdots & 0 \end{pmatrix}$

$\longrightarrow \begin{pmatrix} 1 & 0 & -\dfrac{3}{2} & \dfrac{3}{4} & \vdots & \dfrac{5}{4} \\ 0 & 1 & -\dfrac{3}{2} & -\dfrac{7}{4} & \vdots & -\dfrac{1}{4} \\ 0 & 0 & 0 & 0 & \vdots & 0 \end{pmatrix},$

原方程组的一般解为

$$\begin{cases} x_1 = \dfrac{5}{4} + \dfrac{3}{2}x_3 - \dfrac{3}{4}x_4, \\ x_2 = -\dfrac{1}{4} + \dfrac{3}{2}x_3 + \dfrac{7}{4}x_4. \end{cases}$$

令 $x_3 = 0, x_4 = 0$，得出 $x_1 = \dfrac{5}{4}, x_2 = -\dfrac{1}{4}$. 原方程组的一个特解为

$$\boldsymbol{X}_0 = \begin{pmatrix} \dfrac{5}{4} \\ -\dfrac{1}{4} \\ 0 \\ 0 \end{pmatrix},$$

原方程组导出组的一般解为

$$\begin{cases} x_1 = \dfrac{3}{2}x_3 - \dfrac{3}{4}x_4, \\ x_2 = \dfrac{3}{2}x_3 + \dfrac{7}{4}x_4, \end{cases}$$

其中 x_3, x_4 为自由未知量.

【例 14】 λ 取何值时，线性方程组

$$\begin{cases} x_1 + x_2 + x_3 = \lambda, \\ \lambda x_1 + x_2 + x_3 = 1, \\ x_1 + x_2 + \lambda x_3 = 1 \end{cases}$$

有解，并求其解.

【解】 $(\boldsymbol{A} \vdots \boldsymbol{b}) = \begin{pmatrix} 1 & 1 & 1 & \vdots & \lambda \\ \lambda & 1 & 1 & \vdots & 1 \\ 1 & 1 & \lambda & \vdots & 1 \end{pmatrix} \longrightarrow \begin{pmatrix} 1 & 1 & 1 & \vdots & \lambda \\ 0 & 1-\lambda & 1-\lambda & \vdots & 1-\lambda^2 \\ 0 & 0 & \lambda-1 & \vdots & 1-\lambda \end{pmatrix},$

当 $\lambda \neq 1$ 时，$R(\boldsymbol{A}) = R(\boldsymbol{A} \vdots \boldsymbol{b}) = 3$，方程组有唯一解

$$\begin{cases} x_1 = -1, \\ x_2 = \lambda + 2, \\ x_3 = -1; \end{cases}$$

当 $\lambda = 1$ 时，$R(\boldsymbol{A} \vdots \boldsymbol{b}) = R(\boldsymbol{A}) = 1 < 3$，方程组有无穷多组解，

$$x_1 = 1 - x_2 - x_3,$$

其中 x_2, x_3 为自由未知量.

同步训练题(一)

1. 选择题.

(1) 由 $A_{m\times n}, B_{s\times t}$ 作乘积 $A^T B^T$,则必须满足(　　).

A. $m=n$　　　　　　　　B. $m=t$

C. $n=s$　　　　　　　　D. $n=t$

(2) 已知 $A_{s\times n}, B_{n\times t}$,则矩阵运算有意义的是(　　).

A. $B^T A^T$　　　　　　　B. BA

C. $A+B$　　　　　　　　D. $A+B^T$

(3) 设 A,B 为 n 阶方阵,且 $AB=A,A$ 可逆,则(　　).

A. $A=B=E$　　　　　　B. $A=E$

C. $B=E$　　　　　　　　D. A,B 互为逆矩阵

(4) 设 A 可逆,A^* 是 A 的伴随矩阵,则(　　).

A. $|A^*|=|A|^{n-1}$　　　　B. $|A^*|=|A|$

C. $|A^*|=|A|^n$　　　　　D. $|A^*|=|A^{-1}|$

(5) 设 A,B 为同阶方阵,则(　　).

A. $|A+B|=|A|+|B|$　　　B. $BA=AB$

C. $(A+B)^{-1}=A^{-1}+B^{-1}$　D. $|AB|=|BA|$

(6) 若矩阵 A 经过初等行变换后变为 B,则(　　).

A. $R(A)>R(B)$　　　　　B. $R(A)<R(B)$

C. $R(A)=R(B)$　　　　　D. 不能确定

(7) 设 A,B 均为 n 阶方阵,$AB=O$,则(　　).

A. $A=O$ 或 $B=O$　　　　B. $BA=O$

C. $A=B=O$　　　　　　 D. 以上都不对

2. 填空题.

(1) 若 $\begin{vmatrix} k^2 & k \\ 4 & 2 \end{vmatrix}=0$,则 $k=$ _____.

(2) 若 $A=(1\ \ 2\ \ 3), B=\begin{pmatrix} -1 \\ 0 \\ 0 \end{pmatrix}$,则 $BA=$ _____.

(3) $\begin{pmatrix} 2 & 2 \\ 0 & 2 \end{pmatrix}^3 =$ _____.

(4) 若 $A=\begin{pmatrix} 5 & -2 \\ 1 & 1 \end{pmatrix}$, $X=\begin{pmatrix} x_1 \\ x_2 \end{pmatrix}$, $B=\begin{pmatrix} 9 \\ -1 \end{pmatrix}$, 且 $AX=B$, 则 $x_1, x_2 = $ _____.

(5) 若 $A=\begin{pmatrix} 1 & -1 \\ 1 & 2 \end{pmatrix}$, 则 $A^{-1}=$ _____.

3. 设 $A=\begin{pmatrix} 1 & 3 \\ 2 & -1 \end{pmatrix}$, $B=\begin{pmatrix} 3 & 0 \\ 1 & 2 \end{pmatrix}$, 求:

(1) $A+B$; (2) $2A-3B$; (3) $AB-BA$; (4) A^2B^2; (5) $(AB)^2$.

4. 设 $A=\begin{pmatrix} 5 & -2 & 1 \\ 3 & 4 & -1 \end{pmatrix}$, $B=\begin{pmatrix} -3 & 2 & 0 \\ -2 & 0 & 1 \end{pmatrix}$, 求:

(1) $A-B$; (2) AB^T; (3) BA^T; (4) AA^T; (5) B^TB.

5. 计算下列矩阵.

(1) $\begin{pmatrix} 1 \\ 2 \\ 3 \end{pmatrix} (3 \quad 2 \quad -1)$;

(2) $(1 \quad 2 \quad 0) \begin{pmatrix} 3 \\ 1 \\ 5 \end{pmatrix}$;

(3) $\begin{pmatrix} 3 & -2 \\ 0 & 1 \\ 2 & 4 \\ -1 & 0 \end{pmatrix} \begin{pmatrix} 2 & 1 & -1 \\ 0 & -1 & 2 \end{pmatrix}$.

6. 求 A^4:

(1) $A=\begin{pmatrix} 1 & 2 \\ 3 & 6 \end{pmatrix}$;

(2) $A=\begin{pmatrix} 0 & 1 & 2 \\ 0 & 0 & 3 \\ 0 & 0 & 0 \end{pmatrix}$;

(3) $A=\begin{pmatrix} 2 & 0 & 0 \\ 0 & 2 & 0 \\ -1 & 0 & 2 \end{pmatrix}$.

7. 求下列矩阵的逆矩阵.

(1) $\begin{pmatrix} 2 & -3 \\ 4 & 5 \end{pmatrix}$;

(2) $\begin{pmatrix} 1 & 0 & 0 \\ 0 & 1 & 2 \\ 0 & 0 & 1 \end{pmatrix}$;

(3) $\begin{pmatrix} 0 & 1 & 0 \\ 1 & 0 & 0 \\ 0 & 0 & 1 \end{pmatrix}$;

(4) $\begin{pmatrix} 0 & 1 & 1 \\ 1 & 0 & 1 \\ 1 & 1 & 0 \end{pmatrix}$;

(5) $\begin{pmatrix} 0 & 1 & 0 & 0 \\ 0 & 0 & 2 & 0 \\ 0 & 0 & 0 & 3 \\ 4 & 0 & 0 & 0 \end{pmatrix}$;

(6) $\begin{pmatrix} 1 & 0 & -2 \\ 0 & 1 & 0 \\ 0 & 0 & 1 \end{pmatrix} \begin{pmatrix} 1 & 0 & 0 \\ 0 & 3 & 0 \\ 0 & 0 & 1 \end{pmatrix}$;

(7) $\begin{pmatrix} 1 & 2 & -1 \\ 3 & 1 & 0 \\ -1 & 0 & -2 \end{pmatrix}$.

8. 解下列矩阵方程.

(1) $\begin{pmatrix} 2 & 1 \\ 3 & 2 \end{pmatrix} X = \begin{pmatrix} 1 & 2 & 3 \\ 4 & 5 & 6 \end{pmatrix}$;

(2) $\begin{pmatrix} 1 & 0 & 1 \\ -1 & 1 & 1 \\ 2 & -1 & 1 \end{pmatrix} X = \begin{pmatrix} 0 & 1 \\ 1 & 1 \\ -1 & 0 \end{pmatrix}$.

9. 求下列矩阵 A 的秩.

(1) $\begin{pmatrix} 3 & 1 & 1 & 4 \\ 1 & 7 & 17 & 3 \\ 0 & 4 & 10 & 1 \\ -1 & 5 & 13 & 0 \end{pmatrix}$;

(2) $\begin{pmatrix} 1 & 1 & 0 & 1 & 0 & 0 & 1 \\ 1 & 1 & 1 & 0 & 1 & 1 & 0 \\ 2 & 2 & 1 & 1 & 1 & 1 & 1 \end{pmatrix}$.

10. 已知 A,B,C 都是 n 阶方阵,且 $ABC=E$,证明:$BCA=CAB$.

11. 设 n 阶方阵 A 满足关系式 $A^2-3A-2E=O$,证明:A 可逆,并求 A^{-1} 和 $(A-3E)^{-1}$.

参考答案(一)

1. (1) B. (2) A. (3) C. (4) A. (5) D. (6) C. (7) D.

2. (1) 0 或 2. (2) $\begin{pmatrix} -1 & -2 & -3 \\ 0 & 0 & 0 \\ 0 & 0 & 0 \end{pmatrix}$. (3) $\begin{pmatrix} 8 & 24 \\ 0 & 8 \end{pmatrix}$.

(4) $1,-2$. (5) $\dfrac{1}{3}\begin{pmatrix} 2 & -1 \\ 1 & 1 \end{pmatrix}$.

3. (1) $\begin{pmatrix} 4 & 3 \\ 3 & 1 \end{pmatrix}$. (2) $\begin{pmatrix} -7 & 6 \\ 1 & -8 \end{pmatrix}$. (3) $\begin{pmatrix} 3 & -3 \\ 0 & -3 \end{pmatrix}$. (4) $\begin{pmatrix} 63 & 0 \\ 35 & 28 \end{pmatrix}$. (5) $\begin{pmatrix} 66 & 24 \\ 20 & 34 \end{pmatrix}$.

4. (1) $\begin{pmatrix} 8 & -4 & 1 \\ 5 & 4 & -2 \end{pmatrix}$. (2) $\begin{pmatrix} -19 & -9 \\ -1 & -7 \end{pmatrix}$. (3) $\begin{pmatrix} -19 & -1 \\ -9 & -7 \end{pmatrix}$. (4) $\begin{pmatrix} 30 & 6 \\ 6 & 26 \end{pmatrix}$.

(5) $\begin{pmatrix} 13 & -6 & -2 \\ -6 & 4 & 0 \\ -2 & 0 & 1 \end{pmatrix}$.

5. (1) $\begin{pmatrix} 3 & 2 & -1 \\ 6 & 4 & -2 \\ 9 & 6 & -3 \end{pmatrix}$. (2) 5. (3) $\begin{pmatrix} 6 & 5 & -7 \\ 0 & -1 & 2 \\ 4 & -2 & 6 \\ -2 & -1 & 1 \end{pmatrix}$.

6. (1) $7^3 \begin{pmatrix} 1 & 2 \\ 3 & 6 \end{pmatrix}$. (2) $\boldsymbol{O}$. (3) $\begin{pmatrix} 16 & 0 & 0 \\ 0 & 16 & 0 \\ -32 & 0 & 16 \end{pmatrix}$.

7. (1) $\begin{pmatrix} \frac{5}{22} & \frac{3}{22} \\ -\frac{2}{11} & \frac{1}{11} \end{pmatrix}$. (2) $\begin{pmatrix} 1 & 0 & 0 \\ 0 & 1 & -2 \\ 0 & 0 & 1 \end{pmatrix}$. (3) $\begin{pmatrix} 0 & 1 & 0 \\ 1 & 0 & 0 \\ 0 & 0 & 1 \end{pmatrix}$. (4) $\frac{1}{2} \begin{pmatrix} -1 & 1 & 1 \\ 1 & -1 & 1 \\ 1 & 1 & -1 \end{pmatrix}$.

(5) $\begin{pmatrix} 0 & 0 & 0 & \frac{1}{4} \\ 1 & 0 & 0 & 0 \\ 0 & \frac{1}{2} & 0 & 0 \\ 0 & 0 & \frac{1}{3} & 0 \end{pmatrix}$. (6) $\begin{pmatrix} 1 & 0 & 2 \\ 0 & \frac{1}{3} & 0 \\ 0 & 0 & 1 \end{pmatrix}$. (7) $\frac{1}{9} \begin{pmatrix} -2 & 4 & 1 \\ 6 & -3 & -3 \\ 1 & -2 & -5 \end{pmatrix}$.

8. (1) $\begin{pmatrix} -2 & -1 & 0 \\ 5 & 4 & 3 \end{pmatrix}$. (2) $\begin{pmatrix} 0 & 1 \\ 1 & 2 \\ 0 & 0 \end{pmatrix}$.

9. (1) 2. (2) 2.

10. 略.

11. 因 $A\left(\frac{1}{2}(A-3E)\right) = E$, 故 A 可逆. $A^{-1} = \frac{1}{2}(A-3E)$, $(A-3E)^{-1} = \frac{1}{2}A$.

同步训练题（二）

1. 填空题.

(1) 非齐次线性方程组 $\boldsymbol{A}_{m \times n} \boldsymbol{X} = \boldsymbol{b}$ 有解的充要条件为_____. 在有解的情况下,当_____时,有唯一解;当_____时,有无穷多组解.

(2) $\boldsymbol{X}_1, \boldsymbol{X}_2$ 是非齐次线性方程组 $\boldsymbol{AX} = \boldsymbol{b}$ 的解,如果 $k_1 \boldsymbol{X}_1 + k_2 \boldsymbol{X}_2$ 也是方程组 $\boldsymbol{AX} = \boldsymbol{b}$ 的解,那么 $k_1 + k_2 =$ _____.

(3) 齐次线性方程组 $\boldsymbol{A}_{m \times n} \boldsymbol{X} = \boldsymbol{O}$,当_____时,只有零解;当_____时,有无穷多组解.

2. 选择题.

(1) 齐次线性方程组 $\boldsymbol{A}_{3 \times 5} \boldsymbol{X}_{5 \times 1} = \boldsymbol{O}$ (   ).

A. 无解 B. 只有零解
C. 有无穷多解 D. 无法确定

(2) 当 $\lambda =$ ( ) 时,下列线性方程组有无穷多解.
$$\begin{cases} x_1 + 2x_2 - x_3 = \lambda - 1, \\ 3x_2 - x_3 = \lambda - 2, \\ \lambda x_2 - x_3 = (\lambda - 3)(\lambda - 4) + (\lambda - 2). \end{cases}$$

A. 1 B. 2
C. 3 D. 4

(3) 如果非齐次线性方程组中 $R(A \vdots b) > R(A)$,则这个非齐次线性方程组 $AX = b$ ( ).

A. 无解 B. 有唯一解
C. 有无穷多解 D. 不能确定

3. 求下列方程组的一般解.

(1) $\begin{cases} x_1 + 2x_2 - 3x_3 + x_4 = 1, \\ x_1 + x_2 + x_3 + x_4 = 0; \end{cases}$
(2) $\begin{cases} x_1 - x_2 + 5x_3 - x_4 = 0, \\ x_1 + x_2 - 2x_3 + 3x_4 = 0, \\ 3x_1 - x_2 + 8x_3 + x_4 = 0. \end{cases}$

4. 当 k 为何值时,下列非齐次线性方程组有解.
$$\begin{cases} 2x_1 - x_2 + x_3 + x_4 = 1, \\ x_1 + 2x_2 - x_3 + 4x_4 = 2, \\ x_1 + 7x_2 - 4x_3 + 11x_4 = k. \end{cases}$$

5. 求下列方程组的一般解.

(1) $\begin{cases} x_1 + x_2 + x_3 + 4x_4 - 3x_5 = 0, \\ x_1 - x_2 + 3x_3 - 2x_4 - x_5 = 0, \\ 2x_1 + x_2 + 3x_3 + 5x_4 - 5x_5 = 0; \end{cases}$
(2) $\begin{cases} x_1 - 2x_2 - x_3 + 2x_4 = 2, \\ 2x_1 + 5x_2 \quad\quad - 3x_4 = -1, \\ 4x_1 + x_2 - 2x_3 + x_4 = 3; \end{cases}$

(3) $\begin{cases} x_1 + 2x_2 - x_3 + 3x_4 + x_5 = 2, \\ 2x_1 + 4x_2 - 2x_3 + 6x_4 + 3x_5 = 6, \\ -x_1 - 2x_2 + x_3 - x_4 + 3x_5 = 4; \end{cases}$
(4) $\begin{cases} x_1 - x_2 - x_3 + x_4 = 0, \\ x_1 - x_2 + x_3 - 3x_4 = 2, \\ x_1 - x_2 - 2x_3 + 3x_4 = -1. \end{cases}$

参考答案(二)

1. (1) $R(A) = R(A \vdots b)$;$R(A) = R(A \vdots b) = n$;$R(A) = R(A \vdots b) < n$. (2) 1.

(3) $R(A) = n$;$R(A) < n$.

2. (1) C. (2) C. (3) A.

3. (1) $\begin{cases} x_1 = -1 - 5x_3 - x_4, \\ x_2 = 1 + 4x_3, \end{cases}$ 其中 x_3, x_4 为自由未知量.

(2) $\begin{cases} x_1 = -\dfrac{3}{2}x_3 - x_4, \\ x_2 = \dfrac{7}{2}x_3 - 2x_4, \end{cases}$ 其中 x_3, x_4 为自由未知量.

4. $k = 5$.

5. (1) $k_1(-2, 1, 1, 0, 0)^T + k_2(-1, -3, 0, 1, 0)^T + k_3(2, 1, 0, 0, 1)^T$,其中 k_1, k_2, k_3 为任意常数.

(2) $\left(\dfrac{8}{9}, -\dfrac{5}{9}, 0, 0\right)^T + k_1\left(\dfrac{5}{9}, -\dfrac{2}{9}, 1, 0\right)^T + k_2\left(-\dfrac{4}{9}, \dfrac{7}{9}, 0, 1\right)^T$,其中 k_1, k_2 为任意常数.

(3) $(3, 0, 0, -1, 2)^T + k_1(-2, 1, 0, -1, 2)^T + k_2(1, 0, 1, -1, 2)^T$,其中 k_1, k_2 为任意常数.

(4) $(1, 0, 1, 0)^T + k_1(1, 1, 0, 0)^T + k_2(1, 0, 2, 1)^T$,其中 k_1, k_2 为任意常数.

第 10 章　概率论基础

知识要点提示

一、随机试验与事件

1. 随机试验

随机试验是可重复进行,可有多种结果,但事先不能确切预言哪种结果会出现的试验.

2. 事件

随机试验的结果称为事件,事件可分为:必然事件 Ω;不可能事件 $\varnothing$;随机事件 A,B,C 等.

3. 事件的关系和运算

(1) 关系:包含、相容、对立、互不相容.
(2) 运算:并、交、差、逆.
(3) 事件运算的性质:交换律、结合律、分配律、摩根律.

二、事件的概率 $P(A)$

1. 统计定义

事件 A 在 n 次重复试验中出现了 m 次,当 n 充分大时,$\dfrac{m}{n}$ 会稳定在某个常数 p 附近摆动,则 $P(A)=p$.

2. 古典概型的定义

$$P(A) = \frac{\text{事件 } A \text{ 包含的基本事件数}}{\text{基本事件总数}}.$$

3. 概率的性质

$$0 \leqslant P(A) \leqslant 1,$$
$$P(\Omega) = 1,$$
$$P(\varnothing) = 0,$$
$$P(A) + P(\overline{A}) = 1.$$

4. 加法公式

(1) $\qquad P(A+B) = P(A) + P(B) - P(AB),$

若 $AB = \varnothing$,则

$$P(A+B) = P(A) + P(B).$$

(2) 若 $A_i A_j = \varnothing\ (i \neq j)$,则

$$P\left(\sum_{i=1}^{n} A_i\right) = \sum_{i=1}^{n} P(A_i).$$

(3) 若 $\sum_{i=1}^{n} A_i = \Omega$,则

$$P\left(\sum_{i=1}^{n} A_i\right) = 1.$$

(4) 若 $A \subset B$,则

$$P(B-A) = P(B) - P(A).$$

(5) $P(A+B+C) = P(A) + P(B) + P(C) - P(AB) - P(AC)$
$\qquad - P(BC) + P(ABC).$

三、条件概率与乘法法则

1. 条件概率

$$P(B|A) = \frac{P(AB)}{P(A)} \quad (P(A) > 0),$$
$$P(A|B) = \frac{P(AB)}{P(B)} \quad (P(B) > 0).$$

2. 乘法公式

$$P(AB) = P(A)P(B|A) = P(B)P(A|B).$$

$$P(A_1 A_2 \cdots A_n) = P(A_1)P(A_2|A_1)\cdots P(A_n|A_1 A_2 \cdots A_{n-1}), (P(A_1 A_2 \cdots A_{n-1}) > 0).$$

3. 全概率公式

设 $A_i A_j = \varnothing$ ($i \neq j$), $\sum_{i=1}^{n} A_i = \Omega$, $P(A_i) > 0$, 则对任意的事件 B, 有

$$P(B) = \sum_{i=1}^{n} P(A_i) P(B|A_i).$$

四、事件的独立性和伯努利概型

(1) 如果事件 A 的发生不受事件 B 的影响, 即 $P(A) = P(A|B)$, 则称事件 A, B 相互独立.

(2) 事件 A, B 相互独立的充要条件是 $P(AB) = P(A)P(B)$.

(3) n 个事件 $A_1, A_2, \cdots, A_n$ 相互独立, 则

$$P(A_1 A_2 \cdots A_n) = P(A_1)P(A_2)\cdots P(A_n),$$

$$P(A_1 + A_2 + \cdots + A_n) = 1 - P(\overline{A_1})P(\overline{A_2})\cdots P(\overline{A_n}).$$

(4) 伯努利试验.

每次试验只有两个结果 A 或 $\overline{A}$, 可以重复试验多次, 但每一次试验的结果不影响其他各次试验的结果, 且每次试验 A 出现的概率为 $P(A) = p$ ($0 < p < 1$).

(5) 伯努利概型.

在伯努利试验中, 设一次试验 A 发生的概率为 p, 则试验 n 次, 事件 A 发生 k 次的概率为

$$P_n(k) = C_n^k p^k q^{n-k} \quad (k = 0, 1, \cdots, n, q = 1 - p).$$

【注】 相互独立常常根据对事件的判断来确定, 如重复掷骰子、掷硬币、射击、有放回地取物等.

典型例题分析

【例 1】 设 A, B, C 为三个随机事件, 试用事件的运算表示下列事件:

(1) 只有事件 A 发生;

(2) A, B, C 中恰有一个事件发生;

(3) A,B,C 中至少有一个事件发生；

(4) A,B,C 都不发生；

(5) A,B,C 不都发生；

(6) A,B,C 中至少有两个事件发生；

(7) A,B,C 中恰有两个事件发生．

【解】 (1) 该题的含义为"事件 A 发生而事件 B,C 都不发生，因而可用 $A\bar{B}\bar{C}$ 表示或用事件的差表示为 $A-B-C$．

(2) 该题的含义为"只有事件 A 发生或只有事件 B 发生或只有事件 C 发生"，因而可用 $A\bar{B}\bar{C}+\bar{A}B\bar{C}+\bar{A}\bar{B}C$ 表示．

(3) 该题的含义为"事件 A,B,C 中恰有一个发生或恰有两个发生或三个都发生"，因而可以用 $A+B+C$ 或 $A\bar{B}\bar{C}+\bar{A}B\bar{C}+\bar{A}\bar{B}C+AB\bar{C}+A\bar{B}C+\bar{A}BC+ABC$ 表示，显然前者比后者简洁．事实上，后者通过运算化简，和前者是相等的．

(4) 该题的含义为"事件 A,B,C 中哪一个也不发生"，因而可以用 $\bar{A}\bar{B}\bar{C}$ 或 $\overline{A+B+C}$ 表示．

(5) 该题的含义为"事件 A,B,C 不同时发生"，也就是"A,B,C 中至少有一个不发生"，因而可用 $\overline{ABC}$ 或 $\bar{A}+\bar{B}+\bar{C}$ 表示．

(6) 该题的含义为"事件 A,B,C 中恰有两个发生或三个都发生"，因而可用 $AB+AC+BC$ 或 $AB\bar{C}+A\bar{B}C+\bar{A}BC+ABC$ 表示．

(7) 该题的含义为"事件 A,B,C 中某两个发生时第三个一定不发生"，因而可用 $AB\bar{C}+A\bar{B}C+\bar{A}BC$ 表示．

【例2】 若 $A\subset B,P(A)=0.1,P(B)=0.5$，求

(1) $P(AB)$；

(2) $P(A+B)$；

(3) $P(\bar{A}+\bar{B})$．

【解】 因 $AB=A,A+B=B,\bar{A}+\bar{B}=\overline{AB}$，故

(1) $P(AB)=P(A)=0.1$；

(2) $P(A+B)=P(B)=0.5$；

(3) $P(\bar{A}+\bar{B})=P(\overline{AB})=1-P(AB)=1-0.1=0.9$．

【例3】 掷三粒骰子，所得点数能排成等差数列的概率是多少？

【解】 每粒骰子有 6 面，点数有 6 种．所以所有基本事件总数为 $6^3=216$ 个．三个点构成等差数列的有 $123,234,345,456,135,246$，共 6 种，每种的排列数有 $3!$，因而该事件包含的基本事件数有 $6\times 3!=36$ 个．故

$$p=\frac{36}{216}=\frac{1}{6}.$$

【例4】 书架上放有9本中文书和3本英文书,现从中任意顺次取出3本(无放回),求:

(1) 第3次取出的是中文书的概率;

(2) 若第3次取出的是中文书,求第1次取出的也是中文书的概率.

【解】 (1) 第3次取到中文书这一事件由下列互不相容事件组成:(中,中,中)、(中,英,中)、(英,中,中)、(英,英,中). 故由加法公式,得

$$p = P(中,中,中) + P(中,英,中) + P(英,中,中) + P(英,英,中)$$
$$= \frac{9}{12} \times \frac{8}{11} \times \frac{7}{10} + \frac{9}{12} \times \frac{3}{11} \times \frac{8}{10} + \frac{3}{12} \times \frac{9}{11} \times \frac{8}{10} + \frac{3}{12} \times \frac{2}{11} \times \frac{9}{10} = \frac{99}{132}.$$

(2) 第1,3次取到中文书由(中,中,中)、(中,英,中)两个互不相容的事件组成. 故

$$p = P(中,中,中) + P(中,英,中) = \frac{9}{12} \times \frac{8}{11} \times \frac{7}{10} + \frac{9}{12} \times \frac{3}{11} \times \frac{8}{10}$$
$$= \frac{72}{99} = \frac{8}{11}.$$

【例5】 某高校学生四级英语考试及格率为98%,其中70%通过六级考试,试求随意抽查一名学生,该生通过六级的概率.

【解】 设 A 表示事件"通过六级",B 表示事件"通过四级". 由已知有

$$P(B) = 0.98,$$
$$P(A|B) = 0.7,$$

且 $A = AB$,故

$$P(A) = P(AB) = P(B) \cdot P(A|B) = 0.98 \times 0.7 = 0.686.$$

【例6】 掷3粒骰子,已知得到的3个点数不同,求其中包含了1点的概率.

【解】 设事件 A 表示3个点数不同,事件 B 表示含有1点,要求 $P(B|A)$. 掷3粒骰子,基本事件总数为 $6^3 = 216$ 种,事件 A 所包含基本事件数为 $P_6^3 = 120$,因而

$$P(A) = \frac{120}{216} = \frac{5}{9}.$$

事件 AB 表示3个点数不同且其中有1个点数为1,则 AB 含有基本事件数 $C_5^2 P_3^3 = 60$,故

$$P(AB) = \frac{60}{216} = \frac{5}{18}.$$

$$P(B|A) = \frac{P(AB)}{P(A)} = \frac{60/216}{120/216} = \frac{1}{2}.$$

【注】 例5和例6中,例5用的是乘法公式,例6解的是条件概率,但事实上它们都是同一个公式的两种运用. 因此在计算时,一是要搞清楚各事件之间的相互关系,二是要正确地使用公式.

【例7】 考试中有一道选择题有 4 个答案,其中仅有 1 个是正确的. 设一个学生知道或不知道正确答案是等可能的,求这名学生答对题的概率.

【解】 样本空间可划分为:A 表示知道正确答案,$\overline{A}$ 表示不知道正确答案. 则

$$P(A) = P(\overline{A}) = \frac{1}{2}.$$

又设 B 表示学生答对了,则有

$$P(B|A) = 1,$$
$$P(B|\overline{A}) = \frac{1}{4}.$$

由全概率公式,得

$$P(B) = P(A)P(B|A) + P(\overline{A})P(B|\overline{A})$$
$$= \frac{1}{2} \times 1 + \frac{1}{2} \times \frac{1}{4} = \frac{5}{8}.$$

【注】 全概率公式是概率论的重要公式之一,应用公式时,应注意将样本空间划分为一个完备事件组,即 $A_1, A_2, \cdots, A_n$ 两两互斥,且 $\sum_{i=1}^{n} A_i = \Omega$,$P(A_i) > 0$. 然后计算 A_i 的概率 $P(A_i)$ 和条件概率 $P(B|A_i)$ ($i = 1, 2, \cdots, n$),一并代入全概率公式. 全概率公式是求复杂事件概率的有力工具.

【例8】 某商店收到甲厂生产的产品 30 箱,每箱产品 100 个,废品率为 0.06;收到乙厂生产的同类产品 20 箱,每箱产品 120 个,废品率为 0.05.

(1) 任取一箱,从中取出一个产品,求该产品为废品的概率;

(2) 若将所有产品开箱取出后混放,任取一个产品,求该产品为废品的概率.

【解】 (1) 设事件 A 表示甲厂产品(箱),事件 $\overline{A}$ 表示乙厂产品(箱),事件 B 表示废品,则

$$P(A) = \frac{30}{50} = \frac{3}{5},$$
$$P(\overline{A}) = \frac{20}{50} = \frac{2}{5},$$
$$P(B|A) = 0.06, \quad P(B|\overline{A}) = 0.05.$$

由全概率公式,得

$$P(B) = P(A)P(B|A) + P(\overline{A})P(B|\overline{A})$$
$$= \frac{3}{5} \times 0.06 + \frac{2}{5} \times 0.05$$
$$= 0.056.$$

(2) 开箱混放后,共有 $30 \times 100 + 20 \times 120 = 5\,400$ 个产品,其中甲厂产品有

$30 \times 100 = 3\,000$ 个,乙厂产品有 $20 \times 120 = 2\,400$ 个,故

$$P(A) = \frac{3\,000}{5\,400} = \frac{5}{9},$$

$$P(\overline{A}) = 1 - \frac{5}{9} = \frac{4}{9}.$$

由全概率公式,得

$$P(B) = P(A)P(B|A) + P(\overline{A})P(B|\overline{A})$$

$$= \frac{5}{9} \times 0.06 + \frac{4}{9} \times 0.05$$

$$= \frac{1}{18}.$$

【注】 这也是一个典型的全概率公式的应用计算题,是求最终取得产品的废品率.由于(1)、(2)抽取产品的方式不同,直接导致抽到两个厂家的产品的概率不同,因而最后计算的结果也不同.

【例9】 一口袋中有 10 个球,其中 3 个黑球,7 个白球,每次从袋中任取 1 球,取后放回.求取球 3 次,恰好取得黑球 1 次的概率.

【解】 记一次取黑球的概率为 p,则 $p = \frac{3}{10}$,这是伯努利概型的题.由公式得

$$P_3(1) = C_3^1 p^1 (1-p)^{3-1},$$

有

$$P_3(1) = C_3^1 \left(\frac{3}{10}\right)^1 \left(\frac{7}{10}\right)^2 = 0.441.$$

【例10】 某射手在 3 次射击中至少命中 1 次的概率为 0.875,求这名射手 1 次射击命中目标的概率.

【解】 设 p 为 1 次射击命中目标的概率,这也是一个伯努利概型的问题,则 3 次射击全不中的概率为

$$P_3(0) = C_3^0 p^0 (1-p)^3 = (1-p)^3,$$

而至少击中 1 次是 3 次全不中的对立事件,故

$$1 - (1-p)^3 = 0.875,$$

解得

$$p = 0.5.$$

【注】 例9、例10 都是伯努利概型的题,用的是同一个公式 $P_n(k) = C_n^k p^k (1-p)^{n-k}$,但例9 是已知 p 求 $P_n(k)$,而例10 正好相反,已知 $P_n(k)$ 求 p.通常在解题时,一定要灵活运用公式,把题意理解清楚,根据条件,选取合适的方法解决问题.下面一例,则综合运用了伯努利概型和全概率公式进行解题.

【例 11】 某仪器有 3 个独立工作的元件,它们损坏的概率都是 0.1. 当 1 个元件损坏时,仪器发生故障的概率为 0.25;当 2 个元件损坏时,仪器发生故障的概率为 0.6;当 3 个元件损坏时,仪器发生故障的概率为 0.95. 求仪器发生故障的概率.

【解】 设事件 $A_i(i=0,1,2,3)$ 表示 3 个元件中有 i 个损坏,事件 B 表示仪器发生故障.

$$P(A_0)=(1-0.1)^3=0.729,$$
$$P(A_1)=C_3^1(0.1)^1(0.9)^1=0.243,$$
$$P(A_2)=C_3^2(0.1)^2(0.9)^1=0.027,$$
$$P(A_3)=(0.1)^3=0.001,$$

且 A_0,A_1,A_2,A_3 是一个完备事件.

由已知得

$$P(B|A_0)=0,$$
$$P(B|A_1)=0.25,$$
$$P(B|A_2)=0.6,$$
$$P(B|A_3)=0.95,$$

故

$$P(B)=\sum_{i=0}^{3}P(A_i)P(B|A_i)$$
$$=0.729\times 0+0.243\times 0.25+0.027\times 0.6+0.001\times 0.95$$
$$=0.0779.$$

同步训练题

1. 选择题.

(1) "两个事件对立"是"两个事件互不相容"的( ).

A. 充分非必要条件 B. 必要非充分条件
C. 充要条件 D. 既非充分也非必要条件

(2) 一排座位有 12 个,有 8 人就座,则恰好有 4 个空位在一起的概率是( ).

A. $\dfrac{7}{C_{12}^8}$ B. $\dfrac{8}{C_{12}^8}$

C. $\dfrac{9}{C_{12}^8}$ D. $\dfrac{4}{C_{12}^8}$

(3) 一个学生通过就业面试的概率为 $\frac{1}{2}$，他连续参加 2 场就业面试，则恰有 1 次通过的概率为(　　).

A. $\frac{1}{4}$　　　　　　　　B. $\frac{1}{3}$

C. $\frac{1}{2}$　　　　　　　　D. $\frac{1}{6}$

(4) 将 3 枚硬币一起掷出，出现 2 枚正面向上、1 枚反面向上的概率是(　　).

A. $\frac{3}{2}$　　　　　　　　B. $\frac{3}{8}$

C. $\frac{1}{8}$　　　　　　　　D. $\frac{5}{8}$

2. 填空题.

(1) 设 $P(A)=0.3, P(A+B)=0.6$.

① 若 A,B 互不相容，则 $P(B)=$ _____；

② 若 A,B 相互独立，则 $P(B)=$ _____；

③ 若 $A \subset B$，则 $P(B)=$ _____．

(2) 设 $P(A)=P(B)=P(C)=\frac{1}{3}$，$A,B,C$ 相互独立，则

① A,B,C 至少有一个出现的概率为 _____；

② A,B,C 恰好出现一个的概率为 _____；

③ A,B,C 最多出现一个的概率为 _____．

3. 化简下列各式.

(1) $(A+B)(\overline{A}+\overline{B})$；

(2) $(A+B)(B+\overline{A})$；

(3) $(A+B)(A+\overline{B})(\overline{A}+B)(\overline{A}+\overline{B})$．

4. 在经济学院的学生中选一名学生，令事件 A 表示被选的学生是男生，事件 B 表示该生是三年级学生，事件 C 表示该生是校排球运动员．

(1) 叙述事件 $AB\overline{C}$ 的意义．

(2) 在什么条件下，$C \subset B$ 是正确的？

(3) 在什么条件下，$\overline{A}=B$ 成立？

5. 已知 $A \subset B, P(A)=0.2, P(B)=0.3$，求：

(1) $P(\overline{A}), P(\overline{B})$；

(2) $P(AB)$；

(3) $P(A+B)$；

(4) $P(B\bar{A})$;

(5) $P(A-B)$.

6. 从一批由 45 件正品、5 件次品组成的产品中任取 3 件,求其中恰好有一件次品的概率.

7. 盒中有 10 件产品,其中 3 件是次品,有放回地从中取 2 次,每次取 1 件.求下列事件的概率:

(1) 取到的 2 件都是正品;

(2) 取到的 2 件中,1 件为正品,1 件为次品;

(3) 取到的 2 件中至少有 1 件次品.

8. 20 名运动员中有 2 名种子选手,现将运动员平均分成两组,求:

(1) 2 名种子选手分在不同组的概率;

(2) 2 名种子选手分在同一组的概率.

9. 某种动物的寿命为 20 年以上的概率是 0.8,寿命为 25 年以上的概率是 0.4.如果现在有一个 20 岁的这种动物,它能活到 25 岁以上的概率是多少?

10. 一批零件共 100 个,次品率为 10%,每次从中任取一个零件(不放回).求下列事件的概率:

(1) 第 3 次才取得合格品;

(2) 如果取得 1 个合格品后,就不再取零件,在 3 次内取得合格品.

11. 盒子中有 8 个红球和 4 个白球,每次从盒子中任取一球(不放回),连取两次.求取得两球都是红球的概率.

12. 一个盒子中有 10 件某零件,其中有 4 件次品,逐个抽取检测,检测后不放回,直到 4 件次品都找到为止.求:

(1) 第 5 次检测完成任务的概率;

(2) 第 10 次检测完成任务的概率.

13. 两台机床加工同样的零件,第一台出现废品的概率为 0.03,第二台出现废品的概率为 0.02,加工出来的零件放在一起.又已知第一台加工的零件数是第二台加工零件数的两倍,求任取一零件是合格品的概率.

14. 有 10 个袋子,各袋中装球情况如下:

(1) 两个袋子中各有 2 个白球,4 个红球;

(2) 三个袋子中各有 3 个白球,3 个红球;

(3) 五个袋子中各有 4 个白球,2 个红球.

现任选一个袋子,并从中任取 2 个球,求取出的 2 个球都是白球的概率.

15. 甲、乙两人向同一目标射击,设甲的命中率为 80%,乙的命中率为 40%,求目标被击中的概率.

16. 加工某一零件共需经过三道工序,第一、二、三道工序的次品率分别是 2%,3%,5%,假定各道工序是互不影响的,问加工出来的零件的次品率是多少?

17. 一批产品中有 30% 一级品,有放回地取 5 个样品.求:
(1) 取出的 5 个样品中恰有 2 个一级品的概率;
(2) 取出的 5 个样品中至少有 2 个一级品的概率.

18. 用图示法验证:对任意三个事件 A,B,C,有
$$P(A+B+C)=P(A)+P(B)+P(C)-P(AB)-P(AC)\\-P(BC)+P(ABC).$$

19. 3 个人独立地解一道难题,他们能解出的概率分别为 $\frac{1}{5},\frac{1}{3},\frac{1}{4}$,问这道难题能解出的概率是多少?

参考答案

1. (1) A. (2) C. (3) C. (4) B.

2. (1) ① 0.3;② $\frac{7}{3}$;③ 0.6. (2) ① $\frac{19}{27}$;② $\frac{4}{9}$;③ $\frac{20}{27}$.

3. (1) $A\bar{B}+\bar{A}B$. (2) B. (3) $\varnothing$.

4. (1) 该生是三年级男生,不是校排球运动员;
(2) 经济学院校排球运动员全是三年级学生时,$C \subset B$ 正确;
(3) 经济学院三年级学生全是女生,而其他年级都是男生时,$\bar{A}=B$ 正确.

5. (1) 0.8,0.7. (2) 0.2. (3) 0.3. (4) 0.1. (5) 0. **6.** $\frac{99}{392}$.

7. (1) $\frac{49}{100}$. (2) $\frac{21}{50}$. (3) $\frac{51}{100}$. **8.** (1) 0.526. (2) 0.474. **9.** 0.5.

10. (1) 0.008 3. (2) 0.999 3. **11.** $\frac{14}{33}$. **12.** (1) $\frac{2}{105}$. (2) $\frac{2}{5}$.

13. 0.973. **14.** $\frac{41}{150}$. **15.** 0.88. **16.** 0.096 93.

17. (1) 0.309. (2) 0.472. **18.** 略. **19.** 0.6.

附录 A 基本初等函数图形及其性质

名称	表 达 式	定 义 域	图 形	性 质
常数函数	$y=C$	$(-\infty,+\infty)$		
幂函数	$y=x^\alpha\ (\alpha\neq 0)$	在 $(0,+\infty)$ 内都有定义		都经过点 $(1,1)$，在第一象限内. $\alpha>0$，x^α 为增函数；$\alpha<0$，x^α 为减函数
指数函数	$y=a^x\ (a>0,a\neq 1)$	$(-\infty,+\infty)$		图形在 x 轴上方，且都通过点 $(0,1)$ 当 $0<a<1$ 时，a^x 是减函数，当 $a>1$ 时，a^x 是增函数
对数函数	$y=\log_a x$ $(a>0,a\neq 1)$	$(0,+\infty)$		图形在 y 轴右侧，都通过点 $(1,0)$ 当 $0<a<1$ 时，$\log_a x$ 为减函数，当 $a>1$ 时，$\log_a x$ 为增函数
正弦函数	$y=\sin x$	$(-\infty,+\infty)$		是以 2π 为最小正周期的奇函数，图形在直线 $y=1$ 与 $y=-1$ 之间

续表

名称	表达式	定义域	图形	性质
余弦函数	$y=\cos x$	$(-\infty,+\infty)$		是以 2π 为最小正周期的偶函数，图形在直线 $y=1$ 与 $y=-1$ 之间
正切函数	$y=\tan x$	$x\neq k\pi+\dfrac{\pi}{2}$ $(k=0,\pm 1,\pm 1,\cdots)$		以 π 为最小正周期的奇函数，在 $\left(-\dfrac{\pi}{2}+k\pi,\dfrac{\pi}{2}+k\pi\right)$ 内是增函数
余切函数	$y=\cot x$	$x\neq k\pi$ $(k=0,\pm 1,\pm 1,\cdots)$		以 π 为最小正周期的奇函数，在 $(k\pi,\pi+k\pi)$ 内是减函数
反正弦函数	$y=\arcsin x$	$[-1,1]$		单调增加的奇函数，值域为 $\left[-\dfrac{\pi}{2},\dfrac{\pi}{2}\right]$
反余弦函数	$y=\arccos x$	$[-1,1]$		单调减少，值域为 $[0,\pi]$
反正切函数	$y=\arctan x$	$(-\infty,+\infty)$		单调增加的奇函数，值域为 $\left(-\dfrac{\pi}{2},\dfrac{\pi}{2}\right)$

续表

名称	表达式	定义域	图形	性质
反余切函数	$y=\operatorname{arccot}x$	$(-\infty,+\infty)$		单调减少,值域为 $(0,\pi)$

附录 B　初等数学中的常用公式

（一）指数幂运算法则

1. $x^0 = 1$.

2. $x^{-\alpha} = \dfrac{1}{x^\alpha}$.

3. $x^\alpha \cdot x^\beta = x^{\alpha+\beta}$.

4. $\dfrac{x^\alpha}{x^\beta} = x^{\alpha-\beta}$.

5. $(x^\alpha)^\beta = x^{\alpha\beta}$.

6. $(xy)^\alpha = x^\alpha y^\alpha$.

7. $\left(\dfrac{x}{y}\right)^\alpha = \dfrac{x^\alpha}{y^\alpha}$.

8. $x^{\frac{\beta}{\alpha}} = \sqrt[\alpha]{x^\beta}$.

（二）对数运算法则$(a>0, a\neq 1)$

1. $\log_a 1 = 0$.

2. $\log_a a = 1$.

3. $a^{\log_a m} = m$ （对数恒等式）.

4. $\log_a(mn) = \log_a m + \log_a n$.

5. $\log_a\left(\dfrac{m}{n}\right) = \log_a m - \log_a n$.

6. $\log_a m^n = n\log_a m$.

7. $\log_a m = \dfrac{\log_b m}{\log_b a}$ （换底公式）.

8. 零和负数无对数.

（三）指数与对数互化

$a^b = N \Leftrightarrow b = \log_a N \quad (a>0, a\neq 1)$.

(四)常见的三角公式

1. 同角三角函数的关系:

$$\sin\alpha \cdot \csc\alpha = 1$$
$$\cos\alpha \cdot \sec\alpha = 1$$
$$\tan\alpha \cdot \cot\alpha = 1$$
$$\sin^2\alpha + \cos^2\alpha = 1$$
$$1 + \tan^2\alpha = \sec^2\alpha$$
$$1 + \cot^2\alpha = \csc^2\alpha$$
$$\tan\alpha = \frac{\sin\alpha}{\cos\alpha}$$
$$\cot\alpha = \frac{\cos\alpha}{\sin\alpha}.$$

2. 和角公式:

$$\sin(\alpha \pm \beta) = \sin\alpha\cos\beta \pm \cos\alpha\sin\beta$$
$$\cos(\alpha \pm \beta) = \cos\alpha\cos\beta \mp \sin\alpha\sin\beta$$
$$\tan(\alpha \pm \beta) = \frac{\tan\alpha \pm \tan\beta}{1 \mp \tan\alpha \cdot \tan\beta}.$$

3. 倍角公式和降幂公式:

$$\sin 2\alpha = 2\sin\alpha\cos\alpha$$
$$\cos 2\alpha = \cos^2\alpha - \sin^2\alpha$$
$$\qquad = 2\cos^2\alpha - 1$$
$$\qquad = 1 - 2\sin^2\alpha$$
$$\tan 2\alpha = \frac{2\tan\alpha}{1 - \tan^2\alpha}$$
$$\cos^2\alpha = \frac{1 + \cos 2\alpha}{2}$$
$$\sin^2\alpha = \frac{1 - \cos 2\alpha}{2}.$$

4. 和差化积和积化和差公式:

$$\sin\alpha + \sin\beta = 2\sin\frac{\alpha + \beta}{2}\cos\frac{\alpha - \beta}{2}$$
$$\sin\alpha - \sin\beta = 2\cos\frac{\alpha + \beta}{2}\sin\frac{\alpha - \beta}{2}$$
$$\cos\alpha + \cos\beta = 2\cos\frac{\alpha + \beta}{2}\cos\frac{\alpha - \beta}{2}$$

$$\cos\alpha - \cos\beta = -2\sin\frac{\alpha+\beta}{2}\sin\frac{\alpha-\beta}{2}$$

$$\sin\alpha \cdot \cos\beta = \frac{1}{2}[\sin(\alpha+\beta) + \sin(\alpha-\beta)]$$

$$\cos\alpha \cdot \sin\beta = \frac{1}{2}[\sin(\alpha+\beta) - \sin(\alpha-\beta)]$$

$$\cos\alpha \cdot \cos\beta = \frac{1}{2}[\cos(\alpha+\beta) + \cos(\alpha-\beta)]$$

$$\sin\alpha \cdot \sin\beta = -\frac{1}{2}[\cos(\alpha+\beta) - \cos(\alpha-\beta)].$$

附录 C 积 分 表

（一）含有 $ax+b$ 的积分

1. $\int \dfrac{dx}{ax+b} = \dfrac{1}{a}\ln|ax+b| + C.$

2. $\int (ax+b)^\alpha dx = \dfrac{1}{a(\alpha+1)}(ax+b)^{\alpha+1} + C \ (\alpha \neq -1).$

3. $\int \dfrac{x}{ax+b}dx = \dfrac{1}{a^2}(ax+b-b\ln|ax+b|) + C.$

4. $\int \dfrac{x^2}{ax+b}dx = \dfrac{1}{a^3}\left[\dfrac{1}{2}(ax+b)^2 - 2b(ax+b) + b^2\ln|ax+b|\right] + C.$

5. $\int \dfrac{dx}{x(ax+b)} = -\dfrac{1}{b}\ln\left|\dfrac{ax+b}{x}\right| + C.$

6. $\int \dfrac{dx}{x^2(ax+b)} = -\dfrac{1}{bx} + \dfrac{a}{b^2}\ln\left|\dfrac{ax+b}{x}\right| + C.$

7. $\int \dfrac{x}{(ax+b)^2}dx = \dfrac{1}{a^2}\left[\ln|ax+b| + \dfrac{b}{ax+b}\right] + C.$

8. $\int \dfrac{x^2}{(ax+b)^2}dx = \dfrac{1}{a^3} + \left[ax+b - 2b\ln|ax+b| - \dfrac{b^2}{ax+b}\right] + C.$

9. $\int \dfrac{dx}{x(ax+b)^2} = \dfrac{1}{b(ax+b)} - \dfrac{1}{b^2}\ln\left|\dfrac{ax+b}{x}\right| + C.$

（二）含有 $\sqrt{ax+b}$ 的积分

10. $\int \sqrt{ax+b}\,dx = \dfrac{2}{3a}\sqrt{(ax+b)^3} + C.$

11. $\int x\sqrt{ax+b}\,dx = \dfrac{2}{15a^2}(3ax-2b)\sqrt{(ax+b)^3} + C.$

12. $\int x^2\sqrt{ax+b}\,dx = \dfrac{2}{105a^3}(15a^2x^2 - 12abx + 8b^2)\sqrt{(ax+b)^3} + C.$

13. $\int \dfrac{x}{\sqrt{ax+b}}dx = \dfrac{2}{3a^2}(ax-2b)\sqrt{ax+b} + C.$

14. $\int \dfrac{x^2}{\sqrt{ax+b}}\mathrm{d}x = \dfrac{2}{15a^3}(3a^2x^2 - 4abx + 8b^2)\sqrt{ax+b} + C.$

15. $\int \dfrac{\mathrm{d}x}{x\sqrt{ax+b}} = \begin{cases} \dfrac{1}{\sqrt{b}}\ln\left|\dfrac{\sqrt{ax+b}-\sqrt{b}}{\sqrt{ax+b}+\sqrt{b}}\right| + C & (b>0), \\ \dfrac{2}{\sqrt{-b}}\arctan\sqrt{\dfrac{ax+b}{-b}} + C & (b<0). \end{cases}$

16. $\int \dfrac{\mathrm{d}x}{x^2\sqrt{ax+b}} = -\dfrac{\sqrt{ax+b}}{bx} - \dfrac{a}{2b}\int \dfrac{\mathrm{d}x}{x\sqrt{ax+b}}.$

17. $\int \dfrac{\sqrt{ax+b}}{x}\mathrm{d}x = 2\sqrt{ax+b} + b\int \dfrac{\mathrm{d}x}{x\sqrt{ax+b}}.$

18. $\int \dfrac{\sqrt{ax+b}}{x^2}\mathrm{d}x = -\dfrac{\sqrt{ax+b}}{x} + \dfrac{a}{2}\int \dfrac{\mathrm{d}x}{x\sqrt{ax+b}}.$

(三) 含有 $x^2 \pm a^2$ 的积分

19. $\int \dfrac{\mathrm{d}x}{x^2+a^2} = \dfrac{1}{a}\arctan\dfrac{x}{a} + C, a \neq 0.$

20. $\int \dfrac{\mathrm{d}x}{(x^2+a^2)^n} = \dfrac{x}{2(n-1)a^2(x^2+a^2)^{n-1}} + \dfrac{2n-3}{2(n-1)a^2}\int \dfrac{\mathrm{d}x}{(x^2+a^2)^{n-1}}.$

21. $\int \dfrac{\mathrm{d}x}{x^2-a^2} = \dfrac{1}{2a}\ln\left|\dfrac{x-a}{x+a}\right| + C.$

(四) 含有 $ax^2+b(a>0)$ 的积分

22. $\int \dfrac{\mathrm{d}x}{ax^2+b} = \begin{cases} \dfrac{1}{2\sqrt{-ab}}\ln\left|\dfrac{\sqrt{a}x-\sqrt{-b}}{\sqrt{a}x+\sqrt{-b}}\right| + C & (b<0). \\ \dfrac{1}{\sqrt{ab}}\arctan\sqrt{\dfrac{a}{b}}x + C & (b>0). \end{cases}$

23. $\int \dfrac{x}{ax^2+b}\mathrm{d}x = \dfrac{1}{2a}\ln|ax^2+b| + C.$

24. $\int \dfrac{x^2}{ax^2+b}\mathrm{d}x = \dfrac{x}{a} - \dfrac{b}{a}\int \dfrac{\mathrm{d}x}{ax^2+b}.$

25. $\int \dfrac{\mathrm{d}x}{x(ax^2+b)} = \dfrac{1}{2b}\ln\dfrac{x^2}{|ax^2+b|} + C.$

26. $\int \dfrac{\mathrm{d}x}{x^2(ax^2+b)} = -\dfrac{1}{bx} - \dfrac{a}{b}\int \dfrac{\mathrm{d}x}{ax^2+b}.$

27. $\int \dfrac{\mathrm{d}x}{x^3(ax^2+b)} = \dfrac{a}{2b^2}\ln\dfrac{|ax^2+b|}{x^2} - \dfrac{1}{2bx^2} + C.$

28. $\int \dfrac{\mathrm{d}x}{(ax^2+b)^2} = \dfrac{x}{2b(ax^2+b)} + \dfrac{1}{2b}\int \dfrac{\mathrm{d}x}{ax^2+b}.$

(五) 含有 $ax^2+bx+c(a>0)$ 的积分

29. $\int \dfrac{\mathrm{d}x}{ax^2+bx+c} = \begin{cases} \dfrac{1}{\sqrt{b^2-4ac}}\ln\left|\dfrac{2ax+b-\sqrt{b^2-4ac}}{2ax+b+\sqrt{b^2-4ac}}\right| + C & (b^2>4ac), \\ \dfrac{2}{\sqrt{4ac-b^2}}\arctan\dfrac{2ax+b}{\sqrt{4ac-b^2}} + C & (b^2<4ac). \end{cases}$

30. $\int \dfrac{x}{ax^2+bx+c}\mathrm{d}x = \dfrac{1}{2a}\ln|ax^2+bx+c| - \dfrac{b}{2a}\int \dfrac{\mathrm{d}x}{ax^2+bx+c}.$

(六) 含有 $\sqrt{x^2+a^2}\,(a>0)$ 的积分

31. $\int \dfrac{\mathrm{d}x}{\sqrt{x^2+a^2}} = \operatorname{arsh}\dfrac{x}{a} + C_1 = \ln(x+\sqrt{x^2+a^2}) + C.$

32. $\int \dfrac{\mathrm{d}x}{\sqrt{(x^2+a^2)^3}} = \dfrac{x}{a^2\sqrt{x^2+a^2}} + C.$

33. $\int \dfrac{x}{\sqrt{x^2+a^2}}\mathrm{d}x = \sqrt{x^2+a^2} + C.$

34. $\int \dfrac{x}{\sqrt{(x^2+a^2)^3}}\mathrm{d}x = -\dfrac{1}{\sqrt{x^2+a^2}} + C.$

35. $\int \dfrac{x^2}{\sqrt{x^2+a^2}}\mathrm{d}x = \dfrac{x}{2}\sqrt{x^2+a^2} - \dfrac{a^2}{2}\ln(x+\sqrt{x^2+a^2}) + C.$

36. $\int \dfrac{x^2}{\sqrt{(x^2+a^2)^3}}\mathrm{d}x = -\dfrac{x}{\sqrt{x^2+a^2}} + \ln(x+\sqrt{x^2+a^2}) + C.$

37. $\int \dfrac{\mathrm{d}x}{x\sqrt{x^2+a^2}} = \dfrac{1}{a}\ln\dfrac{\sqrt{x^2+a^2}-a}{|x|} + C.$

38. $\int \dfrac{\mathrm{d}x}{x^2\sqrt{x^2+a^2}} = -\dfrac{\sqrt{x^2+a^2}}{a^2 x} + C.$

39. $\int \sqrt{x^2+a^2}\,\mathrm{d}x = \dfrac{x}{2}\sqrt{x^2+a^2} + \dfrac{a^2}{2}\ln(x+\sqrt{x^2+a^2}) + C.$

40. $\int \sqrt{(x^2+a^2)^3}\,\mathrm{d}x = \dfrac{x}{8}(2x^2+5a^2)\sqrt{x^2+a^2} + \dfrac{3a^4}{8}\ln(x+\sqrt{x^2+a^2}) + C.$

41. $\int x\sqrt{x^2+a^2}\,\mathrm{d}x = \dfrac{1}{3}\sqrt{(x^2+a^2)^3} + C.$

42. $\int x^2\sqrt{x^2+a^2}\,\mathrm{d}x = \dfrac{x}{8}(2x^2+a^2)\sqrt{x^2+a^2} - \dfrac{a^4}{8}\ln(x+\sqrt{x^2+a^2}) + C.$

43. $\int \dfrac{\sqrt{x^2+a^2}}{x}\mathrm{d}x = \sqrt{x^2+a^2} + a\ln\dfrac{\sqrt{x^2+a^2}-a}{|x|} + C.$

44. $\int \dfrac{\sqrt{x^2+a^2}}{x^2}\mathrm{d}x = -\dfrac{\sqrt{x^2+a^2}}{x} + \ln(x+\sqrt{x^2+a^2}) + C.$

(七) 含有 $\sqrt{x^2-a^2}\,(a>0)$ 的积分

45. $\int \dfrac{\mathrm{d}x}{\sqrt{x^2-a^2}} = \dfrac{x}{|x|}\mathrm{arch}\dfrac{|x|}{a} + C_1 = \ln|x+\sqrt{x^2-a^2}| + C.$

46. $\int \dfrac{\mathrm{d}x}{\sqrt{(x^2-a^2)^3}} = -\dfrac{x}{a^2\sqrt{x^2-a^2}} + C.$

47. $\int \dfrac{x}{\sqrt{x^2-a^2}}\mathrm{d}x = \sqrt{x^2-a^2} + C.$

48. $\int \dfrac{x}{\sqrt{(x^2-a^2)^3}}\mathrm{d}x = -\dfrac{1}{\sqrt{x^2-a^2}} + C.$

49. $\int \dfrac{x^2}{\sqrt{x^2-a^2}}\mathrm{d}x = \dfrac{x}{2}\sqrt{x^2-a^2} + \dfrac{a^2}{2}\ln|x+\sqrt{x^2-a^2}| + C.$

50. $\int \dfrac{x^2}{\sqrt{(x^2-a^2)^3}}\mathrm{d}x = -\dfrac{x}{\sqrt{x^2-a^2}} + \ln|x+\sqrt{x^2-a^2}| + C.$

51. $\int \dfrac{\mathrm{d}x}{x\sqrt{x^2-a^2}} = \dfrac{1}{a}\arccos\dfrac{a}{|x|} + C.$

52. $\int \dfrac{\mathrm{d}x}{x^2\sqrt{x^2-a^2}} = \dfrac{\sqrt{x^2-a^2}}{a^2 x} + C.$

53. $\int \sqrt{x^2-a^2}\,\mathrm{d}x = \dfrac{x}{2}\sqrt{x^2-a^2} - \dfrac{a^2}{2}\ln|x+\sqrt{x^2-a^2}| + C.$

54. $\int \sqrt{(x^2-a^2)^3}\,\mathrm{d}x = \dfrac{x}{8}(2x^2-5a^2)\sqrt{x^2-a^2} + \dfrac{3a^4}{8}\ln|x+\sqrt{x^2-a^2}| + C.$

55. $\int x\sqrt{x^2-a^2}\,\mathrm{d}x = \dfrac{1}{3}\sqrt{(x^2-a^2)^3} + C.$

56. $\int x^2\sqrt{x^2-a^2}\,\mathrm{d}x = \dfrac{x}{8}(2x^2-a^2)\sqrt{x^2-a^2} - \dfrac{a^4}{8}\ln|x+\sqrt{x^2-a^2}| + C.$

57. $\int \dfrac{\sqrt{x^2-a^2}}{x}\mathrm{d}x = \sqrt{x^2-a^2} - a\arccos\dfrac{a}{|x|} + C.$

58. $\int \dfrac{\sqrt{x^2-a^2}}{x^2}\mathrm{d}x = -\dfrac{\sqrt{x^2-a^2}}{x} + \ln|x+\sqrt{x^2-a^2}| + C.$

(八) 含有 $\sqrt{a^2-x^2}\,(a>0)$ 的积分

59. $\int \dfrac{\mathrm{d}x}{\sqrt{a^2-x^2}} = \arcsin \dfrac{x}{a} + C.$

60. $\int \dfrac{\mathrm{d}x}{\sqrt{(a^2-x^2)^3}} = \dfrac{x}{a^2\sqrt{a^2-x^2}} + C.$

61. $\int \dfrac{x}{\sqrt{a^2-x^2}}\mathrm{d}x = -\sqrt{a^2-x^2} + C.$

62. $\int \dfrac{x}{\sqrt{(a^2-x^2)^3}}\mathrm{d}x = \dfrac{1}{\sqrt{a^2-x^2}} + C.$

63. $\int \dfrac{x^2}{\sqrt{a^2-x^2}}\mathrm{d}x = -\dfrac{x}{2}\sqrt{a^2-x^2} + \dfrac{a^2}{2}\arcsin \dfrac{x}{a} + C.$

64. $\int \dfrac{x^2}{\sqrt{(a^2-x^2)^3}}\mathrm{d}x = \dfrac{x}{\sqrt{a^2-x^2}} - \arcsin \dfrac{x}{a} + C.$

65. $\int \dfrac{\mathrm{d}x}{x\sqrt{a^2-x^2}} = \dfrac{1}{a}\ln \dfrac{a-\sqrt{a^2-x^2}}{|x|} + C.$

66. $\int \dfrac{\mathrm{d}x}{x^2\sqrt{a^2-x^2}} = -\dfrac{\sqrt{a^2-x^2}}{a^2 x} + C.$

67. $\int \sqrt{a^2-x^2}\,\mathrm{d}x = \dfrac{x}{2}\sqrt{a^2-x^2} + \dfrac{a^2}{2}\arcsin \dfrac{x}{a} + C.$

68. $\int \sqrt{(a^2-x^2)^3}\,\mathrm{d}x = \dfrac{x}{8}(5a^2-2x^2)\sqrt{a^2-x^2} + \dfrac{3a^4}{8}\arcsin \dfrac{x}{a} + C.$

69. $\int x\sqrt{a^2-x^2}\,\mathrm{d}x = -\dfrac{1}{3}\sqrt{(a^2-x^2)^3} + C.$

70. $\int x^2\sqrt{a^2-x^2}\,\mathrm{d}x = \dfrac{x}{8}(2x^2-a^2)\sqrt{a^2-x^2} + \dfrac{a^4}{8}\arcsin \dfrac{x}{a} + C.$

71. $\int \dfrac{\sqrt{a^2-x^2}}{x}\mathrm{d}x = \sqrt{a^2-x^2} + a\ln \dfrac{a-\sqrt{a^2-x^2}}{|x|} + C.$

72. $\int \dfrac{\sqrt{a^2-x^2}}{x^2}\mathrm{d}x = -\dfrac{\sqrt{a^2-x^2}}{x} - \arcsin \dfrac{x}{a} + C.$

(九) 含有 $\sqrt{\pm ax^2+bx+c}\,(a>0)$ 的积分

73. $\int \dfrac{\mathrm{d}x}{\sqrt{ax^2+bx+c}} = \dfrac{1}{\sqrt{a}}\ln|2ax+b+2\sqrt{a}\sqrt{ax^2+bx+c}| + C.$

74. $\int \sqrt{ax^2+bx+c}\,\mathrm{d}x = \dfrac{2ax+b}{4a}\sqrt{ax^2+bx+c} + \dfrac{4ac-b^2}{8\sqrt{a^3}}\ln|2ax+b$

$$+2\sqrt{a}\sqrt{ax^2+bx+c}\,|+C.$$

75. $\int \dfrac{x}{\sqrt{ax^2+bx+c}}\mathrm{d}x = \dfrac{1}{a}\sqrt{ax^2+bx+c} - \dfrac{b}{2\sqrt{a^3}}\ln|\,2ax+b$
$$+2\sqrt{a}\sqrt{ax^2+bx+c}\,|+C.$$

76. $\int \dfrac{\mathrm{d}x}{\sqrt{c+bx-ax^2}} = -\dfrac{1}{\sqrt{a}}\arcsin\dfrac{2ax-b}{\sqrt{b^2+4ac}}+C.$

77. $\int \sqrt{c+bx-ax^2}\,\mathrm{d}x = \dfrac{2ax-b}{4a}\sqrt{c+bx-ax^2}+\dfrac{b^2+4ac}{8\sqrt{a^3}}\arcsin\dfrac{2ax-b}{\sqrt{b^2+4ac}}$
$$+C.$$

78. $\int \dfrac{x}{\sqrt{c+bx-ax^2}}\mathrm{d}x = -\dfrac{1}{a}\sqrt{c+bx-ax^2}+\dfrac{b}{2\sqrt{a^3}}\arcsin\dfrac{2ax-b}{\sqrt{b^2+4ac}}+C.$

(十) 含有 $\sqrt{\pm\dfrac{x-a}{x-b}}$ 或 $\sqrt{(x-a)(b-x)}$ 的积分

79. $\int \sqrt{\dfrac{x-a}{x-b}}\,\mathrm{d}x = (x-b)\sqrt{\dfrac{x-a}{x-b}}+(b-a)\ln(\sqrt{|\,x-a\,|}+\sqrt{|\,x-b\,|})$
$$+C.$$

80. $\int \sqrt{\dfrac{x-a}{b-x}}\,\mathrm{d}x = (x-b)\sqrt{\dfrac{x-a}{b-x}}+(b-a)\arcsin\sqrt{\dfrac{x-a}{b-a}}+C.$

81. $\int \dfrac{\mathrm{d}x}{\sqrt{(x-a)(b-x)}} = 2\arcsin\sqrt{\dfrac{x-a}{b-a}}+C \quad (a<b).$

82. $\int \sqrt{(x-a)(b-x)}\,\mathrm{d}x = \dfrac{2x-a-b}{4}\sqrt{(x-a)(b-x)}$
$$+\dfrac{(b-a)^2}{4}\arcsin\sqrt{\dfrac{x-a}{b-a}}+C \quad (a<b).$$

(十一) 含有三角函数的积分

83. $\int \sin x\,\mathrm{d}x = -\cos x + C.$

84. $\int \cos x\,\mathrm{d}x = -\sin x + C.$

85. $\int \tan x\,\mathrm{d}x = -\ln|\cos x|+C.$

86. $\int \cot x\,\mathrm{d}x = \ln|\sin x|+C.$

87. $\int \sec x\,\mathrm{d}x = \ln\left|\tan\left(\dfrac{\pi}{4}+\dfrac{x}{2}\right)\right|+C = \ln|\sec x + \tan x|+C.$

88. $\int \csc x \, dx = \ln \left| \tan \dfrac{x}{2} \right| + C = \ln | \csc x - \cot x | + C.$

89. $\int \sec^2 x \, dx = \tan x + C.$

90. $\int \csc^2 x \, dx = -\cot x + C.$

91. $\int \sec x \tan x \, dx = \sec x + C.$

92. $\int \csc x \cot x \, dx = -\csc x + C.$

93. $\int \sin^2 x \, dx = \dfrac{x}{2} - \dfrac{1}{4}\sin 2x + C.$

94. $\int \cos^2 x \, dx = \dfrac{x}{2} + \dfrac{1}{4}\sin 2x + C.$

95. $\int \sin^n x \, dx = -\dfrac{1}{n}\sin^{n-1} x \cos x + \dfrac{n-1}{n}\int \sin^{n-2} x \, dx.$

96. $\int \cos^n x \, dx = \dfrac{1}{n}\cos^{n-1} x \sin x + \dfrac{n-1}{n}\int \cos^{n-2} x \, dx.$

97. $\int \dfrac{dx}{\sin^n x} = -\dfrac{1}{n-1} \cdot \dfrac{\cos x}{\sin^{n-1} x} + \dfrac{n-2}{n-1}\int \dfrac{dx}{\sin^{n-2} x}.$

98. $\int \dfrac{dx}{\cos^n x} = \dfrac{1}{n-1} \cdot \dfrac{\sin x}{\cos^{n-1} x} + \dfrac{n-2}{n-1}\int \dfrac{dx}{\cos^{n-2} x}.$

99. $\int \cos^m x \sin^n x \, dx = \dfrac{1}{m+n}\cos^{m-1} x \sin^{n+1} x + \dfrac{m-1}{m+n}\int \cos^{m-2} x \sin^n x \, dx$

$\qquad = -\dfrac{1}{m+n}\cos^{m+1} x \sin^{n-1} x + \dfrac{n-1}{m+n}\int \cos^m x \sin^{n-2} x \, dx.$

100. $\int \sin ax \cos bx \, dx = -\dfrac{1}{2(a+b)}\cos(a+b)x - \dfrac{1}{2(a-b)}\cos(a-b)x + C.$

101. $\int \sin ax \sin bx \, dx = -\dfrac{1}{2(a+b)}\sin(a+b)x + \dfrac{1}{2(a-b)}\sin(a-b)x + C.$

102. $\int \cos ax \cos bx \, dx = \dfrac{1}{2(a+b)}\sin(a+b)x + \dfrac{1}{2(a-b)}\sin(a-b)x + C.$

103. $\int \dfrac{dx}{a + b\sin x} = \dfrac{2}{\sqrt{a^2 - b^2}}\arctan \dfrac{a\tan\dfrac{x}{2} + b}{\sqrt{a^2 - b^2}} + C \quad (a^2 > b^2).$

104. $\int \dfrac{dx}{a + b\sin x} = \dfrac{1}{\sqrt{b^2 - a^2}}\ln \left| \dfrac{a\tan\dfrac{x}{2} + b - \sqrt{b^2 - a^2}}{a\tan\dfrac{x}{2} + b + \sqrt{b^2 - a^2}} \right| + C \quad (a^2 < b^2).$

105. $\int \dfrac{\mathrm{d}x}{a+b\cos x} = \dfrac{1}{a+b}\sqrt{\dfrac{a+b}{b-a}}\ln\left|\dfrac{\tan\dfrac{x}{2}+\sqrt{\dfrac{a+b}{b-a}}}{\tan\dfrac{x}{2}-\sqrt{\dfrac{a+b}{b-a}}}\right| + C \quad (a^2 < b^2).$

106. $\int \dfrac{\mathrm{d}x}{a+b\cos x} = \dfrac{2}{a+b}\sqrt{\dfrac{a+b}{a-b}}\arctan\left[\sqrt{\dfrac{a-b}{a+b}}\tan\dfrac{x}{2}\right] + C \quad (a^2 > b^2).$

107. $\int \dfrac{\mathrm{d}x}{a^2\cos^2 x + b^2\sin^2 x} = \dfrac{1}{ab}\arctan\left(\dfrac{b}{a}\tan x\right) + C.$

108. $\int \dfrac{\mathrm{d}x}{a^2\cos^2 x - b^2\sin^2 x} = \dfrac{1}{2ab}\ln\left|\dfrac{b\tan x + a}{b\tan x - a}\right| + C.$

109. $\int x\sin ax\,\mathrm{d}x = \dfrac{1}{a^2}\sin ax - \dfrac{1}{a}x\cos ax + C.$

110. $\int x^2\sin ax\,\mathrm{d}x = -\dfrac{1}{a}x^2\cos ax + \dfrac{2}{a^2}x\sin ax + \dfrac{2}{a^3}\cos ax + C.$

111. $\int x\cos ax\,\mathrm{d}x = \dfrac{1}{a^2}\cos ax + \dfrac{1}{a}x\sin ax + C.$

112. $\int x^2\cos ax\,\mathrm{d}x = \dfrac{1}{a}x^2\sin ax + \dfrac{2}{a^2}x\cos x - \dfrac{2}{a^3}\sin ax + C.$

（十二）含有反三角函数的积分（其中 $a > 0$）

113. $\int \arcsin\dfrac{x}{a}\,\mathrm{d}x = x\arcsin\dfrac{x}{a} + \sqrt{a^2 - x^2} + C.$

114. $\int x\arcsin\dfrac{x}{a}\,\mathrm{d}x = \left(\dfrac{x^2}{2} - \dfrac{a^2}{4}\right)\arcsin\dfrac{x}{a} + \dfrac{x}{4}\sqrt{a^2 - x^2} + C.$

115. $\int x^2\arcsin\dfrac{x}{a}\,\mathrm{d}x = \dfrac{x^3}{3}\arcsin\dfrac{x}{a} + \dfrac{1}{9}(x^2 + 2a^2)\sqrt{a^2 - x^2} + C.$

116. $\int \arccos\dfrac{x}{a}\,\mathrm{d}x = x\arccos\dfrac{x}{a} - \sqrt{a^2 - x^2} + C.$

117. $\int x\arccos\dfrac{x}{a}\,\mathrm{d}x = \left(\dfrac{x^2}{2} - \dfrac{a^2}{4}\right)\arccos\dfrac{x}{a} - \dfrac{x}{4}\sqrt{a^2 - x^2} + C.$

118. $\int x^2\arccos\dfrac{x}{a}\,\mathrm{d}x = \dfrac{x^3}{3}\arccos\dfrac{x}{a} - \dfrac{1}{9}(x^2 + 2a^2)\sqrt{a^2 - x^2} + C.$

119. $\int \arctan\dfrac{x}{a}\,\mathrm{d}x = x\arctan\dfrac{x}{a} - \dfrac{a}{2}\ln(a^2 + x^2) + C.$

120. $\int x\arctan\dfrac{x}{a}\,\mathrm{d}x = \dfrac{1}{2}(a^2 + x^2)\arctan\dfrac{x}{a} - \dfrac{a}{2}x + C.$

121. $\int x^2\arctan\dfrac{x}{a}\,\mathrm{d}x = \dfrac{1}{3}x^3\arctan\dfrac{x}{a} - \dfrac{a}{6}x^2 + \dfrac{a^3}{6}\ln(a^2 + x^2) + C.$

(十三) 含有指数函数的积分

122. $\int a^x \mathrm{d}x = \dfrac{1}{\ln a} a^x + C.$

123. $\int \mathrm{e}^{ax} \mathrm{d}x = \dfrac{1}{a} \mathrm{e}^{ax} + C.$

124. $\int x\mathrm{e}^{ax} \mathrm{d}x = \dfrac{1}{a^2}(ax-1)\mathrm{e}^{ax} + C.$

125. $\int x^n \mathrm{e}^{ax} \mathrm{d}x = \dfrac{1}{a} x^n \mathrm{e}^{ax} - \dfrac{n}{a}\int x^{n-1} \mathrm{e}^{ax} \mathrm{d}x.$

126. $\int x a^x \mathrm{d}x = \dfrac{x}{\ln a} a^x - \dfrac{1}{(\ln a)^2} a^x + C.$

127. $\int x^n a^x \mathrm{d}x = \dfrac{1}{\ln a} x^n a^x - \dfrac{n}{\ln a}\int x^{n-1} a^x \mathrm{d}x.$

128. $\int \mathrm{e}^{ax} \sin bx \, \mathrm{d}x = \dfrac{1}{a^2+b^2} \mathrm{e}^{ax} (a\sin bx - b\cos bx) + C.$

129. $\int \mathrm{e}^{ax} \cos bx \, \mathrm{d}x = \dfrac{1}{a^2+b^2} \mathrm{e}^{ax} (b\sin bx + a\cos bx) + C.$

130. $\int \mathrm{e}^{ax} \sin^n bx \, \mathrm{d}x = \dfrac{1}{a^2+b^2 n^2} \mathrm{e}^{ax} \sin^{n-1} bx\, (a\sin bx - nb\cos bx)$
$\qquad + \dfrac{n(n-1)b^2}{a^2+b^2 n^2} \int \mathrm{e}^{ax} \sin^{n-2} bx \, \mathrm{d}x.$

131. $\int \mathrm{e}^{ax} \cos^n bx \, \mathrm{d}x = \dfrac{1}{a^2+b^2 n^2} \mathrm{e}^{ax} \cos^{n-1} bx\, (a\cos bx + nb\cos bx)$
$\qquad + \dfrac{n(n-1)b^2}{a^2+b^2 n^2} \int \mathrm{e}^{ax} \cos^{n-2} bx \, \mathrm{d}x.$

(十四) 含有对数函数的积分

132. $\int \ln x \mathrm{d}x = x\ln x - x + C.$

133. $\int \dfrac{\mathrm{d}x}{x\ln x} = \ln|\ln x| + C.$

134. $\int x^n \ln x \mathrm{d}x = \dfrac{1}{n+1} x^{n+1} \left(\ln x - \dfrac{1}{n+1}\right) + C.$

135. $\int (\ln x)^n \mathrm{d}x = x(\ln x)^n - n\int (\ln x)^{n-1} \mathrm{d}x.$

136. $\int x^m (\ln x)^n \mathrm{d}x = \dfrac{1}{m+1} x^{m+1} (\ln x)^n - \dfrac{n}{m+1}\int x^m (\ln x)^{n-1} \mathrm{d}x.$

(十五) 含有双曲函数的积分

137. $\int \text{sh}x \, dx = \text{ch}x + C.$

138. $\int \text{ch}x \, dx = \text{sh}x + C.$

139. $\int \text{th}x \, dx = \ln\text{ch}x + C.$

140. $\int \text{sh}^2 x \, dx = -\dfrac{x}{2} + \dfrac{1}{4}\text{sh}2x + C.$

141. $\int \text{ch}^2 x \, dx = \dfrac{x}{2} + \dfrac{1}{4}\text{sh}2x + C.$

(十六) 定积分

142. $\int_{-\pi}^{\pi} \cos nx \, dx = \int_{-\pi}^{\pi} \sin nx \, dx = 0.$

143. $\int_{-\pi}^{\pi} \cos mx \sin nx \, dx = 0.$

144. $\int_{-\pi}^{\pi} \cos mx \cos nx \, dx = \begin{cases} 0, m \neq n, \\ \pi, m = n. \end{cases}$

145. $\int_{-\pi}^{\pi} \sin mx \sin nx \, dx = \begin{cases} 0, m \neq n, \\ \pi, m = n. \end{cases}$

146. $\int_{0}^{\pi} \sin mx \sin nx \, dx = \int_{0}^{\pi} \cos mx \cos nx \, dx = \begin{cases} 0, m \neq n, \\ \pi/2, m = n. \end{cases}$

147. $I_n = \int_{0}^{\frac{\pi}{2}} \sin^n x \, dx = \int_{0}^{\frac{\pi}{2}} \cos^n x \, dx, I_n = \dfrac{n-1}{n} I_{n-2}, I_1 = 1, I_0 = \dfrac{\pi}{2}.$

参 考 文 献

[1] 同济大学数学系. 高等数学[M]. 7版. 北京:高等教育出版社,2014.
[2] 李科峰. 经济数学[M]. 成都:四川科学技术出版社,2019.
[3] 朱兴萍,陈丽. 大学数学[M]. 3版. 武汉:华中科技大学出版社,2014.
[4] 朱永银. 经济应用数学[M]. 武汉:华中科技大学出版社,2010.
[5] 魏运,乔节增. 经济数学基础[M]. 上海:复旦大学出版社,2000.
[6] 刘喜梅. 经济数学[M]. 北京:中国铁道出版社,2011.
[7] 廖毕文,青山良. 高等数学[M]. 武汉:华中科技大学出版社,2019.
[8] 袁慧,张舒. 微积分[M]. 武汉:华中科技大学出版社,2019.